PARIS-COMMUNE

LE SIÉGE VERSAILLAIS

AVEC COMMENTAIRES, DÉTAILS HISTORIQUES ET DOCUMENTS OFFICIELS

PAR L'AUTEUR DU

SIÉGE DE PARIS PAR LES PRUSSIENS

(ILLUSTRÉ)

20 LIVRAISONS A 10 CENTIMES — 4 SÉRIES A 50 CENTIMES

PARIS

BIBLIOTHÈQUE LIBÉRALE

DEGORCE-CADOT ÉDITEUR, 70 Bis, RUE BONAPARTE

DU MÊME AUTEUR :

L'EFFONDREMENT DE L'EMPIRE. — AVANT LE SIÈGE, du 6 août au 4 septembre 1870.
3 séries à 50 centimes, réunies 1 50

LE SIÈGE PRUSSIEN. — L'INVESTISSEMENT, 50 livraisons à 50 centimes, réunies. . . . 5 »

Nota. — Les deux ouvrages ci-dessus, avec PARIS-COMMUNE, forment une œuvre complète.
Néanmoins, chacun de ces ouvrages, séparément, est indépendant des deux autres.

Paris. — Typographie Lahure, rue de Fleurus, 9.

AVANT-PROPOS.

Un publiciste, de quelque renom, a tout récemment écrit qu'une histoire de la *Commune* de Paris ne saurait être convenablement faite avant plusieurs années.

C'est une grave erreur.

Sans doute bien des obscurités existent encore sur les visées politiques ou de réformation sociale de la plupart des membres de ce gouvernement, d'abord improvisé, puis imposé à une majorité égoïste et lâche par la brutale audace d'une minorité entreprenante.

Mais qui lèvera jamais ces voiles impénétrables?

Qui pourra jamais dire à quelle impulsion ont obéi, quel programme avaient préconçu, d'abord, ceux qui ont profité des fautes commises et de l'occasion favorable pour organiser le mouvement insurrectionnel, puis plus tard, les membres élus à la Commune?

Se figure-t-on, par exemple, qu'il n'y a pas tout un monde entre les résolutions fatales des derniers jours de la sanglante agonie de la Commune, et les opinions de ses membres aux prémices du mouvement, du 18 au 20 mars?

Qui pourra analyser la gradation ascensionnelle des dispositions de plus en plus haineuses, anti-sociales, autant absurdes que perverses, des citoyens siégeant à l'Hôtel de Ville, trônant dans les ministères, ou faisant battre et tuer de pauvres diables dans les forts, aux tranchées, derrière les barricades, quand eux se cachaient ou se sauvaient à travers les lignes prussiennes, grâce à une connivence honteuse.

Et parmi ces tristes personnages, combien étaient-ils sans opinion politique et ignorants des premiers éléments de n'importe quel problème social! Combien, despotes d'occasion, ont, inconscients, seulement obéi à leurs instincts ou plutôt au vertige qui les entraînait!

Aucun de ces gouvernants du hasard n'obéissait à la même impulsion; ainsi qu'il sera facile l'établir, toutes les opinions, les sectes les plus contradictoires, celles même foncièrement ennemies, se sont trouvées accouplées dans cette nouvelle tour de Babel où toutes les folies gouvernementales se coudoyaient, où tout avait accès, à l'exclusion du bon sens et de la bonne foi.

C'est donc seulement sur les faits et sur les actes accomplis que devra statuer l'histoire.

Pour cela il est inutile d'attendre plusieurs années.

Nous disons plus : l'histoire de *Paris-Commune* doit se faire dès aujourd'hui.

En effet, les personnages de la Commune en fuite, ceux tués aux barricades et fusillés un peu partout; ceux qui ont comparu où qui vont comparaître devant les conseils de guerre à Versailles ou dans nos ports de mer ne sont point les seuls en cause.

« — Sont-ils les seuls coupables? avons-nous dit dans la préface du *Siége de Paris illustré*.

« — Toutes ces horreurs commises n'auraient-elles pu être évitées?

« — A quelles causes réelles faut-il attribuer la prise de possession de Paris par une minorité insignifiante, le 18 mars? »

Voilà en effet les questions, très-ardues, qu'il est nécessaire de résolûment élucider.

L'heure a juste sonné pour cette étude.

Il n'est point trop tôt pour, à peu près, tout savoir; il n'est pas trop tard pour apprécier tout, équitablement.

Quelques années écoulées, au contraire; de même que les mois accumulés, aux yeux de certains, feront apparaître presque comme des victimes de leur foi politique, les misérables auteurs de l'exécution des otages et les incendiaires; de même aussi, la passion et la mauvaise foi des partis fera qu'on ne se rappellera plus la Commune, les causes qui l'ont produite et son origine, qu'à travers les nuages rouges du sang innocent qu'elle a versé[4], et la lueur des incendies qu'elle a allumés.

Des feuilles publiques, celles que le gouvernement, il y a peu de jours, a flétries de l'épithète méritée : « Journaux vivant de scandales, » aussi éhontées dans leur genre qu'ont jamais pu l'être, le *Cri du Peuple* de Vallès, le *Vengeur* de Félix Pyat et le *Père Duchesne*, de on ne sait qui; — elles en étaient, dans le parti opposé, les dignes émules;— des feuilles éhontées, disons-nous, ont accumulé calomnies, mensonges, faussetés sur les événements de Paris et ce, depuis le 18 mars jusqu'à la prise de la capitale par l'armée de Versailles. Elles n'ont même pas encore cessé, se faisant tous les jours délatrices et provoquantes.

Des proclamations et des déclarations officielles n'ont également pas toujours respecté la vérité, qu'on ignorait sans doute, portant des jugements téméraires et erronés sur les origines et les causes réelles de la réussite immédiate, stupéfiante, du mouvement révolutionnaire.

D'autre part encore, quelques-uns des hommes politiques au pouvoir, le 4 septembre, ceux composant le gouvernement, le 19 mars, ont un intérêt trop évident à ce que les événements et les causes qui les ont déterminés soient présentés sous leur jour véritable, pour que journaux et journalistes à leur dévotion, n'y aient pas employé tout leur savoir faire.

Puisque dans les deux camps la bonne foi semble avoir été bannie, il faut dans l'intérêt de la vérité historique, et il est temps, que commence l'œuvre de l'impartialité.

Dans nos critiques obligées contre certains agissements du gouvernement refugié à Versailles, dans notre approbation de certaines mesures politiques que Paris avait le droit de réclamer, de même qu'à propos des vœux de conciliation que nous exprimerons nettement au moment opportun, qu'on ne voie point une apologie, moins même, une approbation quelconque, moins encore, une excuse à l'endroit des énergumènes de la Commune et du Comité central, ni de ceux qui, au nom de Paris, prétendaient régenter la France entière.

Que la justice des conseils de guerre leur soit clémente, nous ne récriminerons pas; mais qu'on le sache bien : jamais le parti républicain ne pourra affirmer assez de mépris pour ceux qui, follement ou de sang-froid, ont souillé de leurs crimes, de leurs utopies perverses et de leurs sanguinaires hallucinations la devise républicaine, toute de concorde, de paix et de justice; ceux qui ont mis la république à deux doigts de sa perte; ceux enfin qui à notre glorieux drapeau national, oui, glorieux! encore malgré nos récentes défaites, ont substitué un emblème de sang et de feu qui restera éternellement le leur, le drapeau rouge!

Ce n'en est pas moins avec une douloureuse émotion que nous entreprenons d'écrire cette troisième partie de notre œuvre [1], tellement nous rencontrerons dans la guerre fratricide qui a ensanglanté Paris et ses environs, du 18 mars au 28 mai, aussi bien que dans les faits politiques, des actes contraires aux notions les plus vulgaires d'humanité et de bon sens, tellement surtout, nous sommes convaincus, encore aujourd'hui, que toutes ces horreurs eussent pu être évitées.

Quel douloureux spectacle en effet :

D'une part, une Assemblée sans mandat précis autre que celui de faire la paix, composée en grande majorité de personnages intolérants, entêtés, la plupart sans autre esprit politique que celui, étroit et mesquin, qui d'ordinaire germe dans les cercles ou dans les salons de la province, fruit d'élucubrations égoïstes et envieuses quand il n'est pas la représentation de la suffisante nullité d'un hobereau de campagne, sans aïeux ni parchemins véritables, gentilhomme de fraîche date, auquel nous ne faisons certes pas l'honneur d'être confondu avec les représentants de nos plus vieilles familles, portant les plus beaux noms de France, membres également de l'Assemblée nationale et siégeant à droite.

Honneur à eux! Dans les plaines de la Beauce, aux bords de la Loire, dans les défilés du Jura, ils se sont montrés les dignes descendants des vaillants chevaliers leurs ancêtres; ils ont été les premiers au combat et au péril! Sans rechercher quel était le pouvoir dirigeant, ils ont couru sus à l'ennemi en criant : France et Patrie!

Si nous ne partageons jamais leurs regrets dynastiques, toujours nous nous inclinerons devant leur patriotisme, en faisant des vœux pour que leur intelligence politique soit à la hauteur de leur courage civique.

En présence de la majorité de cette Assemblée, qui, reconnaissons-le, s'est amodiée et, comme malgré elle, a voté des réformes libérales, qu'avons-nous vu? Un gouvernement sans prestige et

1. Première partie : *Avant le siége ; L'effondrement de l'Empire.* — Deuxième partie : *Le Siége prussien.*

sans autorité sur le peuple de Paris, l'ayant berné, harangué, fatigué, désillusionné, sans conscience de la situation, ne faisant rien pour conjurer l'orage, sourd aux avertissements et aux conseils de ses amis, choisissant ses fonctionnaires parmi les serviteurs détestés de l'empire, traitant avec une brutalité maladroite cette héroïque ville de Paris encore toute meurtrie de ses récentes blessures, aigrie par un siége sans précédents dans l'histoire, énervée par ses souffrances physiques et morales.

Chassé de sa capitale, abandonné par ses partisans qu'il avait abandonnés le premier, sourd aux exhortations d'excellents citoyens, amis de l'ordre autant que lui, n'accueillant que par des réponses banales les délégués de la majorité honnête et patriotique de Paris, les députations des conseils municipaux des principales villes de France ; sourd encore aux innombrables suppliques, sous forme d'adresses, venues de partout : nous l'avons vu faire presque chorus et applaudir aux médisances, aux calomnies, aux accusations les plus outrageantes et les plus mensongères portées contre la population entière de Paris par les journaux qu'il a flétris plus tard, lui-même, propagées par des hommes de parti, ses plus grands ennemis cependant, car ils visaient non pas la Commune, dont les excès les comblaient d'aise au contraire, mais la République, mais le gouvernement lui-même, que nous croyons sincère quand il affirme que la République ne périra pas entre ses mains.

D'autre part il surgit tout à coup une foule d'hommes ardents, ambitieux, les mains pleines de promesses ; les uns inconnus, d'autres peu dignes de l'être, d'autres enfin ayant joué des rôles importants dans les rangs de la démocratie militante et des praticiens des questions économiques et sociales. Ces hommes, profitant de toutes les fautes du gouvernement, s'emparent du pouvoir souverain, favorisés d'abord par l'indifférence, puis, nous le répétons, par l'égoïsme et le manque de courage de la bourgeoisie et la confiance des classes laborieuses. Parvenus à la toute-puissance, ils perdent la tête en voyant l'immensité et les difficultés de leur tâche. Ils écoutent avec une complaisance coupable les plus violents d'entre eux ; une majorité se forme dans leurs conseils, incapable et implacable, manquant de programme, violente, soupçonneuse, haineuse, copiant sans réflexion la Commune de 93, puis, devenant criminelle : la Commune massacre sans motif, incendie sans merci, tyrannise sans profit. Enfin vaincue, l'insurrection disparaît et meurt poursuivie par la réprobation et les cris de joie de ceux-là même qui avaient applaudi à sa naissance.

A quels hommes, à quelles situations, à quelles causes faut-il faire remonter la responsabilité de cette immense revendication parisienne? Quels en sont les acteurs? quelle en est l'histoire? quels enseignements le moraliste, l'historien, l'économiste, l'homme d'État doit-il en tirer pour l'avenir ?

Telles sont les questions que nous nous efforcerons de résoudre avec toute l'impartialité possible en recherchant et en disant la vérité, la vérité tout entière.

Septembre 1871.

CHAPITRE PREMIER.

Les conséquences de la révolution du 18 mars et de la guerre civile sont principalement imputables à ceux qui, au moment opportun, n'ont pas voulu faire procéder au désarmement de la garde nationale de Paris.

Cette vérité évidente, pas un publiciste encore n'a osé la déclarer ouvertement. Les uns parce que c'était donner le coup de grâce aux signataires imprévoyants de la capitulation de Paris; les autres parce qu'ils ne sont pas fâchés de laisser croire que la révolution du 18 mars est l'œuvre méditée, organisée et devant fatalement aboutir, du parti révolutionnaire.

Qu'on ne s'y trompe point : cette dernière opinion est propagée : par les journaux monarchiques, très-aises de déployer toujours le spectre rouge, exalter la puissance du parti révolutionnaire, et par contre la nécessité d'une digue.... royale pour le contenir; par les journaux du gouvernement du 4 septembre, et actuel, enchantés qu'ils sont de déverser sur autrui les fautes de leurs patrons; par les organes révolutionnaires enfin, qui ne sont pas fâchés d'affirmer ainsi la puissance de l'idée qu'ils représentent; ils n'ignorent pas que plus ils paraîtront nombreux et forts, davantage ils augmenteront le nombre de leurs adhérents.

La vérité pourtant est bien telle.

Il faut que les membres du gouvernement du 4 septembre et en particulier son ministre des affaires étrangères, chargé de ses pouvoirs pour discuter et signer la capitulation de Paris, dénommée par ses auteurs au moyen d'un euphémisme peu digne : « les conventions qui ont mis fin à l'investissement de Paris, » il faut, disonsnous, que M. Jules Favre se soit bien peu rendu compte de la situation telle que l'avaient faite les événements pour, au lieu d'employer toute son éloquence à faire admettre par son habile adversaire, — lequel au fond ne demandait pas mieux; à livre ouvert, il en lisait les fatales conséquences pour nous, — que la garde nationale de Paris conserverait ses armes (article 7 de la convention), amener au contraire la Prusse à faire de la reddition des armes de la garde nationale la condition *sine qua non* de l'armistice et du ravitaillement de Paris, sauf à profiter de la bonne grâce apparente du grand chancelier de l'Allemagne du Nord pour que ces armes restassent en dépôt dans l'un des forts occupés par les prussiens, jusqu'à la réorganisation de la garde nationale qui aurait pu se faire presque immédiatement, c'est-à-dire aussitôt l'évacuation de Paris et des forts du sud par l'armée allemande.

Au moyen de cette combinaison, la fameuse question des canons, d'abord, n'eût jamais existé.

Pour quiconque avait habité Paris pendant le siége et qui, participant à la défense, avait vu les choses de près, il était indiscutable que sur deux cent soixante mille garde nationaux armés, soixante mille au moins n'étaient pas dignes de l'être et mésuseraient de leurs armes à la première occasion. En outre la grande masse des gardes nationaux, prolétaires armés, partageant depuis six mois uniquement leur temps entre l'exercice, les gardes aux remparts ou aux avant-poste, le cabaret et les clubs, vivant exclusivement de leurs 1 fr. 50 c. par jour et des bienfaits des cantines municipales, avaient perdu l'habiude du travail; de plus, pendant de longues semaines encore, même les laborieux n'auraient pas de travail et par conséquent pas de salaire. Toutes les économies étaient dissipées, toutes les petites bourses étaient taries.

Incontestablement encore la possession de son arme était une conquête ambitionnée depuis si longtemps, que l'immense majorité des citoyens de Paris la défendrait à outrance, cette possession paraissant pour lui la meilleure des sauvegardes pour le gouvernement de son choix, la République.

Et comme forcément viendrait le moment où la municipalité de Paris ne pourrait plus allouer six cent mille francs par jour de solde à la garde nationale et qu'un désarmement, tout au moins partiel, serait une nécessité absolue, il était évident qu'il y aurait alors conflit inévitable entre l'autorité et les citoyens à désarmer.

La reddition de Paris offrait au gouvernement le moyen douloureux mais salutaire et efficace de faire, nous l'avons dit, de ce désarmement une condition de l'armistice et du ravitaillement de Paris. La crise eût été douloureuse, peut-être terrible, nous ne l'ignorons pas, mais le bon sens, et il faut bien le dire aussi, la faim! eussent été de puissants auxiliaires.

Mais le déshonneur! entendons-nous dire, le déshonneur!...

A notre humble avis, rendre la ville avec trois cent mille hommes conservant leurs armes n'était pas plus honorable que de faire déposer les armes à ces trois cent mille hommes qui n'avaient pu les utiliser.

Du reste, quoi qu'il pût arriver, il valait mieux s'exposer à mettre nos gardes nationaux, exaspérés, aux mains avec les Prussiens qui très-

probablement s'en seraient très-mal trouvés, que d'aller au-devant d'une guerre civile certaine.

Nous n'ignorons pas que le gouvernement du 4 septembre explique sa faute et implore les circonstances atténuantes, précisément à raison de ce point d'honneur.

— Comment! entendions-nous dire à l'un d'eux, comment n'aurions-nous pas fait tous nos efforts pour épargner à ce brave peuple de Paris, qui s'est si noblement conduit, qui a souffert avec tant d'héroïsme et de dignité les misères du siége, la honte de rendre les armes!...

Très-belle thèse en théorie que celle de cet honorable, mais, en fait, imprévoyance inexcusable.

Disons toute notre pensée, parce que nous sommes convaincu d'être dans le vrai et nous l'établissons mathématiquement dans le *Siége prussien* : le moment fatal venu, les membres du gouvernement de la défense nationale, faisant un retour en arrière, calculant les ressources et les courages qu'ils avaient gaspillés inutilement, furent atterrés! Ils devinèrent le désespoir, la rage de ce peuple qui ne savait rien, qui attendait toujours l'heure suprême du grand combat! Ils eurent peur.... Ils ne songèrent qu'au présent, leur sauvegarde personnelle. Ah! leur patriotisme nous en est un sûr garant, tous regrettaient à cette heure cruelle de n'être pas morts d'une balle prussienne.... Tous, ils l'auraient voulu; mais être fusillés par l'émeute furieuse!... Ils eurent peur. Le peuple de Paris garderait ses armes, et ce grand enfant, à moitié consolé, pensèrent-ils, oublierait leur insuffisance pour ne se souvenir que de leurs bonnes intentions.

Dans les bureaux de l'Assemblée nationale, M. Jules Favre s'est montré inconsolable de cette faute; il y a de quoi.

La guerre civile à un terme plus ou moins éloigné et à un degré plus ou moins terrible, était donc inévitablement dans les destinées de notre patrie. Elle a éclaté, terrifiante et désastreuse au delà de toutes les prévisions possibles. Le simple narré des faits dira la part de responsabilité du parti révolutionnaire, celle du gouvernement, de la majorité de l'Assemblée et des Parisiens eux-mêmes, ennemis du désordre, dans ces déplorables événements.

Après l'imprévoyance qui a laissé aux mains

Le général Garibaldi quitte l'Assemblée. (Page 13.)

d'une classe de citoyens des armes dont elle ne pouvait que mésuser, le grand coupable de l'insurrection victorieuse est certainement la population laborieuse, négociante et bourgeoise de Paris qui aurait pu opposer une digue infranchissable à l'émeute, et qui a laissé faire.... Le moment venu, nous la stygmatiserons, ainsi qu'elle le mérite,

L'égoïsme et la lâcheté n'ont point seuls été la cause de cette abstention générale; il y a eu évidemment de la part du plus grand nombre parti pris de ne rien faire; il y a eu complicité tacite.

Pourquoi?

Des motifs plausibles excusent ou du moins expliquent cette grande faute commise.

Examinons-les

On l'a dit avec raison en un langage pittoresque : le 18 mars et la Commune sont la *queue* du siége.

Rien n'est plus vrai.

Pour le démontrer, il est inutile de revenir sur la douleur, sur la stupéfaction des Parisiens, le 29 janvier, quand par d'immenses proclamations sur papier blanc affichées sur tous les murs de la cité, ils apprirent que tout était fini ; un armistice était signé : la reddition de Paris en avait été le prix. En même temps on apprenait que l'horrible pain des quinze derniers jours allait manquer.... et que dans l'impossibilité d'un ravitaillement immédiat, l'ennemi consentait à nous empêcher de mourir de faim, si nous étions bien sages!... — Le lendemain les Prussiens prenaient possession des forts.

Le désespoir et la rage furent immenses; à part quelques initiés qui eux-mêmes, d'ailleurs, ne pouvaient que soupçonner.... personne ne s'attendait à ce coup de foudre.

On n'ignorait point que les portions de vivres étaient comptées, — on présumait en avoir jusqu'au 15 février, — mais il n'était entré dans l'imagination de personne que nos généraux rendraient la cité avant d'avoir mené la population entière au combat suprême: elle le demandait, elle le voulait.

Ne pouvant soupçonner une escobarderie de la part d'un chef à qui elle avait donné de si grandes preuves de confiance et de déférence alors même qu'il n'était plus possible de douter de son incapacité absolue, elle avait salué avec joie la nomination du général Vinoy au commandement en chef.

— Trochu, disait-elle, qui ne veut pas se battre a cédé devant notre réprobation, le 22 janvier; le général Vinoy sait pourquoi nous ne voulons plus de Trochu ; s'il accepte le commandement c'est qu'il veut, à notre tête, lutter et se battre sérieusement...

Au lieu de la suprême bataille était venue la reddition, qu'on n'osait même pas avouer ni nommer de son véritable nom.

L'intelligent instinct du peuple ne le trompa point; il devina le sacrifice au devoir militaire accompli par le général Vinoy, et toute sa haine fut pour le généralissime Trochu qui, en termes pompeux, avait si bien dit: « le gouverneur de Paris ne capitulera pas ! »

Après les désastres connus de nos armées de la Loire et de l'Est, tout le monde comprenait que les défenseurs de Paris fussent-ils victorieux dans une grande bataille sous Paris, rien ne serait changé à l'état des choses. Paris n'ayant plus de vivres et pas de secours à attendre devait succomber.

Oui, le 28 janvier la reddition était obligée, aucun courage humain ne pouvait l'empêcher,

et il n'était pas besoin des phrases à effet du gouvernement pour l'expliquer. Mais pourquoi avoir attendu aussi longtemps? Pourquoi ces subterfuges indignes de nos chefs aussi bien que de nous?

Comment alors Paris ne se serait-il pas souvenu de ses souffrances, de ses privations, de sa bonne volonté, de ses espérances si cruellement déçues? et là nous parlons du Parisien, homme d'ordre. Comment ne pas se rappeler ses conseils d'apaisement, de conciliation, de patience, quand autour de lui le peuple avec son instinct, quelques orateurs de clubs avec leur sagacité, murmuraient, accusaient le gouvernement de faiblesse à l'égard du général Trochu, se plaignaient de la lenteur désespérante des opérations militaires? Ils faisaient douloureusement allusion à la fin de Metz, et demandaient le remplacement du généralissime trop prudent par un général plus audacieux et qui aurait foi au courage et à la bonne volonté des défenseurs de Paris.

—Non, mes amis, disions-nous aux citoyens qui s'agitaient, il n'y a pas trahison, non, mes amis, nous ne devons rien faire, rien tenter contre le président du gouvernement, ce serait désorganiser, entraver la défense. Ne craignez rien, on nous fera battre; le moment n'est pas sans doute venu, mais il viendra, tenons-nous prêts!

Ces conseils avaient toujours été écoutés et applaudis ; on avait attendu, on était prêt, absolument prêt depuis les premiers jours de décembre, et le 28 janvier avait surgi !

La population de Paris avait donc été éprouvée, froissée de toutes façons; un profond découragement moral, réaction obligée, avait succédé à son patriotisme et à son énergie admirable ; elle était devenue à peu près indifférente à tout. L'effet psychologique cherché par le comte de Bismark et par le comte de Moltke, au moyen des canons Krupp, incendiant les hôpitaux et les ambulances, tuant les enfants, les femmes et les malades à huit mille mètres, s'était produit plus tard que ces aimables savants en choses de sentiment l'avaient prévu.

Les élections à l'Assemblée nationale ne laissaient aucun doute sur l'état réel des esprits. D'abord, à l'exception de Jules Favre, auquel on avait tenu compte de ses angoisses pendant la négociation de l'armistice, — nous parlons sérieusement, — aucun des membres du gouvernement de la défense nationale, restés à Paris pendant le siége, n'est élu. On ne voulait plus entendre parler de ceux appelés les *capitulards* et qu'on accusait ouvertement et avec raison de faiblesse puérile à l'encontre du général Trochu qui avait berné aussi bien le gouvernement qu'il présidait que les défenseurs de Paris.

Il ne faut point chercher une opinion politique préconçue dans le résultat des élections parisiennes. En votant, personne ne songeait à faire acte politique, mais seulement à protester n'importe comment contre les faits accomplis et en même temps reconnaître les services, à divers titres, rendus à la patrie ou tentés pour elle.

Comment expliquer autrement la réunion parmi les élus des noms de Louis Blanc, Victor Hugo, Jules Favre, Farcy, Saisset, Pothuau, Henri Rochefort, le colonel Langlois, à côté de Delescluze, Félix Pyat, Razoua!!

Tel rentier, tel notable commerçant que nous connaissons a porté sur sa liste à la fois Thiers et Razoua! Comment expliquer cela autrement que par un sentiment indéfinissable de malaise et de mécontentement qui a besoin de se traduire de n'importe quelle façon?

Un seul parti vota avec un ensemble remarquable : les associations ouvrières. Elles rendirent hommage à la défense en portant sur leurs listes les noms des généraux et des amiraux qui l'avaient honorée, mais leur parfaite entente fit sortir de l'urne les noms des citoyens Cournet, Malon, Tolain et autres qui les représentaient exclusivement, et auxquels, à peine, personne ne songeait que les associations ouvrières et l'Internationale.

Le résultat général des élections témoigna combien la province et Paris étaient peu au même diapason.

Du reste, en province de même qu'à Paris, les électeurs avaient obéi à toute autre chose qu'à un sentiment politique, ou du moins leur seule politique était la paix, la paix quand même. Dans le nord, en Normandie principalement, la majorité des votants était persuadée que les princes d'Orléans signeraient immédiatement la paix, et que par égard pour eux, les Prussiens seraient bien moins exigeants. Quelques courtiers électoraux peu délicats allaient même jusqu'à affirmer tout bas à l'oreille de l'électeur influent que les princes d'Orléans étaient assez riches et assez généreux pour contribuer pour un milliard à

l'acquittement de l'indemnité de guerre. Les orléanistes en masse furent donc nommés.

Les légitimistes ne promirent pas que le duc de Bordeaux donnerait un milliard s'ils étaient nommés, mais en général très-riches en bien foncier, les électeurs campagnards les envoyèrent à la Chambre, persuadés que leur député qui avait grand intérêt à la cessation de la guerre, pour vendre la récolte et tirer parti de son bétail, et de même à ne pas payer trop d'impôts fonciers, les représenterait on ne peut mieux. Ce calcul sagace s'alliait parfaitement au désir de voir à la Chambre les noms qui s'étaient illustrés sur nos champs de bataille; on vit donc arriver à l'Assemblée nationale grand nombre de légitimistes.

Beaucoup d'orléanistes et grand nombre de légitimistes à la Chambre, c'est-à-dire les républicains en minorité, c'était pour Paris l'épée de Damoclès de la réaction triomphante suspendue sur la tête de la République naissante.

Les élections du duc d'Aumale et du prince de Joinville, les espérances et les projets non déguisés de leurs partisans expliquaient suffisamment la juste défiance des partisans du gouvernement établi.

L'homme de Sedan, lui-même, avait l'audace de reparaître en scène, essayant hypocritement, dans une proclamation, de rejeter sur autrui la responsabilité de la France ruinée, dépouillée, veuve de ses enfants et de deux provinces, et de rappeler « ses droits » !

Au peuple Français.

Français,

Trahi par la fortune, j'ai gardé depuis ma captivité ce profond silence qui est le deuil du malheur.

Tant que les armées ont été en présence, je me suis abstenu de toutes démarches, de toutes paroles qui auraient pu diviser les esprits. Je ne puis, aujourd'hui, me taire plus longtemps devant les désastres du pays, sans paraître insensible à ses souffrances.

Au moment où je fus obligé de me constituer prisonnier, je ne pouvais traiter de la paix. N'étant plus libre, mes résolutions auraient semblé dictées par des considérations personnelles. Je laissai au gouvernement de la régente, siégeant à Paris, au milieu des Chambres, le devoir de décider si l'intérêt de la nation exigeait la continuation de la lutte.

Malgré des revers inouïs, la France n'était pas domptée : nos places fortes étant encore debout, peu de départements envahis, Paris en état de défense, l'étendue de nos malheurs pouvait être limitée.

Mais pendant que tous les regards étaient tournés vers l'ennemi, une insurrection éclata dans Paris ; le siége de la représentation nationale fut violé, la sécurité de l'impératrice menacée, un gouvernement s'installa par surprise à l'Hôtel-de-Ville ; et l'empire, que toute la nation venait d'acclamer pour la troisième fois, abandonné par ceux qui devaient le défendre, fut renversé.

Faisant trève à mes justes sentiments, je m'écriai : « Qu'importe la dynastie, si la patrie peut être sauvée ! » et, au lieu de protester contre la violation du droit, j'ai fait des vœux pour le succès de la défense nationale, et j'ai admiré le dévouement patriotique qu'ont montré les enfants de toutes les classes et de tous les partis.

Maintenant que la lutte est suspendue, que la capitale, malgré une résistance héroïque, a succombé et que toute chance raisonnable de vaincre a disparu, il est temps de demander compte à ceux qui ont usurpé le pouvoir du sang répandu sans nécessité, des ruines amoncelées sans raison, des ressources du pays gaspillées sans contrôle.

Les destinées de la France ne peuvent être abandonnées à un gouvernement sans mandat, qui, en désorganisant l'administration, n'a pas laissé debout une seule autorité émanant du suffrage universel.

Une nation ne saurait obéir longtemps à ceux qui n'ont aucun droit pour commander. L'ordre, la confiance, une paix solide ne seront rétablis que lorsque le peuple aura été consulté sur le gouvernement le plus capable de réparer les maux de la patrie.

Dans les circonstances solennelles où nous nous trouvons, en face de l'invasion et de l'Europe attentive, il importe que la France soit *une* dans ses aspirations, dans ses désirs, comme dans ses résolutions. Tel est le but vers lequel doivent tendre les efforts de tous les bons citoyens.

Quant à moi, meurtri par tant d'injustice et d'amères déceptions, je ne viens pas aujourd'hui réclamer des droits que quatre fois en vingt ans vous m'avez librement conférés. En présence des calamités qui nous entourent, il n'y a pas de

place pour une ambition personnelle ; mais, tant que le peuple, régulièrement réuni dans ses comices, n'aura pas manifesté sa volonté, mon devoir sera de m'adresser à la nation comme son véritable représentant, et de lui dire : « Tout ce qui est fait sans votre participation directe est illégitime. »

Il n'y a qu'un gouvernement issu de la souveraineté nationale qui, s'élevant au-dessus de l'égoïsme des partis, ait la force de cicatriser vos blessures, de rouvrir vos cœurs à l'espérance comme les églises profanées à vos prières, et de ramener au sein du pays le travail, la concorde et la paix.

NAPOLÉON.

Wilhelmshœhe, le 8 février 1871.

Certes, la compétition de la dynastie napoléonienne après les désastres et les hontes dont la France lui était redevable, était peu dangereuse ; l'Assemblée nationale du reste, après une apologie de l'ex-empereur, commentaire de la proclamation du 12, essayée à la tribune le 1er mars par M. Conti, ne tarda pas à en faire prompte justice en votant à l'unanimité moins cinq voix, cette motion écrasante :

« L'Assemblée nationale

« .... Confirme la déchéance de Napoléon et de sa dynastie déjà prononcée par le suffrage universel et le déclare responsable de la ruine, de l'invasion et du démembrement de la France. »

L'ardeur d'enthousiasme avec laquelle les députés avaient voté la déchéance des Bonaparte, et le refus systématique de reconnaître, de droit et de fait, le gouvernement de la République accentuait précisément la sympathie de la majorité pour quelqu'autre dynastie.

Piquée au vif, la presse démocratique de Paris ne garda peut-être pas toujours la mesure suffisamment respectueuse envers les élus de la nation ; la qualification de « *ruraux* » fut trouvée et employée à satiété avec une foule de commentaires désobligeants ; la presse de province augmenta le désaccord en poussant les choses à l'extrême.

Commencèrent dès lors les manifestations d'antagonisme et d'antipathie entre la majorité de l'Assemblée nationale et la capitale de la France. Les torts furent des deux côtés, mais principalement imputables à l'Assemblée : accueil injurieux fait à Garibaldi qui s'en était dignement vengé en quittant son banc et en résignant son triple mandat ; inconvenance marquée et dédain non dissimulé à l'encontre des députés ouvriers. Puis les impatiences maladroites et impolitiques de la droite, ses appels à la rigueur militaire pour quelques murmures inconvenants qui avaient accueilli quelques-uns de ses membres à la sortie de l'Assemblée ou plutôt à cause des ovations populaires faites à Victor Hugo, à Louis Blanc, principalement à Rochefort devenu l'idole de la population Bordelaise.

Ces mille petits incidents presque insignifiants en eux-mêmes parvenaient à Paris grossis par la distance, envenimés par une certaine presse; ils convainquaient de plus en plus sa population des sentiments réactionnaires de l'Assemblée de Bordeaux.

Puis les excès de la presse purement vénale des deux camps, principalement les journaux à scandale qui, pour attirer l'acheteur et empocher quelques louis de plus par numéro, ne craignirent pas de descendre jusqu'à effrayer la province par les récits d'une prétendue guerre civile dans les rues de Paris, alors qu'il n'en était rien.

Survinrent les démissions à effet de quelques-uns des députés parisiens, les interpellations plus qu'aigre-douces entre honorables des côtés extrêmes, et enfin les débats irritants de la translation de la Chambre et partant du gouvernement, les uns allant jusqu'à demander une ville secondaire dans le centre de la France, les autres se contentant de Fontainebleau ou de Versailles, mais tout le monde d'accord pour la *décapitalisation* de Paris, mot aussi barbare qu'insensé.

La scission était complète et les hostilités déclarées.

L'Assemblée de Bordeaux s'était à la fois aliénée et le populaire et la bourgeoisie rentière et commerçante de Paris.

Si on ne se battait encore pas dans les rues de Paris, l'émotion populaire y était grande; l'agitation était constamment entretenue par des manifestations, en principe fort innocentes et très-compréhensibles, en ces jours de douleur publique et d'oisiveté, mais qui ne devaient pas tarder à servir les desseins de meneurs.

Ainsi qu'il sera établi, on peut considérer les manifestations en corps et par bataillons ou par compagnies des diverses légions de la garde nationale à la Bastille, comme le point de départ de la révolution du 18 mars; il est donc important de préciser la nature et l'importance de ces manifestations. C'est au *Journal des Débats*, dont personne ne contestera la bonne foi et l'esprit d'ordre, que nous emprunterons le récit détaillé de ces véritables promenades militaires, se renouvelant tous les jours et se ressemblant toutes :

« Depuis vendredi, les manifestations ayant pour but de célébrer l'anniversaire de la révolution du 24 février 1848, ont lieu place de la Bastille; mais, jusqu'ici, l'affluence n'avait pas été aussi considérable que celle que nous avons constatée pendant toute la journée d'aujourd'hui dimanche au pied de la colonne de Juillet.

« Depuis dix heures du matin jusqu'à six heures du soir, on n'a pas cessé de voir défiler des détachements de gardes nationaux accompagnés de leurs officiers, précédés les uns de la musique du bataillon, les autres des tambours ou des clairons.

« Vers midi, les quatre faces de la base de la colonne commencent à se garnir de couronnes d'immortelles disposées en croix, de fanions e de drapeaux. A chacun des mascarons qui se trouvent sur les bandeaux du fût, et qui servent à donner du jour dans l'escalier, on voit des couronnes suspendues.

« Sur la plate-forme du chapiteau, les grilles du pourtour sont complétement garnies de drapeaux ornés d'un crêpe. Une couronne a été passée dans le bras droit du Génie de la liberté; une autre, entourée d'un long crêpe noir flottant au gré du vent, est posée sur la tête du Génie.

« Nous voyons défiler successivement des détachements des 209e, 93e, 60e, 56e et 211e bataillons de la garde nationale. Personne n'était armé. Quelques officiers seuls portaient leurs sabres.

« Pour chaque bataillon, la manifestation s'accomplit absolument de la même manière : les délégués, précédés des tambours et des clairons ou des musiques, et accompagnés des officiers et des drapeaux, pénètrent par la porte faisant face à la rue Saint-Antoine; ils défilent autour de la colonne, à l'intérieur des grilles, et arrivent sur le pourtour du socle en marbre en gravissant des échelles de gazier. Des commissaires, portant sur la poitrine en guise de signe distinctif une cocarde rouge, prennent les couronnes et les drapeaux sur lesquels sont inscrits les numéros des compagnies et du bataillon qui viennent de participer à la manifestation.

« Lorsque les couronnes et les drapeaux sont fixés à l'endroit indiqué, le commandant du détachement se découvre, on bat aux champs, la musique — quand celle-ci accompagne le détachement — exécute un air patriotique, et les cris de : *Vive la République !* sont répétés de toutes parts. Parfois il arrive que l'un des officiers prononce ou lit un petit *speech* qui a généralement pour objet de déclarer « que le peuple de Paris, par respect pour la mémoire des illustres victimes qui ont succombé en défendant la liberté, entend défendre la République jusqu'à la mort ! »

« Chacun redescend par l'une des deux échelles qui servent à monter sur le socle, puis on se range sur la place et l'on regagne son quartier en bon ordre.

« A notre arrivée, un officier du 134ᵉ bataillon exalte « la République universelle qui seule doit régénérer le monde. » Un officier du 56ᵉ bataillon traite en deux mots le même sujet.

« Après lui, un officier du 238ᵉ bataillon prononce une allocution qui obtient un certain succès dans la foule : « Les exploiteurs du monopole, dit-il, semblent croire que le peuple est toujours en tutelle. Ils paraissent oublier qu'il s'est quelquefois réveillé subitement et qu'il a su faire acte de majorité quand il s'est affirmé en 93, en 1830, en 1848, ainsi qu'en 1870. »

« Il termine son discours en déclarant que le peuple de Paris « veut lutter à outrance au nom de la République, afin de n'être pas prussien. »

Un fait, à tout jamais regrettable, ne devait pas tarder à démontrer qu'il suffirait du moindre incident pour amener la foule, sans cesse surexcitée, à des extrémités terribles.

Le 26 février, au moment du défilé des bataillons devant la colonne, en présence d'au moins vingt mille personnes, un individu, s'il faut en croire les on-dit de la foule, est vu un crayon à la main, prenant note des numéros des bataillons arrivant sur la place. Interpellé à ce sujet par des chasseurs à pied, il aurait répondu que cela ne les regardait pas. Ceux-ci l'auraient appelé mouchard et il aurait frappé un des militaires avec un casse-tête. Alors on se jette sur lui, on le fouille ; malheureusement on trouve dans les poches de son paletot un revolver ainsi que des papiers émanant de la préfecture et indiquant qu'il appartenait à la police. Cette découverte excite une colère qui ne tarde pas à dégénérer en une exaspération furieuse extrêmement difficile à calmer.

Le malheureux est traîné du côté du canal, et l'arrêt de la foule allait être exécuté sans miséricorde, lorsque des citoyens plus calmes eurent la bonne pensée de pousser la foule devant le poste, où pénétrèrent l'individu arrêté et quelques-uns de ceux qui le conduisaient. L'officier qui commandait la compagnie de garde nationale de service (94ᵉ bataillon) fit fermer les grilles.

Les deux quais se garnissaient de milliers de curieux. Un millier d'autres stationnaient devant le poste et réclamaient le prisonnier ou l'exécution de la sinistre sentence. L'officier monta sur la grille et expliqua à la foule que son devoir était de garder le prisonnier, afin de le faire envoyer à la préfecture : il engageait donc le public à se calmer. On ne tint aucun compte de ses exhortations. On cria : « C'est cela, ils vont le faire échapper ! Qu'on nous le rende ! »

Des chasseurs à pied escaladèrent la grille et s'introduisirent dans le poste ; d'autres citoyens en firent autant. Le poste ne tarda pas à être envahi, et on reprit le prisonnier que l'on put cette fois encore sauver en l'entraînant de l'autre côté de la place, près de la rue de la Roquette. Mais les furieux, s'excitant les uns les autres, poussaient les cris de : « Tapez dessus ! Il faut l'assommer ! Ne le laissez donc pas aller par là ! Il faut le noyer ! »

Et la foule en délire transporte ce misérable jusque sur la berge du quai Henri IV ; là, après avoir pris la précaution horrible de lui lier bras et jambes, elle le lance au loin dans les flots qui ne tardent pas à l'engloutir.

Cette victime du populaire en délire s'appelait Vincensini ; c'était bien réellement un agent de la préfecture de police.

L'autorité n'avait pas su ou n'avait pas pu empêcher ce meurtre.

La masse de citoyens, témoin impassible de cette exécution digne de sauvages, y avait assisté ahurie, ne sachant, abandonnée à elle-même, où était le vrai, où était le juste, où était la légalité. Oui ! on en était venu à cet état d'aberration morale.

C'est alors que vont surgir et se dérouler les événements qui, progressivement, par une pente fatale, si on n'y met pas un frein, conduiront au 18 mars et à ses conséquences....

L'entrée des Prussiens dans Paris va être la cause déterminante de l'enlèvement des canons et des munitions de guerre par la garde nationale qui, par une impéritie et une imprévoyance qu'on ne saurait trop blâmer, avaient été laissés par l'administration dans le périmètre devant être occupé par les armées allemandes.

En cette circonstance encore, pour bien établir notre bonne foi et notre désir de recourir aux sources du meilleur aloi, rapportons textuellement les impressions du *Journal des Débats* à propos des incidents qui se sont produits et sur l'attitude de la population de Paris, pendant les journées des 28 février, 1er et 2 mars.

JOURNÉE DU 28 FÉVRIER.

Les défilés continuent à la colonne de la Bastille. Nous voyons successivement passer des détachements des 84e, 94e et 196e bataillons de la garde nationale.

Un garde appartenant au 196e bataillon se tient à la grille et sollicite des offrandes... pour qui? Nous l'ignorons.

Les boulevards de Ménilmontant, de Belleville et de la Villette sont très-calmes. On ne rencontre dans ces divers endroits qu'un grand nombre de jeunes gens jouant de l'argent avec des dés ou à pile ou face.

Dans le dix-huitième arrondissement, une réunion d'officiers a été tenue pour discuter sur les moyens à employer afin de résister à l'entrée des Prussiens et surtout à toute tentative que ceux-ci voudraient faire de venir prendre les canons ramenés par la garde nationale dans cet arrondissement. Au boulevard Ornano, une trentaine de canons sont installés sur des terrains vagues entre la rue Custine et la rue Labat.

Plusieurs barricades sont élevées sur le boulevard; l'une à la hauteur de la rue Myrrha, à droite de la chaussée, est formée à l'aide de quatre gros chariots renversés, et à gauche à l'aide d'un énorme tonneau de porteur d'eau. La chaussée est libre pour le passage des voitures.

Place du Château-Rouge, le 138e bataillon garde des barricades formées au coin de la rue Custine et de la rue Poulet.

Un peu plus loin, une barricade construite à l'aide de moellons, ferme la chaussée de façon à ne permettre le passage qu'à deux piétons.

Le 79e et le 169e bataillons veillent sur leurs canons.

On rencontre des barricades à l'angle des rues Dejean et des Poissonniers d'un côté, et rue de Clignancourt de l'autre; à l'angle de la rue Custine, une troisième, composée de plusieurs caissons d'artillerie, et qui est gardée par le 129e bataillon.

La dernière barricade, celle-là en pavés et solidement construite, existe près de la rue Labat. Elle intercepte la chaussée au passage des voitures. Le 215e bataillon, près de là, se tient l'arme au bras.

Quatre mitrailleuses, qui se trouvaient hier 27, place Saint-Pierre, sont dissimulées dans l'impasse qui existe près du marché. Un piquet du du 215e bataillon manifeste hautement son intention de ne pas se laisser enlever ses pièces de nouveau modèle et qui sortent d'une fabrique anglaise de la rue Rochechouart.

Vers trois heures, sur les boulevards, on voit passer une centaine de gamins qui escortent une vingtaine d'individus, parmi lesquels se trouvent quelques marins, se dirigeant vers la Bastille.

La barricade en terre placée au milieu de l'avenue de la Grande-Armée et qui existait à la hauteur de la rue de Presbourg, a complétement disparu. La chaussée est entièrement libre.

Le public stationne sur le rond-point des Champs-Elysées.

Le visage de chacune des statues qui ornent la place de la Concorde est entièrement voilé à l'aide d'un drap noir épais attaché derrière la tête.

JOURNÉE DU 1er MARS.

Dans la cour de la Sainte-Chapelle, sur la porte d'entrée principale du tribunal correctionnel, on lit ce qui suit : « Les audiences du tribunal sont remises aujourd'hui à huitaine. Les témoins et les inculpés libres sont invités à se présenter, sans citations nouvelles, à huitaine. »

Presque toutes les boutiques sont fermées dans Paris. Sur beaucoup de volets on lit ces mots : « Fermé pour cause de deuil national ou public. »

Des draps noirs sont suspendus aux fenêtres d'un certain nombre de maisons.

Toutes les grilles du Louvre, du Carroussel et des Tuileries sont fermées.

Des patrouilles de chasseurs et de gardes républicains à cheval se promènent rue de Rivoli, faubourg Saint-Honoré et boulevard Haussmann.

Rue de Rivoli, à l'angle de la rue Saint-Florentin, il existe une double rangée de caissons d'artillerie formant barrière. Les piétons seuls peuvent traverser pour aller sur la place de la Concorde

L'entrée de la rue Royale est barrée de la même façon. Cette rue est occupée par le 1er bataillon de la garde nationale.

Une quinzaine de femmes qui avaient été vues causant avec des Prussiens dans les Champs-Elysées sont fort maltraitées par une foule de gamins stationnant eux-mêmes devant les soldats prussiens. Depuis l'arrivée des détachements ennemis, ils ne se contentent pas d'enlever à quelques-unes de ces femmes leurs manteaux, leurs chapeaux, leurs chignons, ils leur infligent la correction manuelle réservée ordinairement aux enfants.

Un instant nous avons redouté de voir se renouveler les scènes affreuses qui ont eu lieu quai Henri IV. En effet, les cris *A l'eau! à l'eau!* commençaient à être poussés avec insistance, même par ces jeunes drôles. Deux femmes qui ont été l'objet de ces mauvais traitements ont été conduites plus mortes que vives au ministère de la marine.

Le soupçon d'avoir causé avec un Prussien ou simplement ressembler à un Allemand suffit pour ameuter cette bande de désœuvrés et de gamins contre les passants.

Les grilles du ministère de l'intérieur, place Beauveau, sont restées fermées.

L'Elysée n'est ouvert que dans l'avenue Marigny, à l'angle des Champs-Elysées; ses autres portes, rue du Faubourg-Saint-Honoré, sont closes.

Des piquets d'infanterie gardent chaque ouverture de rue donnant sur les Champs-Elysées.

Les croisées de la caserne de la Pépinière sont remplies de marins.

Les passages du Saumon, Choiseul, Vivienne, Colbert, des Quatre-Pavillons, sont fermés.

Les boutiques du Palais-Royal et de la galerie n'ont pas été ouvertes.

La foule est moins grande que les jours précédents à la place de la Bastille. Cependant il y a encore beaucoup de curieux venant examiner la disposition ingénieuse des couronnes d'immortelles qui ornent la colonne de Juillet.

Aucun incident à signaler si ce n'est l'arrestation d'un certain nombre d'individus signalés comme espions prussiens.

Les quartiers occupés par les troupes ennemies appartiennent aux huitièmes, seizième et dix-septième arrondissements. Les maires de ces trois arrondissements on fait placarder dès le matin l'affiche suivante :

« L'occupation des troupes allemandes devant avoir lieu dans une partie relativement restreinte de la ville de Paris, il n'a pas été possible de les loger exclusivement dans des bâtiments publics ou dans des établissements commerciaux ou industriels. La municipalité n'a pu, malgré les plus grands efforts, éviter aux habitants une occupation partielle.

« Elle fait appel à la sagesse et au patriotisme de la population pour supporter avec calme et dignité cette nouvelle épreuve.

« Paris, le 1er mars 1871.

« Pour le maire du huitième arrondissement, »

          « DENORMANDIE.

« Pour le maire du seizième,

          « SEVESTRE.

          « Pour le maire du dix-septième,

               « F. FAVRE.

               « Le maire de Paris.

               « JULES FERRY. »

Le public stationne devant les grilles du Louvre et regarde passer les détachements prussiens qui ont obtenu l'autorisation de visiter les Tuileries et le Louvre.

L'attitude des groupes est telle à un moment donné, qu'il devient prudent de dérober à la vue de la population la présence des soldats ennemis à l'aide d'énormes toiles vertes.

Le passage du quai d'Orsai au Cours-la-Reine est interdit depuis le pont de Solférino jusqu'au pont de l'Alma.

Des soldats de la ligne et des gardes républicains interdisent de stationner le long du parapet quai d'Orsai.

Les trente pièces de canons qui se trouvaient hier encore sur le boulevard Ornano ont été traînées à bras par les habitants jusque sur la butte Montmartre, au-dessus de la place Saint-Pierre. Les pièces sont rangées l'une à côté de l'autre et regardent Paris.

La Butte Montmartre.

Il y a eu beaucoup moins de monde à la Bastille durant cette journée.

Sur un tableau placé ce matin au-dessus de la porte d'entrée de la colonne on lit ces mots :

République universelle, la volonté des peuples.

La chasse aux espions a continué aujourd'hui un peu partout. Un certain nombre de personnes ont été conduites soit à la place Vendôme, soit à la préfecture de police, arrêtées sous l'inculpation d'espionnage.

Deux Prussiens qui s'étaient aujourd'hui hasardés dans Paris ont été arrêtés près de l'embarcadère du chemin de fer de Lyon et conduits à la Conciergerie par un détachement de gardes nationaux, au milieu d'une vive émotion populaire. Il était environ trois heures.

. . . .

Hier, jusqu'à minuit environ, les clubs en plein air ont tenu leurs séances sur toute la ligne des boulevards. Il faisait un clair de lune magnifique et une douceur de température extraordinaire. Les groupes rassemblés en avant de la rue Drouot s'étendaient jusque sur la chaussée. A dix heures,

il n'y avait plus une seule voiture. Les omnibus seuls, toujours fidèles à leur service et au public, y circulaient, mais lentement et avec précaution. Toutes les boutiques et les cafés, sans exception, étaient fermés. Dans la section comprise entre la rue des Capucines et le faubourg Poissonnière, la discussion paraît assez pacifique. On y agite même de hautes questions pratiques : la réorganisation de l'armée et de l'administration, l'instruction publique, les loyers; on ne craint pas non plus d'aborder des sujets d'intérêt social.

Plus loin, des orateurs, nous devrions dire des causeurs, racontent l'entrée des troupes prussiennes à Paris.

. . . .

Nous remontons les boulevards jusqu'à la porte Saint-Denis. De ce côté, les conversations deviennent moins courtoises A la suite d'une vive discussion sur la conduite passée du gouvernement de la défense, une altercation paraît imminente. Un citoyen de haute taille et portant un *sombrero* orné d'une plume de coq se détache du groupe, et menaçant de son bâton ses int rlocu.

3ᵉ Liv.

teurs : « Ah ! dit-il, si les Prussiens venaient ici, ce n'est pas moi qui tirerai sur eux ; je démolirais plutôt votre Trochu qui les a laissés venir. » Cependant il s'en va, comme le Parthe, après avoir lancé cette flèche. Ses adversaires le regardent partir en haussant les épaules, et l'un d'eux dit : « Si tu es si brave contre Trochu, c'est qu'il n'a plus d'armée, et si tu épargnes les Prussiens, c'est qu'ils entrent avec la leur. »

A mesure que nous nous approchons du faubourg, les colloques sont plus animés, plus irrités, plus violents ; cependant l'heure s'avance et les groupes se dispersent peu à peu. Les boulevards deviennent bientôt déserts. Tout un côté de la longue avenue qui va de la Bastille à la Madeleine reste dans l'ombre, et l'autre est éclairé par la blanche lumière de la lune. La tranquillité se fait partout et la nuit finit dans le calme.

Ce matin, vers quatre heures, le tambour et le clairon appellent différents bataillons de la garde nationale. Le 8ᵉ se masse d'abord dans la rue du Quatre-Septembre, puis vient former un cordon autour du quartier occupé par les troupes prussiennes. On barre la rue Royale, on établit des sentinelles en tête des rues Castiglione, de la Paix, du Quatre-Septembre, Saint-Florentin, de l'Élysée. On ne laisse passer que les citoyens en costume civil ; les soldats en uniforme ne peuvent pas franchir les lignes.

Les boutiques et les cafés sont restés fermés comme hier. Autour des Tuileries et du Louvre, du côté des rues de Rivoli et Saint-Honoré surtout, la foule est considérable ; des détachements de soldats prussiens sans armes et avec leurs officiers sont venus sur la place du Carrousel, en passant par le jardin et la cour des Tuileries. On en a vu quelques-uns, dit-on, sur le portique de la colonnade faisant face à Saint-Germain l'Auxerrois. Cela a causé une certaine émotion dans la population. Les compagnies de la garde nationale qui stationnaient sur la place du Louvre et au Palais-Royal n'ont pas été obligées cependant de rompre leurs faisceaux. — Ce soir, tout est tranquille. »

Le 3 mars, les soldats allemands « sifflés comme des chiens, » selon l'expression du *Moniteur universel*, quittent Paris par la porte Maillot.

Leur présence avait souillé nos plus aristocratiques quartiers sans utilité appréciable pour la politique de leurs chefs.

On se demande encore à quel sentiment a bien pu obéir le roi Guillaume, devenu empereur d'Allemagne, de par la grâce de M. de Bismark. Grossière satisfaction d'amour-propre ?...

Pour qui connaît le caractère allemand en général et celui des officiers prussiens, en particulier, ce doit être cela.

L'empereur d'Allemagne n'a pas savouré la parfaite joie qu'il s'était promise ; ses officiers, ni ses soldats non plus.

Ses armées victorieuses sont entrées, tremblantes, l'oreille basse, honteuses, dans la vaillante cité, que malgré la vantardise de leur roi ils n'avaient pas su prendre ; ils n'avaient même pas osé essayer...

Seuls, les officiers, par contenance, essayent de grimacer un hautain sourire qui s'interrompt, glacé, sur leurs lèvres crispées, à la vue de l'immense dédain qui les enveloppe et les écrase.

Soldats, officiers, officiers supérieurs, ont été parqués, de même que des bêtes de somme dans un coin de la grande ville, avec défense expresse de faire un pas en avant.

Quelques officiers supérieurs, parmi eux un colonel, dont la morgue ne pouvait s'astreindre à pareille claustration insultante dans une ville conquise.... par la faim, déguisés en honnêtes citoyens, se sont aventurés en dehors de la zone permise ; c'est à coups de cannes qu'ils sont ramenés dans leurs lignes.

Lui-même, l'Empereur d'Allemagne, il a eu peur.... il n'a pas osé s'aventurer plus loin que le champ de courses *extra muros* de Longchamps !

Nous ne nous plaignons point de cette prétendue humiliation qu'on a essayé d'imposer à Paris et à ses habitants. La honte a rejailli sur qui avait tenté l'outrage. Seuls, sont restés le ferment de vengeance et le serment solennel de représailles !

Personne ne l'oubliera.

L'entrée de l'ennemi dans l'enceinte devait cependant nous être fatale.

L'imprévoyance des signataires des conventions du 28 janvier, complices inconscients de la diabolique astuce de M. de Bismark, avait déjà laissé trois cent mille fusils qui pouvaient et devaient armer l'émeute ; l'occupation prussienne devait lui fournir des canons et des mitrailleuses par centaines.

Afin de le soustraire à l'avidité allemande, des gardes nationaux zélés avaient à force de bras enlevé le parc d'artillerie oublié à Neuilly, avenue de Wagram, par la négligence de l'administration française ; ils avaient conduit canons, mitrailleuses et caissons au lieu dit: *Champ polonais*, sur la Butte Montmartre.

L'élan était donné ; pendant plusieurs jours, par désœuvrement et aussi guidés par des comités directeurs dont nous allons parler, les gardes nationaux font une véritable chasse aux engins de guerre ; la place Royale (place des Vosges au Marais), la cour de l'Ecole polytechnique, les Buttes-Chaumont, ne tardent pas à se transformer en parcs d'artillerie improvisés, à la garde de citoyens armés, obéissant à une consigne et à des ordres qui n'émanaient pas de l'état-major officiel de la garde nationale.

Il n'y a pas encore d'émeute ni de révolution organisée, mais les armes sont prêtes, les recrues ne manqueront pas lors de l'occasion propice.

A moins d'une prudence consommée et de la plus grande habileté, l'administration qui a succédé au gouvernement du 4 septembre a à ses côtés l'émeute et la révolution en permanence.

De par sa faute, cela est indéniable, l'émeute est abondamment pourvue de fusils, de canons et de munitions.

Examinons maintenant si le gouvernement actuel n'a rien à se reprocher à l'égard de la création du *Comité central* et du *Comité fédéral* de la garde nationale qui, déjà, grâce à leur audace croissante, et grâce aussi à la déplorable incurie des autorités compétentes, possèdent une influence encore factice, il est vrai, sur grand nombre de bataillons, mais qui ne tardera pas par les mêmes causes, à devenir effective et réelle.

A qui doit remonter la responsabilité de la formation de ces comités, états-majors tout organisés de la Révolution ?

M. Jules de Crisenoy [1], colonel du 9e régiment de marche de la garde nationale pendant le siège, personnage des plus honorables, et, tout le monde le sait dans le VIe arrondissement, aucunement infesté du virus démagogique, va nous le dire.

« .... Les compagnies de guerre de la garde nationale étaient rentrées dans l'enceinte à la fin

de janvier, la solde des officiers fut immédiatement supprimée. Cette décision était formellement contraire aux dispositions du décret de mobilisation qui, sous ce rapport, assimilait les officiers de la garde nationale à ceux de la garde mobile auxquels les appointements venaient d'être accordés jusqu'au 1er avril. Les officiers de la garde nationale mobilisée étaient d'autant plus fondés à réclamer ce traitement qu'ils n'avaient reçu aucune indemnité d'entrée en campagne, et que la plupart d'entre eux devaient se trouver sans ressources jusqu'à la reprise du travail.

« Les réclamations faites d'abord hiérarchiquement n'obtinrent qu'une demi-satisfaction. La solde fut prolongée de quinzaine en quinzaine, mais seulement jusqu'à la fin de février. Aussitôt après les élections, les officiers se réunirent une première fois au Palais-Royal en vue de poursuivre par voie de pétition la reconnaissance de leurs titres. La retraite du général Clément Thomas et du colonel Montagut ayant laissé en réalité la garde nationale sans direction, les éléments de désordre pouvaient s'y propager librement, et l'autorité militaire qui en avait pris le commandement provisoire ne la connaissait pas suffisamment pour éviter les écueils et mener à bonne fin la tâche difficile qu'elle avait acceptée. Sur la question de la solde on tarda à prendre une décision, les réunions se multiplièrent, puis se transformèrent en comités en élargissant leur action. Ces comités se donnèrent la mission de représenter auprès de l'autorité militaire les intérêts de la garde nationale : à cet effet, ils engagèrent chaque bataillon et chaque compagnie à nommer des délégués. Cette opération s'accomplit d'abord avec un certain mystère, puis ouvertement sans que le gouvernement, divisé entre Paris et Bordeaux, accablé des préoccupations et des responsabilités les plus graves, parût y faire grande attention, ou tout au moins cherchât à s'y opposer. *Enfin les comités particuliers se fusionnèrent et formèrent le Comité central*, qui, dès le commencement de mars, fonctionnait régulièrement, publiant dans les journaux ses ordres et les noms de ses membres. Le 18, c'est-à-dire plus de quinze jours après, on n'avait pu encore arrêter aucun d'entre eux. . . . . »

Comme il s'agissait de réclamations à adresser à l'administration des finances et de la guerre, tout naturellement messieurs les officiers réclamants élurent comme délégués les plus énergi-

[1] Rapport à la Commission d'enquête sur les causes de la Révolution du 18 mars.   (*Moniteur universel.*)

ques d'entre eux, ceux qui promettaient de parler le plus haut et le plus ferme aux autorités compétentes, c'est-à-dire les exités ambitieux et remuants.

Telle est l'origine authentique du Comité central qui, en principe, avait été délégué spécialement pour revendiquer de justes réclamations et devant qui, le 18 mars, le gouvernement se croira obligé de fuir, en lui abandonnant Paris, sa population, ses ministères et ses forts du Sud.

Une fois groupés, ces délégués d'une portion de la garde nationale s'occupèrent d'abord de la mission spéciale qui leur avait été confiée, puis d'autres choses.... c'était fatalement inévitable.

D'abord ils se préoccupèrent de la perspective non chimérique d'un désarmement prochain. De plus, la garde nationale avait peu de confiance dans la sincérité des sentiments républicains de gens qui de tout temps avaient été les ennemis acharnés de cette forme de gouvernement ; elle ajoutait peut-être une trop grande importance aux menées monarchiques et à la rage bilieuse d'une portion notable de l'Assemblée de Bordeaux. Lui faire comprendre que conserver ses armes c'était le véritable moyen de faire respecter et de conserver le gouvernement républicain était chose facile. Le comité central se servit habilement de ce bonne moyen, et la pensée de solidariser les divers bataillons de la garde nationale pour défendre le principe républicain répondait tellement au sentiment de l'immense majorité de la p pulation parisienne non-seulement ouvrière, mais encore de la bourgeoisie et du négoce, que personne ne songea à y faire opposition.

Deux comités s'étaient presque simultanément organisés, le Comité central et le Comité fédéral ; ils ne tardèrent pas à former alliance et consti-

tuèrent la Fédération de la garde nationale. Le comité central ne continua pas moins à avoir sa véritable organisateur et ses agissements particuliers ainsi qu'on le verra.

La fédération de la garde nationale s'appuyait, a-t-on affirmé en mainte occasions, sur l'adhésion de plus de 220 bataillons, c'est-à-dire la presque totalité des bataillons qui restaient organisés après le siège. Nous ne disconvenons pas de la véracité de cette affirmation, quant au nombre des bataillons en rapport avec les comités, mais vouloir inférer de là que la presque totalité de la garde nationale était une armée disponible, prête à obéir à un signal parti de Montmartre ou de Belleville, serait une grave erreur.

À part une dizaine de bataillons dévoués par

Les Boulevard de l'occupation prussienne.

la puissance des comités était donc plus factice que réelle, et avec la moindre intelligence des dangers probables, il eût été très-facile au gouvernement, de contre-balancer, dans les rangs mêmes de la garde nationale, les idées de désorganisation sociale et les malencontreux effets de l'active et incessante propagande des meneurs des comités.

Malheureusement, il ne fut rien tenté, ainsi

avancé à tout ce qui serait tenté contre n'importe quel pouvoir constitué, dans les autres, c'était une infime minorité qui s'était ouvertement ralliée à l'un ou l'autre de ces comités anonymes. Le plus grand nombre des prétendus délégués au dans sa main, » avait laissé libre champ aux agitateurs et aux meneurs. Le général Vinoy, à qui en avait été dévolu le commandement provisoire, représentaient leur seule individualité.

que le mentionne M. de Crizenoy; la retraite du général Clément Thomas et du colonel Montaigut, son chef d'état-major, le véritable organisateur de la garde nationale, celui seul qui « la tenait dans sa main, » avait laissé libre champ aux agitateurs et aux meneurs. Le général Vinoy, à qui en avait été dévolu le commandement provisoire, ne donnait qu'une médiocre attention à ce qu'il appréciait devoir être sans une grande importance.

Tout allait à la débandade ; les chefs de bataillon ne savaient au juste où s'adresser pour prendre les ordres. La plupart d'entre ces derniers, du reste, ne s'occupaient plus sérieusement que d'une seule chose : faire valoir leurs droits à la décoration.

La première réunion importante que provoque le Comité se tient le 15 février au Waux-Hall.

Les principaux instigateurs se constituent de leur propre autorité, comité provisoire. Ce jour-là, on ne décida pas grand'chose ; le but principal des agitateurs avait été atteint: se voir, se connaître et commencer à se concerter.

Nouvelle réunion au Waux-Hall le 24 février. Ce jour, on agite la question brûlante du moment, celle dont tout le monde se préoccupait vivement : l'entrée des Prussiens à Paris. Le Comité décide, malgré une opposition très-énergique de la portion la plus notable de l'assemblée « que lors de la rentrée des armées allemandes, la garde nationale se porterait à leur rencontre en arrès pour s'y opposer. »

Cette autre grave résolution est prise, celle-ci presque à l'unanimité : la garde nationale protesta, par l'organe de son comité central, contre toute tentative de tout désarmement et déclare qu'elle résistera au besoin par les armes.

Enfin est résolue une « importante manifestation pacifique, calme, à la colonne de Juillet, en commemoration de la proclamation de la République en 1848. »

La manifestation se met en marche à l'issue de la séance. L'élan était donné ; les désœuvrés de la garde nationale savaient maintenant où aller passer quelques heures de la journée.

L'occupation temporaire de Paris par l'armée prussienne qui, le 24, n'était que chose probable était bientôt devenue une douloureuse réalité. Quelques membres du Comité central, moins exaltés que leurs collègues, prévoyant les désastreuses conséquences pour Paris et la France entière d'une collision avec l'armée prussienne, alors qu'elle était en possession de nos forts et pouvait incendier Paris et le détruire sans risquer la perte d'un homme : ce qui serait indubitablement advenu : rédigea, le 28, un manifeste à la garde nationale, l'invitant à ne pas s'opposer à l'entrée des Prussiens, mais seulement de former autour d'eux un cordon défensif.

On ne peut nier que ce jour-là le Comité central rendit un immense service à Paris et au pays tout entier.

Il avait été universellement obéi, indication pour ceux qui devaient suivre la marche progressive des événements, qu'il avait une influence réelle sur la partie désordonnée et aventureuse de la milice citoyenne.

C'était principalement à quelques membres de l'*Association internationale des Travailleurs*, membres également du Comité central, qu'était due la raisonnable résolution d'éviter u   conflit avec l'armée prussienne.

En cette circonstance et plus tard, l'*Internationale*, restée en dehors de l'agitation cherchée et propagée, intervient efficacement, dans les résolutions du Comité central, par quelques-uns de ses adeptes. Mais, il y a tout lieu de croire, ainsi du reste que nous l'examinerons sérieusement un peu plus tard, que ces derniers agissaient isolément, en vertu de la plénitude de leur liberté de citoyen , sans engager en aucune façon l'*Association internationale*.

Le 3 mars, la fusion définitive de tous les comités divers devient un fait accompli, et les statuts de la *fédération républicaine de la garde nationale* sont votés presque sans discussion.

Nous n'en rapporterons que la déclaration de principe et deux ou trois articles importants :

DÉCLARATION PRÉALABLE

« La République, étant le seul gouvernement de droit et de justice, ne peut être subordonnée au suffrage universel qui est son œuvre.

» La garde nationale a le droit absolu de nommer tous ses chefs et de les révoquer dès qu'ils ont perdu la confiance de ceux qui les ont élus; toutefois, après enquête préalable destinée à sauvegarder les droits sacrés de la justice. »

. . . .

ART. 6.

« Les délégués aux Cercle de bataillon, Conseil de légion et Comité central sont les défenseurs naturels de tous les intérêts de la garde nationale. Ils devront veiller au maintien de l'armement de tous les corps spéciaux et autres de ladite garde, et prévenir toute tentative qui aurait pour but le renversement de la République.

» Ils ont également pour mission d'élaborer un projet de réorganisation complet des forces nationales. »

ART. 10.

« Tous les gardes nationaux sont solidaires, et les délégués de la Fédération sont placés sous la sauvegarde immédiate et directe de le garde nationale tout entière. »

A des réunions subséquentes, le général Garibaldi est acclamé généralissime en chef de la garde nationale de Paris, ses fils et son gendre, en même temps désignés comme chefs d'état-major. Le grand citoyen italien décline poliment pareil honneur.

Le 11, à une assemblée, tenue salle de la Redoute, des chefs de bataillon adhérents au Comité central, est votée la résolution suivante :

« Le principe républicain étant au-dessus de toute discussion, le gouvernement républicain étant le gouvernement du peuple par le peuple, chaque citoyen a non-seulement le droit, mais le le devoir de défendre les institutions républicaines.

« En conséquence, les chefs de bataillon soussignés déclarent qu'ils sont fermement décidés de défendre la République par tous les moyens possibles envers et contre tous ceux qui oseraient l'attaquer, et s'opposeront par les mêmes moyens à toute tentative de désarmement total ou partiel de la garde nationale. »

Telle est la marche régulière, telles sont les

phases ascendantes des agissements de ceux qui élevaient force nationale contre force nationale.

Ceux à qui incombait la douloureuse mission de consentir et signer une paix dont la France ne se consolera jamais et qui avaient le devoir de sauvegarder la patrie des horreurs de la guerre civile succédant aux effroyables désastres qu'avait engendrés et légués l'Empire, étaient avertis. Ils savaient qu'à côté d'eux, sous leurs yeux, une faction audacieuse élevait pouvoir contre pouvoir, préparait les armes et les moyens d'action en prévision de l'occasion propice qui ne manquerait pas de surgir, si elle n'était pas patriotiquement éludée.

Si le Gouvernement n'a pas voulu être éclairé, s'il n'a pas entrevu le fantôme sanglant de la guerre civile à courte échéance, il a été bien coupable et bien aveugle! Son incurie et son imprévoyance ont égalé celles du gouvernement dont il avait mission de réparer les ruines.

Mais il savait, il avait entrevu... cette proclamation à la garde nationale publiée à l'*Officiel* du 4 mars en fait foi:

« Les faits les plus regrettables se sont produits depuis quelques jours et menacent gravement la paix de la cité. Des gardes nationaux en armes obéissant, non à leurs chefs légitimes, mais à un comité central anonyme qui ne peut leur donner aucun ordre sans commettre un crime sévèrement puni par les lois, se sont emparés d'un grand nombre d'armes et de munitions de guerre, sous prétexte de les soustraire à l'ennemi dont ils redoutaient l'invasion. Il semblait que de pareils actes dussent cesser après la retraite de l'armée prussienne. Il n'en a rien été; hier soir le poste des Gobelins a été forcé et les cartouches ont été pillées.

» Ceux qui provoquent ces désordres assument sur eux une terrible responsabilité; c'est au moment où la ville de Paris, délivrée du contact de l'étranger, aspire à reprendre ses habitudes de calme et de travail qu'ils sèment le trouble et préparent la guerre civile. Le Gouvernement fait appel aux bons citoyens pour étouffer dans leurs germes ces coupables manifestations.

» Que tous ceux qui ont à cœur l'honneur et la paix de la cité se lèvent; que la garde nationale, repoussant de perfides instigations, se range autour de ses chefs et prévienne des malheurs dont les conséquences seraient incalculables. Le Gou-

vernement et le général en chef sont décidés à faire énergiquement leur devoir, ils feront exécuter les lois; ils comptent sur le patriotisme et le dévouement de tous les habitants de Paris.

» *Le ministre de l'intérieur,*

» ERNEST PICARD. »

On a donc le droit de lui demander un compte sévère de son insouciance à parer au danger imminent qui menaçait l'ordre social; c'est donc à bon droit que l'histoire aura à lui reprocher les actes impolitiques qui fatalement devaient avoir pour conséquences les désastres que nous pleurons tous.

Si le Gouvernement se bornait à afficher des proclamations, il n'en était pas ainsi des citoyens qui « sauvegardaient » les canons; ils les avaient agglomérés en batteries aux endroits déjà indiqués, et partout bonne garde était faite autour d'eux, surtout dans les premiers jours de mars. Plus tard les gardes nationaux, même les plus zélés, ennuyés et fatigués du role insipide qu'on leur fait jouer, se relâcheront, mais en ce jour, ils prennent tout à fait au sérieux le poste qui leur est confié.

Visitons d'abord la *Butte Montmartre*:

Les hauteurs de Montmartre ont toujours le même aspect depuis le jour où la garde nationale de cet arrondissement a cru devoir transférer sur le terre-plein existant au pied du sémaphore, juste au-dessus de la place Saint-Pierre, la plupart des canons qu'elle avait primitivement amenés boulevard Ornano.

Place Saint-Pierre on ne voit plus en batterie que des pièces se chargeant par la culasse. Ces canons continuent, il est vrai, non-seulement à être braqués vers Paris, mais, de plus, sont dissimulés par des ouvrages en terre et des épaulements, élevés en prévision d'une attaque. Toutefois il n'y a pas à attacher plus de gravité que cela ne le comporte, soit aux travaux qui abritent les pièces, soit à la disposition même des canons. Les gardes nationaux chargés de veiller sur ce parc, affirment qu'il n'est jamais entré dans l'intention de la garde nationale de tirer sur Paris. Elle veut simplement soustraire les pièces provenant d'une souscription nationale à la cupidité des Prussiens. Elle n'était point guidée non plus par une autre pensée lorsqu'elle s'est rendue 〜 ans les ateliers de la fabrique anglaise de la rue Rochechouart afin d'en emporter soit les canons terminés, soit ceux que l'on y réparait.

En ce qui concerne les tranchées et les épaulements exécutés en avant du parc, ces gardes nationaux expliquent qu'ils ont été accomplis, pour passer le temps, par des soldats ennuyés de rester la nuit et le jour sur la butte et n'ayant d'autre distraction que celle de regarder leurs fusils en faisceaux ou de jouer *à pile ou face* ou au bouchon.

Ces gardes nationaux sont, on le voit, assez accommodants; dans leur pensée, et ils représentent, nous en avons la conviction, l'opinion de l'immense majorité d'entre eux, ils ont simplement eu en vue d'enlever nos canons à la rapacité prussienne. Ils les gardent parce que les seuls chefs qu'ils connaissent et leur donnent des ordres, les ont mis de planton pour cela.

D'autres, d'aussi bonne foi, ont la conviction, en gardant les canons, de sauvegarder la République. Qu'on le sache bien, c'est là la principale préoccupation de la garde nationale.

Continuons notre revue :

D'autres pièces d'artillerie, environ une vingtaine, consistant en obusiers, en mitrailleuses en acier d'un nouveau modèle, et en deux pièces blindées toutes neuves, ont été ramenées plus en arrière sur une autre terre-plein situé entre la rue des Rosiers et la place de l'Eglise.

Ces canons ne sont nullement installés en batteries ; ils sont placés les uns à côté des autres sans ordre.

La circulation sur les buttes, du moins sur le terre-plein qui se trouve devant le sémaphore, est entièrement interdite, et cela au grand mécontentement de toute la population de Montmartre.

Tous les factionnaires n'ont pas la naïveté de ceux que nous venons de voir; en voici un qui agit en parfaite connaissance de cause.

« Pourquoi ne peut-on pas passer? demande un mobile à un factionnaire.

—C'est la consigne, répond assez grossièrement la sentinelle.

— Qui vous donne cette consigne ! s'écrie un promeneur. — Ce sont nos chefs, parbleu ! ajoute un peu plus brutalement encore le factionnaire.

— Ah çà, de quel droit vos chefs se permettent-ils d'interdire ainsi la circulation et d'obliger les citoyens qui ont besoin de se rendre sur la place de l'Eglise à faire un long détour ! hasardent deux habitants de Montmartre. Ce n'est ni la mairie ni l'état-major qui les ont autorisés à en agir ainsi.

— Nous n'avons pas ici d'ordres à recevoir de la mairie ou de l'état-major. Nous obéissons au *comité* seul, » ajoute la sentinelle en faisant un demi-tour, afin de mettre un terme à ce dialogue.

Un peu plus bas, un groupe d'une vingtaine de promeneurs discute avec un autre factionnaire non moins impoli que le précédent. Parmi eux se trouvent deux artilleurs et trois soldats de la ligne qui insistent inutilement afin d'obtenir l'autorisation de passer. Pour se rendre à deux minutes de là on les oblige à faire un détour qui les retarde d'un quart d'heure au moins.

Un caporal descend rapidement du terre-plein et vient, d'un ton sévère, intimer l'ordre au factionnaire de faire disperser le groupe, ce qui paraît d'autant plus ridicule, que de la partie de la côte où il est rassemblé, il est impossible de voir les canons braqués sur le sommet.

Aux buttes Chaumont, à La Villette, à Belleville, à la place des Vosges, la même surveillance est rigoureusement observée.

Pour toute personne de bon sens, la situation n'avait pas encore atteint une gravité telle que le mal ne fût réparable et que cette délicate question des canons ne pût être résolue à la satisfaction du gouvernement et des gardes nationaux eux-mêmes qui ne tarderont pas à être fatigués d'une corvée peu récréative.

Pour cela, il fallait immédiatement réorganiser l'état-major de la garde nationale, à la dérive depuis la retraite du général Clément Thomas et du colonel Montagut; il fallait leur donner comme successeurs des hommes d'une grande autorité morale sur la population de Paris, affirmant hautement et nettement leur profession de foi républicaine; et si leur personnalité et leur passé étaient un sûr garant de la conviction des sentiments exprimés, la mesure prise était parfaite : les résultats n'en étaient pas douteux.

La garde nationale eût désiré exercer la faculté de nommer son commandant supérieur, c'était du moins une des nombreuses prétentions évoquées

Au Luxembourg, les soldats échangent leurs chassepots contre des aliments.

par les comités, mais dans les circonstances, et provisoirement, un excellent choix eût été apprécié suffisant.

Les choix n'étaient ni rares, ni difficiles, et une combinaison trouvée par le gouvernement après le 18 mars, essayée quinze jours plus tôt, eût tout sauvé : l'amiral Saisset commandant de la garde nationale; les colonels Schœlcher et Langlois, chefs d'état-major.

Le choix de l'amiral Saisset donnait toute sécurité au gouvernement. Paris l'eût acclamé comme son chef militaire, de même que d'enthousiasme il l'avait nommé son député. Il aimait et respectait l'amiral, qui s'était si vaillamment conduit pendant le siége.

Schœlcher et Langlois, chefs d'état-major, étaient, pour le parti républicain, l'assurance que la garde nationale serait appelée à défendre énergiquement la République, si jamais elle était attaquée. Par là le plus puissant moyen de désorganisation mis en œuvre par les *comités* leur échappait. Les cinq sixièmes des gardes nationaux se seraient résolûment groupés autour de leurs nouveaux chefs; tout péril imminent était évité : le temps

et l'habileté des dispositions à venir auraient fait le reste.

Le gouvernement en a apprécié autrement, par décret du 3 mars :

« M. le général d'Aurelle de Paladines est nommé commandant supérieur des gardes nationales du département de la Seine;

« M. Roger (du Nord), colonel d'état-major de la garde nationale de Paris, est nommé chef d'état-major. »

C'était une faute.

A tort ou à raison — nous ne discutons pas, nous constatons — le général d'Aurelle de Paladines n'était pas aimé des Parisiens, qui, peut-être dans l'ignorance des faits, lui reprochaient l'évacuation d'Orléans. De plus il était soupçonné d'orléanisme, et la personnalité de M. Roger (du Nord) qui lui était adjoint comme chef d'état-major n'était pas de nature à faire traiter de chimériques, les craintes à cet égard.

Enfin, il ne manquait pas à Paris de braves soldats, ses défenseurs pendant le siége, qui avaient vécu, avaient souffert avec la garde nationale, et qui certainement étaient plus aptes à la comprendre et à lui inspirer confiance qu'un général brave et digne; il est vrai; mais qui, précisément parce qu'il avait assisté aux combats de l'extérieur et qu'il était général de l'armée régulière, arrivait avec des préventions préconçues contre les citoyens qu'il était appelé à commander. Donc manque de confiance réciproque.

Le gouvernement venait d'affermir et de raffermir l'autorité des chefs des comités.

Le 5 mars, le nouveau commandant de la garde nationale lui adresse cet ordre du jour maladroit dans sa banalité : il mettait en suspicion et il menaçait

A LA GARDE NATIONALE

ORDRE

« Le président du conseil des ministres, chef du pouvoir exécutif de la République française, vient de me confier le commandement supérieur de la garde nationale de la Seine.

Je sens tout le prix d'un tel honneur. Il m'impose de grands devoirs. Le premier de tous est d'assurer le maintien de l'ordre et le respect des lois et de la propriété.

Pour réussir, j'ai besoin du concours de tous les bons citoyens. Je fais donc appel au patriotisme de la garde nationale et de tous ses officiers.

Pendant le siége de Paris, elle a partagé avec l'armée la gloire et les périls de la défense : c'est à elle, dans les douloureuses circonstances que nous traversons, à donner l'exemple des vertus et à moi de la diriger dans ses nobles efforts

Ma règle de conduite sera la justice, le respect des droits acquis et de tous les services rendus.

Il est nécessaire que le travail répare le plus tôt possible les malheurs de la guerre. L'ordre seul peut nous ramener à la prospérité.

J'ai la ferme volonté de réprimer avec énergie tout ce qui pourrait porter atteinte à la tranquillité de la cité.

Le 5 mars 1871.

Le général commandant supérieur
des gardes nationales de la
Seine,

D'AURELLE. »

Les chefs de bataillon de la garde nationale même ceux ne pactisant pas avec les comités,

peu satisfaits de cet ordre du jour, ne tardèrent pas à manifester leur mécontentement.

Il est d'usage, lors de la nomination de chaque nouveau général de la milice citoyenne, et aussitôt qu'il a notifié prise de possession de son commandement, que les chefs de bataillon et les officiers supérieurs des légions aillent féliciter le nouveau commandant. L'usage et les bienséances furent observés, mais il faut convenir que le général d'Aurelle eut lieu d'être quelque peu surpris de la façon dont le complimentaient ceux qu'il était appelé à commander.

« Le général d'Aurelle de Paladines, rapporte un témoin oculaire, a reçu, à midi, l'état-major de la garde nationale, et à deux heures les chefs de bataillon.

Le général a déclaré aux chefs de bataillon qu'il était fermement décidé à défendre la République et à ne se faire « le compère d'aucune coterie ni d'aucun parti. »

Le commandant Marie, tout en prenant acte de cette parole, a fait observer au général que la garde nationale avait pour principe d'élire ses chefs, et qu'elle devait protester contre une nomination faite par le gouvernement.

M. d'Aurelle a répondu que c'était jusqu'à présent le gouvernement qui avait toujours nommé le commandant supérieur.

La majorité des chefs de bataillon a appuyé la protestation du citoyen Marie.

Au moment où les commandants allaient se retirer, le général leur a renouvelé sa déclaration républicaine. »

Nous ne pensons pas nous tromper en affirmant que la réception des officiers supérieurs de quelques bataillons de la garde nationale et la revue très-sommaire qu'il passa le lendemain d'une vingtaine de bataillons furent les principaux événements qui marquèrent le passage du général d'Aurelle de Paladines dans ses nouvelles fonctions du 3 au 18 mars.

L'audace des comités avait naturellement crû, en raison de la latitude d'entière liberté qu'on leur abandonnait. Ils en étaient venus à s'immiscer juges entre des gardes mobiles de la Seine et leurs chefs.

Le gouvernement enfin commence à s'émouvoir, si l'on s'en rapporte à cette note communiquée au *Moniteur universel* :

« Il y a eu hier (6 mars), de huit heures du soir à une heure du matin, conférence au ministère des affaires étrangères, sous la présidence de M. Jules Favre.

« MM. Ernest Picard, Pouyer-Quertier, le général Vinoy, le général d'Aurello de Paladines, M. Chopin, préfet de police par *intérim*, assistaient à ce conseil.

« M. Thiers n'était pas encore de retour à Paris.

« Nous croyons savoir que la question du comité central de la garde nationale a été vivement agitée pendant cette réunion.

« L'influence de ce comité tendrait, paraît-il, à s'accroître.

« Hier encore, c'est devant les membres du comité de la Corderie que l'on a vidé un différend très-grave survenu entre les mobiles du 10ᵉ bataillon de la Seine et leur commandant, sans même se préoccuper des décisions de la place de Paris.

« Les bataillons qui obéissent à ce comité ont un mot d'ordre et un mot de ralliement à eux propres ; ils ont une consigne spéciale et des instructions particulières. »

Nous ne sachons pas qu'aucune mesure ait été prise dans cette conférence, en vue d'arrêter, quand il en est temps encore, les pernicieux effets d'une révolte ouverte d'une minorité infime contre les lois du pays. Du moins, il n'en a été mis aucune à exécution, et les comités continuèrent leur propagande et à faire monter la garde autour des canons.

Entre temps, le 10 mars, le 3ᵉ conseil de guerre permanent de la Iʳᵉ division militaire procédait au jugement des accusés de l'affaire du 31 *octobre* (envahissement de l'hôtel de ville). Nous mentionnons les noms des principaux accusés, parce que nous les retrouverons presque tous délégués du Comité central, membres de la Commune ou principaux chefs des bataillons fédérés.

Un précédent conseil de guerre avait prononcé l'acquittement des citoyens Pillot, Vermorel, Vésinier et Lefrançais.

Treize autres accusés, qui avaient fait défaut à une précédente séance, avaient été cités de nouveau ; c'étaient les citoyens Blanqui, Gustave Flourens, Ranvier, Théodore Régère (de Montmore), Sénart, Jaclard, Maurice Joly, Eudes,

Levraud, Goupil, Jules Vallès, Cyrille, Baüer.

Le conseil condamne Blanqui, Flourens, Levrault et Cyrille à la peine de mort ; Goupil à deux années de prison, Jules Vallès à six mois de la même peine. Les autres sont acquittés.

En même temps encore, l'Assemblée de Bordeaux mettait à exécution son projet hautement avoué de décapitaliser Paris au profit de Versailles, Saint-Germain ou Fontainebleau. C'est Versailles qui l'emporte (séance du 10 mars).

La population parisienne s'attendait à cette résolution. Néanmoins elle est froissée, humiliée du dédain insultant avec lequel elle est traitée par les députés de la province ; elle ne peut s'empêcher de se dire qu'elle a sacrifié tout : fortunes, existences, privations, angoisses de la séparation, pour cette même province qui, aujourd'hui, la met à l'*index*.

Les accusations contre les velléités monarchiques des « ruraux » de l'Assemblée se propageaient et s'affirmaient partout. Chez le banquier et dans le haut commerce, aussi bien que dans l'atelier ou chez le prolétaire, surgissaient également des récriminations fondées : Pourquoi, disait-on, l'Assemblée qui, pour donner satisfaction à son dépit et à d'autres non moins mesquins sentiments, a des loisirs pour décapitaliser Paris, pourquoi ne trouve-t-elle pas quelques heures pour résoudre la question des loyers, qui nous préoccupe tous, pauvres et riches ! Pourquoi aussi ne fait-elle pas une bonne loi sur les échéances ? Elle n'ignore pas que le *statu quo* actuel paralyse nos opérations industrielles et commerciales, qu'il nous ruine et nous écrase ?

Les défiances contre l'Assemblée nationale avaient atteint leur paroxysme.

On eût pu supposer également que le gouvernement avait pris à tâche de se rendre tout à fait hostile aux Parisiens.

Un arrêté (12 mars) du général Vinoy supprime brutalement six journaux de l'opposition radicale.

A toute autre époque, cette brutale exécution eût peut-être semblé justice ; mais au moment actuel, par le temps de sensibilité nerveuse et d'énervement général, tout le monde cria à l'arbitraire et à la réaction ; on se rappelle alors que le général Vinoy avait été sénateur de l'empire.

Cette suppression de journaux fut plus qu'une maladresse, ce fut une véritable faute par les suggestions très-logiques qu'elle inspira : Sup-

primer les journaux, organes des comités ultra-
légaux, insurrectionnels, et ne rien tenter contre
les comités eux-mêmes qui, depuis quinze jours,
tiennent en échec le gouvernement légal, s'emparent de la direction de la garde nationale,
constituent un gouvernement occulte quant à ses
chefs réels, mais dont les actes se commettent
au grand jour, c'est, répétait-on partout et tout
haut, c'est, de la part du gouvernement officiel,
avouer son impuissance absolue.

On est bien près de mésestimer et d'abandonner un gouvernement quand il s'avoue impuissant.

Et, comme pour affirmer davantage cette impuissance les comités séditeux faisaient, à la date
du 12, placarder sur tous les murs de Paris cette
proclamation à l'armée, reproduite immédiatement par les journaux avec ce titre : *Une affiche
Rouge !* à cause de la couleur de son papier d'impression :

A L'ARMÉE

LES DÉLÉGUÉS DE LA GARDE NATIONALE.

Soldats, enfants du peuple !

Il y a à Paris 300 000 gardes nationaux, et cependant on y fait entrer des troupes que l'on
cherche à tromper sur l'esprit de la population
parisienne.

Les hommes qui ont organisé la défaite, dé-
membré la France, livré notre or, veulent échapper à la responsabilité qu'ils ont assumée, en sus-
citant la guerre civile.

Ils comptent que vous serez les dociles instru-
ments du crime qu'ils méditent.

Soldats-citoyens ! obéirez-vous à l'ordre im-
pie de verser le même sang qui coule dans vos
veines ?

Déchirerez-vous vos propres entrailles?

Non ! vous ne consentirez pas à devenir parri-
cides et fratricides.

Que veut le peuple de Paris?

Il veut conserver ses armes, choisir lui-même
ses chefs et les révoquer quand il n'aura plus
confiance en eux.

Il veut que l'armée soit renvoyée dans ses
foyers, pour rendre au plus vite son concours à
sa famille et ses bras au travail.

Soldats, enfants du peuple, unissons-nous pour
sauver la République. Les rois et les empereurs
nous ont fait assez de mal. Ne souillez pas votre

vie. La consigne n'empêche pas la responsabilité
de la conscience. Embrassons-nous à la face de
ceux qui, pour conquérir un grade, tenir une
place, ramener un roi, veulent nous faire entr'é-
gorger.

Vive à jamais la République !

Cette proclamation astucieuse, bien faite pour
apporter le trouble et l'hésitation dans la conscience de soldats découragés, au lendemain de
défaites sans nombre, alors que déjà, eux-mèmes,
accusaient leurs chefs de défection et de trahison,
fut publiée et colportée partout dans les camps et
les casernes, et ce, par la voie des journaux du
gouvernement et ceux monarchistes ; ils l'accom-
pagnaient de critiques méritées et la stygma-
tisaient, mais la prétendue panacée était nulle.

Les feuilles monarchistes commettent la même
inconséquence à propos d'une prétendue proclamation du général Crémer aux soldats de l'Alsace et de la Lorraine quand il se sépare d'eux
à Chambéry, qu'ils s'empressent de publier, sur
la foi du *Salut public* de Lyon, le plus monarchiste et le plus clérical des journaux :

« Soldats, Lorrains et Alsaciens,

Je viens vous faire mes derniers adieux, je ne
suis plus votre général. L'illustre général Le Flô,
ministre de ce qu'on appelait autrefois la guerre,
vient de me faire remplacer par l'illustre général
de Polhès, l'un des vainqueurs de Mentana.

Je suis victime d'intrigues bonapartistes, cléri-
cales et légitimistes. On m'a condamné sans
m'entendre.

Vos frères, vos enfants, vont porter les insignes
et les galons prussiens ; les cousins de Bismark
vont sourire à vos sœurs. Nous devons noter ce
que nous sommes. Adieu ! non pas adieu, mais
au revoir !

Comme vous, je suis républicain, j'ai une ca-
rabine, vous avez les vôtres. Au moment du
danger, vous me trouverez à vos côtés pour combattre l'envahisseur; si ce n'est comme votre
chef, ce sera comme soldat.

Frères, on nous abandonne; seulement, nous
pouvons nous défendre tout seuls.

Jurons tous mort aux Prussiens, mort aux
traîtres et aux lâches qui nous ont trahis et livrés.

Vive la République! Mort aux Prussiens et aux
lâches! »

Cette proclamation, plus que fantaisiste, ne tarde pas à être démentie par le général Crémer par sa lettre au *Progrès de Lyon,* mais elle avait été publiée et répandue par toute la France, tellement on était aise de ridiculiser un général républicain. On ne réfléchissait pas que c'était venir puissamment en aide aux fauteurs du pouvoir et travailler en collaboration avec eux à démoraliser l'armée.

Le 15, le gouvernement met le comble à son œuvre de parti pris de mécontentement : le général Valentin, ex-colonel des gendarmes de Paris sous l'Empire, est délégué pour exercer les fonctions de Préfet de police.

Certes l'honorable général, qui remplit encore aujourd'hui les fonctions qui lui ont été dévolues le 15 mars, peut passer, à bon droit, pour un des plus débonnaires préfets de police que Paris ait jamais possédés; et si de temps à autre on ne voyait sa signature sur des arrêts de réglementation de chasse ou de pêche, on se demanderait s'il existe vraiment un préfet de police à Paris; mais sa nomination n'en était pas moins, au 15 mars, une maladresse insigne. Alors que tout engageait aux sentiments de conciliation, d'apaisement, de désarmement amiable des passions et des personnes; alors encore qu'il fallait éviter à tout prix, même d'être soupçonné de réaction politique, on ne trouve pas d'autre choix à faire que celui d'un général ancien colonel des gendarmes sous l'Empire.... En vérité, si, comme nous n'en doutons pas, M. Thiers avait réellement des intentions de conciliation et d'apaisement, c'était jouer de malheur !

Paris était absolument désaffectionné.

Les municipalités de Paris qui se rendaient un compte exact de l'état psychologique de leurs administrés n'avaient pas attendu l'explosion de la crise pour se concerter, conférer des besoins et des aspirations de la population. Elles avaient entrevu les troubles qui pouvaient éclater à la première étincelle; elles avaient appelé la sérieuse attention du gouvernement sur tous ces faits, l'invitant à aviser en commun au moyen de les prévenir.

Dès le 6 mars, MM. les Maires étaient réunis en séance au ministère de l'intérieur pour conférer à lui de la question des canons. Il y fut convenu que tous les efforts des municipalités tendraient à décider les bataillons à rendre les canons, et que l'administration de la guerre ne tenterait rien sans avoir au préalable prévenu les municipalités.

Des pourparlers, des tentatives de conciliation ont en effet lieu, et le succès semble devoir y répondre.

Une excellente mesure avait été présentée par le général d'Aurelle de Paladines, et accueillie par l'assentiment général : choisir un lieu spécial où tous les canons seraient réunis en un immense parc d'artillerie qui serait gardé exclusivement, à tour de rôle, par les bataillons de la garde nationale. Cette combinaison est adoptée par les municipalités qui, si on les laisse agir avec prudence et modération, se font fort d'aboutir à bien.

Malheureusement il ne devait pas en être ainsi.

La députation de la Seine ne pouvait point, elle aussi, rester indifférente aux malheurs publics qui allaient inévitablement être la conséquence de l'état de choses actuel. Dix-sept d'entre eux, républicains démocrates et radicaux, adressent, le 14, à leurs commettants cet éloquent appel à la concorde et aux sentiments de conciliation :

A nos mandants, électeurs de la Seine.

« Chers concitoyens,

Le compte rendu de la séance du 10 mars vous a dit avec quelle énergie nous avons insisté pour la translation de l'Assemblée nationale à Paris. Nous avions hâte d'être au milieu de vous.

Nous avons du moins contribué à déjouer le projet de donner pour résidence à l'Assemblée la ville de Fontainebleau.

Inutile d'ajouter que si, plus tard, on venait proposer de changer la résidence provisoire à Versailles en résidence définitive, cette atteinte au droit de Paris, seule capitale possible de la France, rencontrerait de notre part une résistance inflexible.

En attendant, et vu l'état déplorable où l'empire a jeté notre pays, nous croyons nécessaire d'éviter tout ce qui pourrait donner lieu à des agitations, dont ne manqueraient pas de profiter nos adversaires politiques et les envahisseurs de la France, encore campés sur son territoire.

Nous estimons, en outre, que notre présence au poste que vos suffrages nous ont assigné ne saurait être inutile, soit qu'il s'agisse de con-

solider la République, soit qu'il y ait à la défendre.

Sauvegarder la République, hâter la délivrance
du sol français, voilà les deux grands intérêts du
moment.

La République! Nous la servirons en restant
sur la brèche jusqu'à ce que l'Assemblée actuelle,
nommée pour trancher la question de paix ou de
guerre et pourvoir aux nécessités résultant de
sa décision, fasse place à une assemblée constituante.

La France! Nous la servirons en nous gardant
de tout ce qui serait de nature à amener des con-
flits dont, nous le répétons, nos ennemis du dedans et du dehors n'auraient que trop sujet de se
réjouir.

Telle est, chers concitoyens, la ligne de conduite que nous nous sommes tracée. Nous avons
l'espoir que vous l'approuverez.

> PEYRAT, EDMOND ADAM, EDGARD QUINET,
> SCHOELCHER, LANGLOIS, HENRI BRISSON,
> GREPPO, TOLAIN, GAMBON, LOKCROY,
> JEAN BRUNET, FLOQUET, TIRARD, CLÉ-
> MENCEAU, MARTIN BERNARD, FARCY,
> LOUIS BLANC. »

En fait, soit pour cause de lassitude, soit conséquence des paternelles interventions des municipalités, il est incontestable qu'il y avait dans
tout Paris, même à Montmartre et à Belleville,
comme un courant d'apaisement et de désir d'en
terminer avec ces burlesques ferments de dis-
corde. A peine les canons étaient-ils gardés, et à
peu près tout le monde avait la conviction que
tout allait rentrer dans l'ordre. Déjà des canons
avaient été rendus spontanément.

Que dit, en effet, le *Moniteur universel* du
12 mars?

« Montmartre se calme. La circulation y est
rétablie, et bientôt tout rentrera dans l'ordre.

« La garde nationale paraît satisfaite des projets que nous avons exposés, et d'après lesquels
la surveillance des parcs d'artillerie lui serait
confiée.

. . . .

« Ce matin, les artilleurs d'une de nos divisions militaires sont venus prendre les canons du
parc de Wagram.

« Les canons ont été livrés par la garde nationale, sur un ordre écrit du commandant du sec-
teur. »

Et le journal des *Débats* du 14 :

« Nous avons trouvé le mont Aventin bien
triste. L'indifférence du public, ainsi que le
temps pluvieux que nous avons eu durant toute
la journée, en sont probablement l'unique cause.

« Quoi qu'il en soit, les rares promeneurs qui,
bravant la pluie, ont visité le camp retranché
et les parcs d'artillerie de la butte Montmartre, pouvaient s'approcher, beaucoup plus près
qu'on ne l'avait permis jusqu'ici, du « dépôt
sacré. »

« Les gardes nationaux des 168ᵉ et 142ᵉ bataillons, chargés de la garde des deux cents canons
installés sur le double plateau de la montagne,
se montraient infiniment moins sévères que leurs
prédécesseurs. On pouvait circuler très-près du
parc établi sur le premier terre-plein, ou aller et
venir le long de la tour Solferino sans éveiller le
moindre soupçon.

« Même dans la rue des Rosiers, où siège le
fameux comité directeur du mont Aventin, les
passants n'étaient point exposés à des regards
inquisiteurs ou méfiants de la part des factionnaires.

« Le comité directeur de la butte Montmartre
maintient toujours cependant sa prétention de
garder les canons qu'il considère comme étant
la propriété des bataillons du 18ᵉ arrondissement.

« Toutefois, il ne serait pas éloigné, dit-on, de
consentir à la remise de ceux qui appartiennent
aux bataillons des autres arrondissements, à
la condition que ces bataillons vinssent les chercher. Mais il rencontrerait une assez vive opposition de la part de certains officiers qui ne
veulent à aucun prix entendre parler de transaction avec ce qu'ils appellent les « réactionnaires. »

On le voit, sauf quelques officiers très-aises de
continuer à parader et les membres des comités,
l'immense majorité des gardes nationaux était
animée de sentiments de conciliation; au besoin
par lassitude, et surtout qu'il se présentât un
peu de travail à l'atelier, les canons et les buttes
Montmartre seraient abandonnés.

Enfin, pour n'omettre aucun des affligeants détails qui précèdent la révolution du 18 mars, et
expliquent toutes les fatalités qui ont concouru
à laisser le gouvernement, absolument seul,

sans sympathie aucune, sans garde nationale, sans armée, se débattre avec quelques milliers de factieux et à fuir devant eux, voilà ce qu'écrivait *de visu*, un des rédacteurs de *l'Univers* :

« Hier, vers dix heures du matin, de pauvres soldats de ligne en grand nombre (quatre ou cinq mille, nous dit-on) ont été campés au jardin du Luxembourg, où ils ont été laissés sans chefs, sans ordre et sans abri. Les malheureux ont ainsi passé la nuit au froid, dans la neige qui tombait, on sait avec quelle violence, et ce matin on les rencontrait transis, grelottant, à demi morts de froid, portant avec leur sac des flots de neige qui les pénétrait jusqu'aux os et ne sachant pas encore ce qu'ils allaient devenir, sans logis et sans feu.

« Tous ceux qui les rencontraient en cet état s'empressaient à les soulager, et nous avons entendu l'expression des sentiments indignés de la foule qui ne pouvait se contenir à la vue de tant de misère.

« Nous demandons formellement au gouvernement de s'expliquer sur ce fait. Quand toute l'armée était aux avant-postes en face de l'ennemi, elle a souffert sans se plaindre mille tourments et enduré mille privations. Mais aujourd'hui que les nécessités de la défense ne sauraient servir d'excuse à l'incurie administrative, l'ineptie passe le comble, et quand elle vient au point où les choses se sont montrées hier, ces rigueurs inutiles imposées à de malheureux enfants qui auraient droit à plus d'égards, ne s'appellent pas seulement de l'insouciance : c'est une cruauté qui approche de la sauvagerie. »

Voilà en effet qui, plus que les réclamations et les excitations à l'indiscipline ont amené les défaillances de l'armée et ne lui feront répondre que par l'inertie aux ordres de ses chefs de tirer sur les gardes nationaux : l'insouciance et l'incurie, pour ne pas dire la malversation de l'intendance militaire. Ceci est de notoriété publique : les trois ou quatre jours qui ont précédé le 18 mars, les régiments arrivant à Paris manquaient de tout, et plus d'un soldat serait mort de défaillance et de froid si la charité publique n'avait fait son possible pour parer à l'indifférence de l'administration.

De même que tous les habitants du quartier du Luxembourg ont pu être témoins des faits désolants racontés par *l'Univers*, de même nous avons vu des soldats, dans la journée du 18, changer à travers les grilles du Luxembourg leurs chassepots et leurs munitions contre des aliments.

Sans aucun doute les émeutiers ont profité de ces circonstances déplorables. Mais à qui doit incomber la responsabilité de la faute, sinon à l'administration coupable d'une aussi grande désorganisation !

Quoi qu'il en soit, telle est la véracité indéniable des faits qui ont précédé le 18 mars; telle était la situation exacte des partis et des factions, quand, ainsi qu'il sera établi, oublieux des engagements pris avec la municipalité, et du commencement de résultats satisfaisants déjà obtenus, le gouvernement résolut de brusquer de vive force l'enlèvement des canons, dans la nuit du 17 au 18 mars.

Dès la veille, l'administration avait tenté d'enlever par surprise les canons de la place des Vosges.

Le jeudi 16, vers neuf heures du soir, les gardes nationaux qui veillaient à la garde de ces pièces de canons, sont subitement avertis par le cri : « aux armes! » poussé par les sentinelles.

Voilà ce qui se passait :

Des artilleurs étaient venus place des Vosges avec des chevaux munis de prolonges de façon à pouvoir être attelés immédiatement aux affûts et à emmener les pièces d'artillerie. La présence de ces cavaliers ne pouvant laisser de doute, on s'est empressé, dans le quartier, de donner l'éveil et d'appeler la garde nationale afin de s'opposer à l'enlèvement des canons.

Un peu plus tard, un fort détachement de la garde républicaine paraissait à son tour sur la place des Vosges. L'officier parlementa avec les gardes nationaux et demanda qu'on lui ouvrît les grilles. Il éprouva un refus formel. L'officier de la garde nationale déclara qu'on n'enlèverait les canons que par la force, et alors, ajouta-t-il, il laissait à la troupe la responsabilité du sang qui serait versé.

Le commandant du détachement de la garde républicaine ne crut point devoir persister; il se retira suivi des artilleurs.

Les artilleurs et la garde républicaine étaient accompagnés d'une nombreuse escouade d'officiers de paix, qui avaient débouché par le boulevard Beaumarchais, et qui étaient repartis par la rue Rivoli en faisant le tour de la place.

A n'en pas douter une tentative d'enlèvement

des canons avait été faite. Aussi dès le lendemain très-vive alarme au Comité central de la garde nationale, où l'on décida, séance tenante, que l'artillerie de la place de Vosges sera transportée sur la butte Chaumont.

En effet vers une heure de l'après-midi, des gardes nationaux appartenant aux quartiers où l'agitation s'est cantonnée arrivèrent à la place des Vosges, et en présence d'un assez grand nombre de curieux, ils s'attelèrent douze par douze aux pièces de canon, au nombre de soixante-deux et les transférèrent jusqu'aux buttes Chaumont où ils les placèrent les uns sur le viaduc du chemin de fer derrière la mairie de Belleville, les autres sur les buttes mêmes dans une sorte de camp retranché; enfin quelques-uns ont été placés rue Puebla, où les canons du marché Lenoir étaient déjà installés.

Le général Lecomte arrêté par ses soldats. (Page 36.)

CHAPITRE II.

La Journée du 18 Mars. — Proclamation du Gouvernement aux habitants de Paris. — Il se croit certain de réussir. — Récit des événements : à Montmartre, à la Villette, Montrouge, Vanves, Buttes-Chaumont. — Appels à la garde nationale. — Le général Vinoy est bien fautif…. il n'y aurait eu qu'une simple émeute. — Le 18, la garde nationale — de l'ordre — ne mérite aucun reproche. — Exécution des généraux Lecomte et Clément Thomas. — Détails authentiques. — Le Comité du XVIIIᵉ arrondissement (Montmartre) laisse faire… : il est responsable du sang versé. — Sa protestation puérile. — Lettre de M. Clémenceau. — L'émeute envoie des délégués au gouvernement; les municipalités aussi : M. Picard évite de se prononcer. Programme des concessions conseillées. M. Jules Favre les repousse. Il n'a plus de fautes à commettre! — Le Gouvernement acceptant les concessions conseillées, que serait-il advenu? — La révolution, que nul obstacle n'arrête plus, prend possession de tout Paris. Les troupes et le Gouvernement se réfugient à Versailles. — Le Gouvernement a été plus qu'imprudent et plus qu'imprévoyant…. — Une déposition accablante devant le Conseil de guerre.

Dans la nuit du 17 au 18, le gouvernement fait placarder la proclamation suivante :

« RÉPUBLIQUE FRANÇAISE.

Habitants de Paris,

Nous nous adressons encore à vous, à votre rai-

son et à votre patriotisme et nous espérons que nous serons écoutés.

Votre grande Cité, qui ne peut vivre que par l'ordre, est profondément troublée dans quelques quartiers, et le trouble de ces quartiers, sans se propager dans les autres, suffit cependant pour y empêcher le retour du travail et de l'aisance.

5ᵉ Liv.

Depuis quelque temps, des hommes malintentionnés, sous prétexte de résister aux Prussiens, qui ne sont plus dans nos murs, se sont constitués les maîtres d'une partie de la ville, y ont élevé des retranchements, y montent la garde, vous forcent à la monter avec eux, par ordre d'un comité occulte qui prétend commander seul à une partie de la garde nationale, méconnaît ainsi l'autorité du général d'Aurelles, si digne d'être à votre tête, et veut former un gouvernement en opposition au gouvernement légal, institué par le suffrage universel.

Ces hommes, qui vous ont causé déjà tant de mal, que vous avez dispersés vous-mêmes au 31 octobre, affichent la prétention de vous défendre contre les Prussiens, qui n'ont fait que paraître dans vos murs, et dont ces désordres retardent le départ définitif; braquent des canons qui, s'ils faisaient feu, ne foudroieraient que vos maisons, vos enfants et vous-mêmes; enfin, compromettent la République au lieu de la défendre, car, s'il s'établissait dans l'opinion de la France que la République est la compagne nécessaire du désordre, la République serait perdue. Ne les croyez pas, et écoutez la vérité que nous vous disons en toute sincérité.

Le gouvernement, institué par la nation tout entière, aurait pu prendre ces canons dérobés à l'État, et qui en ce moment ne menacent que vous, enlever ces retranchements ridicules qui n'arrêtent que le commerce, et mettre sous la main de la justice des criminels qui ne craindraient pas de faire succéder la guerre civile à la guerre étrangère; mais il a voulu donner aux hommes trompés le temps de se séparer de ceux qui les trompent.

Cependant, le temps qu'on a accordé aux hommes de bonne foi pour se séparer des hommes de mauvaise foi est pris sur votre repos, sur votre bien-être, sur le bien-être de la France tout entière. Il faut donc ne pas le prolonger indéfiniment. Tant que dure cet état de choses, le commerce est arrêté, vos boutiques sont désertes, les commandes qui viendraient de toutes parts sont suspendues, vos bras sont oisifs, le crédit ne renaît pas, les capitaux dont le gouvernement a besoin pour délivrer le territoire de la présence de l'ennemi hésitent à se présenter. Dans votre intérêt même, dans celui de votre cité comme dans celui de la France, le gouvernement est résolu à agir.

Les coupables qui ont prétendu instituer un gouvernement à eux vont être livrés à la justice régulière, les canons dérobés à l'État vont être rétablis dans les arsenaux, et pour exécuter cet acte urgent de justice et de raison, le gouvernement compte sur votre concours. Que les bons citoyens se séparent des mauvais; qu'ils aident à la force publique au lieu de lui résister. Ils hâteront ainsi le retour de l'aisance dans la cité et rendront service à la République elle-même, que le désordre ruinerait dans l'opinion de la France.

Parisiens, nous vous tenons ce langage, parce que nous estimons votre bon sens, votre sagesse, votre patriotisme; mais cet avertissement donné, vous nous approuverez de recourir à la force, car il faut à tout prix et sans un jour de retard, que l'ordre, condition de votre bien-être, renaisse entier, immédiat, inaltérable.

Paris, le 17 mars 1871.

Signé : THIERS,
Président du conseil,
Chef du pouvoir exécutif
de la République.

DUFAURE, ministre de la justice.
E. PICARD, ministre de l'intérieur.
POUYER-QUERTIER, ministre des finances.
J. FAVRE, ministre des affaires étrangères.
LE FLO, ministre de la guerre.
POTHUAU, ministre de la marine.
LAMBRECHT, ministre du commerce.
J. SIMON, ministre de l'instruction publique.
DE LARCY, ministre des travaux publics. »

Le gouvernement se croyait tellement certain de réussir sans coup férir, que le matin du 18, l'ordre du jour suivant était affiché aux lieux des rendez-vous des différents bataillons de la garde nationale. Les journaux du soir, entre autres, *le Gaulois*, le publiaient dans le numéro du 18-19.

« Une proclamation du chef du pouvoir exécutif va paraître, et sera affichée sur les murs de Paris, pour expliquer le but des mouvements qui s'opèrent. Ce but est l'affermissement de la République, la répression de toute tentative de désordre, et la reprise des canons qui effraient la population. Les buttes Montmartre sont prises et occupées par nos troupes, ainsi que les Buttes-

Chaumont et Belleville. Les canons de Montmartre, des Buttes-Chaumont et de Belleville sont au pouvoir du gouvernement de la République.

« D'AURELLES DE PALADINE. »

Sans attendre les effets de la proclamation aux habitants de Paris, et avant même qu'elle fût placardée, les ordres étaient donnés et les mesures militaires prises pour amener la reddition des parcs d'artillerie des forteresses improvisées.

Sur les faits et les incidents militaires de la journée du 18 mars, tout le monde est d'accord. Toutefois, parmi les différents récits qui en ont été faits, nous choisirons, pour les événements des environs de la butte Montmartre, la narration de MM. Paul Lanjallay et Paul Corriez [1], comme la plus méthodiquement exposée.

A MONTMARTRE.

Vers trois heures du matin, les buttes Montmartre sont envahies et cernées militairement. Quelques heures après, le 88ᵉ régiment de ligne, le 1ᵉʳ bataillon de chasseurs de Vincennes, précédés de deux cents gendarmes, gravissent la butte du côté de la tour Solférino, en suivant la rue Müller. Ces divers corps formaient un effectif de trois mille hommes environ, sous la direction du général Lecomte. Au faîte de la butte, dans une maison appartenant à Mme veuve Scribe, située rue des Rosiers, n° 6, siége du comité d'arrondissement, était installé un poste de gardes nationaux, préposés à la garde des canons placés sur la butte. Ordinairement occupé par soixante hommes, ce poste ne renfermait, dans la matinée du 18 mars, que vingt-cinq hommes du 61ᵉ bataillon (Montmartre), dont sept étaient de faction auprès des canons.

Le nombre des gardes présents à ce poste, moins considérable que d'habitude, indique suffisamment que la population de Montmartre ignorait la tentative projetée par le gouvernement, sans quoi on eût vraisemblablement pris des dispositions pour essayer de repousser cette attaque.

En apercevant la troupe qui, dans son mou-

1. *Histoire de la révolution du 18 mars.*

vement d'ascension, couronnait à peu près toutes les hauteurs, l'un des factionnaires, nommé Turpin, s'avance résolûment au-devant d'elle. Il croise la baïonnette et crie : Qui vive? — Pas de réponse. Alors il met en joue, mais sans faire feu. A ce moment, part de la troupe une décharge qui le blesse grièvement. Cette première scène sanglante avait lieu rue Müller, en face du n° 30, entre cinq et six heures du matin.

Dès leur arrivée, les gendarmes firent un feu de peloton sur le poste de la rue des Rosiers, dont les gardes furent faits prisonniers. La troupe procéda aussitôt à l'enlèvement d'une dixaine de canons. On fait venir des attelages et des artilleurs qui dirigent les pièces par la rue des Rosiers vers la place du Tertre. Plus loin, nous préciserons l'endroit où ils furent repris par la foule ameutée.

Pendant ce temps, on commandait aux chasseurs de détruire les tranchées et les retranchements construits sur la butte. Le commandant fit placer des sentinelles au bas de la rue Müller, afin d'être informé de l'arrivée des gardes nationaux.

La détonation des feux de peloton avait, en effet, jeté l'alarme dans le quartier. L'éveil était donné; les gardes nationaux descendaient dans les rues où se formaient des groupes de ménagères, sorties pour faire leurs emplettes matinales. On apprenait, on répandait partout la nouvelle de la reprise des canons.

Bientôt une soixantaine de gardes nationaux se trouvent groupés au bas de la rue Müller; ils gravissent la butte. A une assez grande distance, deux gardes semblent les devancer comme parlementaires. Le plus âgé mit son mouchoir au bout du fusil, comme ils arrivaient près de la troupe. Ces deux gardes étaient suivis d'un homme armé, revêtu d'un costume de garde national.

A l'approche de ce groupe, les sentinelles se replient vers la butte, en annonçant l'arrivée des gardes nationaux qui s'arrêtent à droite de la tour Solférino. Les deux gardes qui les précédaient parlementent avec les chasseurs.

La foule, composée en majeure partie de femmes et d'enfants, s'était accumulée aux abords de la rue Müller.

Aucun renfort n'arrivait à ce petit détachement de gardes nationaux.

Lorsqu'il eut avancé sur la butte, le général Lecomte ordonna à sa troupe de mettre en joue, ce qui fut exécuté. Ensuite il commanda : Feu! Les soldats n'obéissent pas à cet ordre; ils replacent leurs fusils dans la position de l'arme au repos.

Au commandement du général, un seul coup de fusil avait été tiré, non par la troupe, mais par l'homme qui suivait les parlementaires : il s'était retourné vers les gardes nationaux et avait fait feu sur eux. Ceux-ci ripostèrent par quelques coups de fusil, auxquels les chasseurs ne répondirent pas. De toutes parts, la foule criait avec animation : « Ne faites pas feu! cessez le feu! » Cette fusillade dura peu d'instants, et n'eut pas d'effet meurtrier.

Par trois fois, le général Lecomte réitère à sa troupe l'ordre de tirer. Elle ne veut pas obéir, bien qu'il menace très-rudement ses soldats de leur brûler la cervelle s'ils n'obtempèrent pas à ses ordres. L'attitude des soldats ne se modifiant pas, le général Lecomte leur dit irôniquement : « Alors, rendez-vous! — Nous ne demandons que cela », lui répondit-on. Et un grand nombre de soldats jettent leurs fusils à terre.

Les gardes nationaux, dont le nombre s'était accru d'un bataillon environ, lèvent la crosse en l'air et fraternisent avec les soldats. On recherche l'homme qui avait tiré le premier sur la garde nationale, et comme la foule s'aperçoit que c'est un sergent de ville déguisé, il est malmené; on lui fait dégringoler la butte.

Les gardes nationaux du poste des Rosiers, faits prisonniers au début de l'action, furent délivrés, et une soixantaine de gendarmes emmenés à la mairie du XVIII\e arrondissement, où ils restèrent détenus.

Le général Lecomte fut alors fait prisonnier avec tout son état-major. Il donna à sa troupe l'ordre d'évacuer. En ce moment, on le prenait pour le général Vinoy. Il fut mené, sous les huées de la foule, au Château-Rouge, où il y avait un poste très-nombreux de gardes nationaux, composant ce qu'on appelle un piquet d'attente. Ce poste était commandé par les capitaines Garcin et Meyer, du 169\e bataillon.

A son arrivée au Château-Rouge, le général Lecomte, visiblement troublé, fut placé dans une salle au premier étage, à gauche. Dans une autre pièce du même étage, on plaça son état-major.

Après que le général Lecomte eut quitté la butte, un assez grand nombre de ses soldats passèrent dans les rangs de la garde nationale; le reste se dispersa. La plupart abandonnèrent leurs fusils aux gardes nationaux en descendant la rue Müller.

Nous avons dit que la butte Montmartre avait été cernée militairement dès l'aube. Pendant qu'elle était envahie du côté de la tour Solférino, où se passait la scène que nous venons de reproduire, divers incidents avaient lieu sur d'autres points de Montmartre.

A la place Pigalle se trouvaient un escadron de chasseurs à cheval, de la ligne et au moins une compagnie de gendarmes, sous le commandement du général Susbielle.

Au bas de la rue Houdon, il y avait un rassemblement compact de femmes, qui s'opposaient à l'ascension de cette rue par la troupe. En cet endroit étaient massés une centaine de gardes nationaux.

Le général ordonne aux chasseurs de charger. Ils mettent le sabre hors du fourreau et refusent d'avancer. A un nouveau commandement, ils essayent de repousser la foule avec ménagements. Ils font marcher leurs chevaux à reculons. Cette manœuvre provoqua une hilarité générale. Le capitaine fait remettre ses hommes en rang, et leur enjoint de nouveau de charger. Seul, il s'élance en avant et frappe avec son sabre sur la foule. Les gardes nationaux paraient ses coups avec le canon de leur fusil. Dans ses mouvements violents, ce capitaine blesse un soldat de la ligne qui fait feu sur lui. En même temps des gardes nationaux l'ajustent : il mourut immédiatement.

Les gendarmes, embusqués derrière les baraquements du boulevard extérieur, déchargent leurs armes sur les gardes nationaux qui ripostent.

Dans le passage Piemontesi, où les gendarmes avaient pénétré, il y eut aussi une collision entre eux et les gardes nationaux, dont quelques-uns furent blessés.

Aussitôt que le feu eut cessé sur la place Pigalle, la foule, où dominait surtout l'élément féminin, se répandit dans les rangs de la troupe. Des pourparlers s'engagent, et insensiblement les soldats se trouvent désarmés.

Ce mélange de la troupe et du peuple se continua sur le boulevard extérieur des deux côtés de la place Pigalle. Ensuite, on s'empara, sur le boulevard Clichy, d'une mitrailleuse et d'une batterie de canons, dont les chevaux furent dételés. Lorsque le boulevard eut été évacué, ces canons furent roulés sur la place de la Mairie.

Le général Vinoy avait pris position sur le boulevard Clichy, à la hauteur du n° 48. Entendant la fusillade de la place Pigalle, qui avait lieu vers huit heures et demie, et apercevant les soldats débandés, il se retira promptement sur la place Clichy.

A la place Blanche, avait lieu un incident analogue à celui de la place Pigalle.

La foule, formée, comme ailleurs, de femmes et d'enfants entourant des gardes nationaux, stationnait au bas de la rue Lepic. Bientôt elle s'insinua dans les rangs des troupiers groupés sur la place et fraternisa avec eux.

Les canons pris au parc des Rosiers avaient été amenés difficilement, par suite de l'affluence de la foule irritée, dans la rue Lepic, à la hauteur des moulins dits de la Galette. L'encombrement était si considérable en cet endroit, que la marche en avant fut arrêtée.

Trois cents gardes nationaux environ se trouvèrent groupés sur ce point. La foule, furieuse, interpellait avec vivacité les artilleurs : « Rendez les canons; remontez les canons. » Ces clameurs impressionnaient vivement les artilleurs qui semblèrent hésiter. On insiste : « Dételez, crie-t-on; allez-vous-en ! » Cependant un garde national parvient à dominer le tumulte; il fait remarquer qu'il faut soi-même couper les traits; qu'ainsi les artilleurs ne sembleront point complices de la population, qu'ils paraîtront céder à la force. Cette opinion prévalut. La foule livra passage aux artilleurs et ramena, à force de bras, les canons sur le haut de la butte.

A l'exception des gendarmes, l'armée s'était refusée, sur tous les points, à tirer sur le peuple. Les colonnes avaient été désorganisées par l'intervention de la foule et de la garde nationale. Après en avoir reçu l'ordre, ou même sans l'attendre, les détachements quittaient Montmartre ; plus d'un mettait la crosse en l'air.

Vers neuf heures et demie, il n'était plus douteux qu'on ne pouvait compter sur le concours de la troupe pour reprendre les canons.

A LA VILLETTE.

Samedi à cinq heures du matin, deux régiments de ligne, deux escadrons de hussards, suivis d'une centaine de conducteurs d'artillerie conduisant des avant-trains, prirent possession des Buttes-Chaumont. Il n'y eut pas de résistance, pour ainsi dire, attendu que 125 gardes nationaux seulement gardaient les canons. Malgré

cela, quelques coups de feu furent échangés, et quelques gardes du 147ᵉ auraient été tués devant le marché de la rue de Meaux.

A six heures, toutes les rues sont occupées par des piquets de vingt-cinq hommes du 35ᵉ de ligne. La salle de la *Marseillaise* est cernée. Aucune personne ne peut franchir les cordons de troupes de ligne.

Bientôt le rappel se fait entendre, les tambours battent les refrains de leurs bataillons et, à huit heures, douze à quinze mille gardes nationaux sont sous les armes. — Mobiles, zouaves, quelques volontaires de Garibaldi, tous se mêlent et viennent s'opposer à la troupe.

A la rotonde des Docks, une compagnie du 35ᵉ livre ses armes.

Neuf heures. — Une colonne de divers bataillons s'avance, à la hauteur du n° 106 de la rue d'Allemagne, où se trouvent deux compagnies du 35ᵉ. Les gardes nationaux lèvent la crosse en l'air en criant : *Vive la République !* et prient la troupe de s'éloigner. Celle-ci ne se le fait pas dire deux fois, elle met le fusil en bandoulière et redescend sur Paris.

La colonne de gardes nationaux se dirige alors par les rues de Crimée et Meynadier, et arrive à la grande entrée des Buttes-Chaumont, qui est gardée par un piquet de gendarmes à cheval.

Un orateur à chapeau de franc-tireur de Belleville leur reproche de vouloir tirer sur des *frères*.

Les gendarmes ont beau protester de leur dévouement, ils sont désarmés et conduits devant le tribunal érigé à *la Marseillaise*.

A ce moment, il est dix heures, la Villette est complétement évacuée par les troupes de ligne. Les gardes nationaux construisent immédiatement des barricades et forcent tout le monde à se mettre à l'œuvre. Les voitures de la compagnie Richer, des fourgons d'artillerie, des charrettes renfermant des sacs de sel servent à établir les premières barricades de la rue de Flandres et de la rue d'Allemagne.

Onze heures. — Grande séance à *la Marseillaise*, où près de deux cents lignards sont amenés. On les harangue, et, en fin de compte, on ne leur laisse que le ceinturon, c'est à qui possédera les chassepots.

Midi. — Le piquet de gendarmerie est mis en liberté, mais on ne lui rend pas ses armes. Le commandant du détachement a pu cependant obtenir de conserver son épée. Sur leur passage, dans la rue de Flandres, les femmes et les enfants vociférent les plus grandes injures.

Deux heures. — Tous les bataillons sont sous les armes. Les soldats du 35ᵉ se plaignent de n'avoir pas mangé depuis vendredi dix heures. Aussitôt les gardes du 230ᵉ font abandon pour ces soldats du pain qu'on doit leur donner.

Une barricade formidable, de vingt-cinq mètres de longueur, barre la rue d'Allemagne à la hauteur du n° 32. Trois obusiers sur leurs affûts sont placés là.

Deux heures et demie. — Le 110ᵉ bataillon (du quartier Saint-Martin) veut s'avancer dans la Villette, mais il est forcé de bivouaquer sur le boulevard. On refuse de laisser passer tout détachement étranger à l'arrondissement.

Trois heures. — Dans la rue de Meaux, des gardes nationaux pénètrent dans une maison, où logent d'anciens sergents de ville. On ne les trouve pas, mais leurs effets sont promenés au bout des baïonnettes.

Quatre heures. — A partir de ce moment, toute la Villette est enserrée par *quarante-trois* barricades, dont chacune est gardée par plusieurs compagnies du quartier.

Cinq heures et demie. — Un obusier est amené devant la grande maison qui porte le n° 26 de l'avenue Laumière, et aussitôt commence une barricade non moins formidable que les autres.

Toute la soirée, des bataillons, à tour de rôle, se rendent à *la Marseillaise*, d'autres vont prendre des positions sur les fortifications.

MONTROUGE ET VANVES.

Le quartier de Montrouge est entièrement entre les mains du *Comité central*.

Des barricades sont construites sur un grand nombre de points. L'ouvrage qui défend l'entrée de la Grande-Rue de Montrouge occupe une grande étendue; il possède quatre faces, sur la rue d'Enfer, les boulevards Arago, de Montrouge et d'Enfer. Une autre barricade a été élevée, non loin de l'église, sur la route d'Orléans. Ces barricades sont armées de pièces de 7.

Des détachements de la garde nationale ont occupé les gares de Montparnasse et de Montrouge. Du côté de la chaussée du Maine, où le *chef de légion* Henry a établi son quartier général, des barricades sont élevées par la garde nationale et interceptent absolument la circulation de ce côté.

En descendant du côté de Paris, dans la direction de la haute Seine, on trouve de nouvelles barricades dans le quartier des Gobelins, sur les boulevards de l'Hôpital et de la Gare.

Devant la mairie du XIIIᵉ arrondissement, une douzaine de canons sont placés et gardés par autant de factionnaires. D'autres pièces sont braquées devant chaque rue et chaque boulevard. Une réserve d'artillerie est, en outre, installée dans un terrain vague, sur la droite de l'avenue des Gobelins.

Vers quatre heures, M. Léo Meillet, adjoint au maire du XIIIᵉ arrondissement, fit arrêter les trois commissaires de police de son arrondissement : MM. Dodréau, André et Boudin, et les fit consigner à la mairie à sa disposition.

BUTTES CHAUMONT.

Trois heures. — Le quartier compris entre le faubourg Saint-Martin, la rue Lafayette, les boulevards extérieurs, les rues de Flandres, d'Allemagne et de Puebla, est entièrement coupé à la circulation; des barricades doubles ont été élevées avec des omnibus, des voitures d'artillerie, des fourgons remplis de pavés.

L'accès des buttes Chaumont est impossible, la garde nationale y garde toujours le parc d'artillerie qu'elle y a établi; les régiments de ligne, entre autres le 35ᵉ, qui depuis ce matin occupaient les boulevards extérieurs de cette partie de Paris, ont été cernés et sont prisonniers entre les barricades.

Aucun conflit n'a encore eu lieu : les soldats ont l'air très-ennuyés de rester ainsi l'arme au bras et gardés à vue par la garde nationale, qui ne demande que la reddition de leurs armes pour les mettre en liberté.

Une grande partie des lignes d'omnibus est supprimée. Des groupes nombreux stationnent sur les places. Quelques détachements de gardes nationaux, qui ont eu bien de la peine à se réunir, se dirigent du côté de la Villette; tous sont unanimes pour éviter une collision.

Tel est dans son ensemble l'aperçu fidèle des mouvements de la garde nationale et des résultats obtenus le 18 mars.

Au cours de la journée, le gouvernement, qui voit que tout s'effondre sous lui, fait des appels réitérés à la garde nationale. Dans le premier, il cherche à convaincre la population qu'il n'a jamais rêvé de coup d'État et à la mettre en garde contre les actes de pillage des séditieux.

« GARDES NATIONALES DE PARIS,

On répand le bruit absurde que le gouvernement prépare un coup d'État.

Le gouvernement de la République n'a et ne peut avoir d'autre but que le salut de la République. Les mesures qu'il a prises étaient indispensables au maintien de l'ordre; il a voulu et il veut en finir avec un comité insurrectionnel, dont les membres, presque tous inconnus à la population, ne représentent que les doctrines communistes, et mettraient Paris au pillage et la France au tombeau, si la garde nationale et l'armée ne se levaient pour défendre, d'un commun accord, la patrie et la République.

Paris, le 18 mars 1871.

THIERS, DUFAURE, ERNEST PICARD, JULES FAVRE, JULES SIMON, POUYER-QUERTIER, GÉNÉRAL LE FLO, AMIRAL POTHUAU, LAMBRECHT, DE LARCY. »

Le rappel est battu dans tous les quartiers réputés partisans de l'ordre. Un nombre insignifiant de citoyens répond à l'appel du tambour et de la proclamation.

Nouvel appel plus pressant :

A LA GARDE NATIONALE DE LA SEINE.

Le gouvernement vous appelle à défendre votre cité, vos foyers, vos familles, vos propriétés.

Quelques hommes égarés, se mettant au-dessus des lois, n'obéissant qu'à des chefs occultes, dirigent contre Paris les canons qui avaient été soustraits aux Prussiens.

Ils résistent par la force à la garde nationale et à l'armée.

Voulez-vous le souffrir?

Voulez-vous, sous les yeux de l'étranger, prêt à profiter de nos discordes, abandonner Paris à la sédition?

Si vous ne l'étouffez pas dans son germe, c'en est fait de la République et peut-être de la France !

Vous avez leur sort entre vos mains.

Le gouvernement a voulu que vos armes vous fussent laissées.

Saisissez-les avec résolution pour rétablir le régime des lois, sauver la République de l'anarchie, qui serait sa perte; groupez-vous autour de vos chefs : c'est le seul moyen d'échapper à la ruine et à la domination de l'étranger.

Paris, le 18 mars 1871.

Le ministre de l'intérieur,

ERNEST PICARD.

Le général commandant en chef les gardes nationales de la Seine,

D'AURELLES.

Résultat encore plus négatif. La plupart des gardes nationaux qui avaient répondu au premier appel, voyant les événements, étaient rentrés chez eux et ne revinrent point.

Toutefois quelques compagnies, à demi au complet, s'étaient réunies et stationnaient, l'arme au pied, aux lieux ordinaires de leurs réunions. Elles étaient prêtes à rétablir l'ordre, s'il était troublé, dans leurs quartiers respectifs et à empêcher le pillage qu'on leur avait donné à craindre; mais nulle part ne se manifesta l'intention d'intervenir dans une lutte, qui du reste était ignorée, du moins dans ses résultats, encore dans l'après-midi, dans les quartiers du centre et de la rive gauche.

A quatre heures du soir, les trois quarts des Parisiens ne se doutaient même pas des événements de la matinée. On savait bien qu'il y avait « quelque chose » du côté de Montmartre, mais ce « quelque chose » étant à l'état permanent depuis 15 jours, personne ne s'en préoccupait davantage qu'on avait fait la veille. Dans quelques quartiers on affirmait que les canons étaient enlevés. C'est ce qu'on affirmait à nous-même, vers cinq heures du soir. Cinq minutes plus tard, nous apprenions, place du Louvre, l'exécution du général Lecomte et Clément Thomas, assassinats sinistres, qu'on se refusait à croire malgré les affirmations *de visu* de plusieurs gardes nationaux.

Bientôt nul ne put ignorer les résultats généraux de la journée.

Sans examiner ici, ce que nous ferons bientôt, si une attaque de vive force n'était pas intempestive, impolitique et inutile; voyons à quelle cause est due son insuccès, alors que tout semblait faire croire à sa facile exécution.

Beaucoup ont crié à la fatalité, facile façon d'atténuer les plus graves fautes. Tout démontre que le plan militaire, qui était parfaitement combiné, a été exécuté avec une légèreté, une imprévoyance et une pénurie de moyens que l'on croirait impossibles, si les résultats et les faits patents n'étaient pas une accablante preuve.

De même que le 29 novembre, le général Ducrot ayant à faire passer la Marne par son corps d'armée ne s'était pas préoccupé des ponts de bateaux, de même le général Vinoy ayant à enlever et faire disparaître avec toute la célérité possible près de 300 pièces de canons, néglige de faire suivre les corps d'action, de chevaux et de prolonges en nombre suffisant pour leur rapide enlèvement.

Cela n'est plus révoqué en doute par personne, s'il y avait eu suffisance de chevaux et de prolonges, les canons de Montmartre, de Belleville, de la Villette et de la Butte-Chaumont eussent été mis en lieu sûr avant que les gardes nationaux, en nombre suffisant, aient eu le temps d'en défendre la possession.

En douterait-on? les faits précis avec heures datées vont l'établir sans conteste.

Aux buttes Montmartre :

L'attaque ou plutôt la prise de possession de la butte Montmartre, du parc d'artillerie et des environs est un fait accompli dès 3 heures du matin. 25 hommes, dont 5 de faction, étaient préposés à la garde des canons. Ce n'est que de huit heures, à huit et demie, que les rappels réitérés ont réuni un commencement d'agglomération de gardes nationaux assez important pour opposer un semblant de résistance. L'armée avait donc eu sur ce point près de cinq heures de latitude entière pour accomplir son œuvre sans sérieuse effusion de sang.

A la Villette, jusqu'à huit heures la troupe est également maîtresse absolue du terrain.

Aux buttes Chaumont, c'est seulement après

midi que la garde nationale a pu se mettre en défense.

Les chevaux avaient manqué partout.

Que de malheurs cependant eussent été épargnés si on avait eu un peu plus de prévoyance !

Nous ne voulons pas prétendre que toute effusion de sang eût été épargnée; non, nous avons au contraire la conviction qu'elle eût été devancée, et que le jour même, la bataille des rues eût commencé à l'instigation des comités. Mais l'armée qui aurait eu conquis les canons les eût défendus. Autre chose est de faire commencer le feu par l'armée contre le peuple, et l'armée se défendre contre les attaques de gens armés. A défaut d'autres, le sentiment de la préservation parle; on se défend, puis les excitations de la lutte aidant, un régiment qui quelques minutes auparavant, aurait eu des velléités de mettre la crosse en l'air se bat avec un acharnement incroyable. Les incidents du 2 avril, en avant de Versailles en fourniront la preuve.

En outre, quelques milliers d'hommes seulement eussent répondu à l'appel des fauteurs de désordre. Les bataillons, dits de l'ordre, en présence d'une attaque ouverte, eussent défendu leurs rues et leurs quartiers, le gouvernement n'eût pas été obligé de fuir; le lendemain lui eût sûrement donné la victoire. La sédition aurait pu devenir émeute, mais jamais révolution, victorieuse, maîtresse de Paris.

Dès la soirée du 18, vu la rapidité vertigineuse et stupéfiante des événements, toute tentative de résistance sérieuse eût été vaine. Dès le lendemain 19 au matin, il n'y avait plus à Paris l'ombre d'un pouvoir régulier.

A un degré quelconque l'abstention, dans la journée du 18, de la garde nationale, dite des hommes d'ordre, est-elle incriminable?

Nous ne le pensons pas. Le gouvernement lui a fait des appels réitérés, c'est vrai, mais quand? A l'heure où la troupe avait fait défection, et alors que les bataillons des comités avaient repris possession de leurs canons, de leurs redoutes, enlevé quelques canons à l'armée et pris tous les chassepots.

Ensuite, auprès de qui se grouper? Quels chefs autorisés sont venus se mettre à sa disposition pour combiner les mouvements et la conduire là

Exécution des généraux Lecomte et Clément Thomas. (Page 43.)

ou là? Le gouvernement accuse la garde nationale de l'avoir abandonné; il serait bien plus exact de dire qu'en abandonnant la garde nationale à elle-même, c'était par avance paralyser et rendre impuissants tous les efforts qu'elle eût pu tenter.

La garde nationale de Paris, à beaucoup d'égards, doit être rendue responsable des conséquences désastreuses des suites du 18 mars, mais ce n'est que dans la journée du 21 et les jours suivants jusqu'au 30 mars que commence sérieusement sa responsabilité.

Un fait odieux surnage de cet amalgame de lâcheté et de défections, d'audace et de défaillance, qui a nom : succès du 18 mars: l'assassinat du général Lecomte et de l'ex-commandant de la garde nationale, le loyal républicain, l'honnête Clément Thomas.

En présence de la fin tragique de ce dernier, nous n'avons pas à rechercher, ici, si pendant le siège la garde nationale n'a pas eu en effet quelque droit de lui faire le reproche, commun du reste à tous les membres du gouvernement de la

défense, d'avoir subi avec une trop grande résignation la suprématie décourageante et énervante du général Trochu.

Respect absolu à la tombe de l'honnête citoyen mort si tristement!

Quels sont les auteurs de ces crimes? A qui doit en incomber la terrible responsabilité? C'est ce que l'impartiale histoire doit rechercher et établir, dût-elle remonter le courant d'opinions, soi-disant irréfutables, parce qu'elles sont généralement adoptées et qu'elles répondent à un sentiment, écho de la surexcitation des passions du moment.

Pour le plus grand nombre encore aujourd'hui c'est la Commune qui est responsable de ces assassinats; opinion qui se détruit par son absurdité même : la Commune a été élue le 26 mars.

D'autres en se piquant davantage de logique accusent le Comité central. Nous ne croyons pas cette accusation davantage fondée. Le Comité central, proprement dit, se composait de délégués de quartiers divers, dispersés un peu partout, le 18 mars, pour organiser l'émeute ou la résistance

G⁰ Lev.

dans leurs quartiers respectifs, et qui, dès lors, n'ont pu délibérer, empêcher ni faire quoi que ce soit, à l'égard des malheureux généraux qui allaient être fusillés.

Reste le comité du XVIIIe arrondissement (Montmartre), le seul dont l'autorité fut prépondérante en cette fatale journée. Ce comité a-t-il été l'instigateur et l'auteur du double assassinat? Nous n'hésitons pas à répondre non.

En est-il responsable moralement?

Oui, puisqu'il était le seul pouvoir ayant, ce jour-là, quelque autorité sur la population ameutée, soldats de la ligne, mobiles, francs-tireurs et gardes nationaux, et qu'il n'a pas établi avoir fait aucun acte d'énergie pour empêcher l'accomplissement du crime. C'est du moins ce qui semble résulter du récit succinct que nous allons faire de ce sanglant événement.

On a vu plus haut les circonstances de l'arrestation du général Lecomte et sa conduite au Château-Rouge.

Le général Clément Thomas avait été arrêté dans des circonstances plus malheureuses encore, et nous devons le dire, en dehors de toute prudence de sa part. Il se promenait en curieux place Pigalle, alors que les gardes nationaux élevaient des barricades de défense. Ainsi qu'il aurait dû infailliblement le prévoir, il est reconnu, aussitôt arrêté, et accusé de venir inspecter les travaux de défense. Quelques zélés disent même lui avoir vu prendre des notes et consulter un plan ; mensonge, évidemment; mais l'hostilité de la foule s'accroît. Clément Thomas est bientôt enveloppé d'un peloton de garde nationaux qui le conduisent rue des Rosiers.

Les détails du double et tragique événement sont maintenant connus ; ceux que nous allons donner peuvent être affirmés exacts, puisque, quoique émanant de sources et d'opinions différentes, ils sont néanmoins d'accord sur les faits principaux, les seuls intéressants au point de vue de l'histoire.

Écoutons d'abord le récit de MM. Lanjalley et Corriez que nous avons déjà cités :

Le général Lecomte avait été retenu prisonnier, avons-nous dit, au Château-Rouge.

Ceux qui l'avaient arrêté crurent devoir l'envoyer rue des Rosiers, 6, au siège du Comité de Montmartre, afin de sauvegarder leur responsabilité.

Avant son départ, on l'interrogea sommairement. Il signa une déclaration par laquelle il s'engageait à ne plus servir le gouvernement actuel et à ne plus faire tirer sur le peuple.

Au moment de quitter le Château-Rouge, le général Lecomte implora le capitaine Mayer, lui disant qu'il avait de tristes pressentiments. Le souvenir des huées de la foule qui l'avait escorté le matin, son aspect irrité, se présentaient probablement à son esprit et lui semblaient dangereux. Ces appréhensions se réalisèrent. Quoique protégé par un peloton de gardes nationaux, il fut l'objet des invectives d'une foule furieuse qui l'accompagna jusqu'au haut de la butte.

Une centaine de soldats de la ligne qui avaient passé dans les rangs de la garde nationale, se trouvaient alors réfugiés au poste de la rue des Rosiers, 6. En apercevant leur général, leur irritation fut très-vive. Ils joignirent leurs clameurs à celles de la foule, criant comme elle qu'il fallait exécuter Lecomte. Le comité de l'arrondissement délibérait alors, à la mairie de Montmartre.

On procéda aussitôt à la formation d'un conseil de guerre improvisé, opération qui demanda un assez long temps, parce que tous ceux auxquels on s'adressait refusaient d'en faire partie. Cependant quelques officiers de la garde nationale, qui se trouvaient là, et un officier garibaldien de l'armée des Vosges, furent contraints de remplir les fonctions de conseil de guerre.

Le général Lecomte, interrogé, nia, tout d'abord, avoir commandé le matin de faire feu. Sur la déposition d'un sergent qui affirmait le fait, il avoua enfin qu'il avait ordonné de tirer sur le peuple. Le conseil improvisé demanda au général, si, le cas échéant, il agirait de même. — On voulait essayer de le soustraire aux projets de vengeance d'une foule affolée et de ses soldats révoltés et furieux. — Il répondit : « Ce que j'ai fait a été bien fait. »

Une vive discussion s'engage parmi les membres du conseil, désireux de sauver le général Lecomte. Quelques-uns demandent qu'il soit renvoyé salle Robert. Un délégué est dirigé vers la mairie afin d'informer la municipalité du grave événement qui se préparait.

Au dehors, le tumulte grondait toujours. Les exclamations violentes, sanguinaires, sinistres, de cette populace, parvenaient distinctement jusque dans la petite salle où se trouvaient le général et le conseil. Les protestations les plus énergiques s'élevaient contre ces façons sommaires de jugement. L'officier garibaldien surtout insistait pour qu'il eût lieu en règle comme devant l'ennemi.

En ce moment, on amena Clément Thomas. Sans son arrivée, le général Lecomte aurait peut-être été sauvé.

Clément Thomas se promenait sur la place Pigalle lorsqu'on commençait à y élever une barricade. Aperçu et reconnu par un factionnaire, la nouvelle de sa présence se répandit bientôt parmi les gardes nationaux groupés sur la place.

Son arrivée exalta encore l'exaspération de la foule qui stationnait aux abords de la maison où l'on jugeait Lecomte, et qui avait aussi pénétré dans la cour.

Clément Thomas est conduit dans la salle où était réuni le conseil. Il n'est pas procédé à son jugement comme pour Lecomte. On constate son identité. Alors on lui reproche violemment d'avoir fait tirer sur le peuple en 1848, d'avoir fait massacrer inutilement les gardes nationaux à Montretout. Il répond à peine à ces accusations énergiquement formulées. Aussitôt il est entraîné, par un mouvement de la foule envahissante, hors de la salle, dans le jardin. Dès qu'il paraît, un tumulte indescriptible se produit. Tous les griefs, toutes les rancunes, toutes les haines, toutes les passions sauvages de cette foule surexcitée se manifestent en un instant sous l'influence de souvenirs multiples : les dures souffrances du siège, l'agonie des siens, la mort de tant d'autres ; sacrifices surhumains que l'incapacité ou la trahison des chefs militaires a rendus inutiles. Clément Thomas est l'un d'eux[1]. Comme il descendait les marches, un coup de feu part, son chapeau est traversé par une balle. Il est amené auprès du mur du jardin, le long des pêchers, à gauche. Devant lui se trouve un peloton composé surtout de francs-tireurs et de soldats de la ligne auxquels se mêlèrent quelques gardes nationaux. De tous côtés, une foule immense ; les femmes sont en grand nombre. Les murs du jardin sont couronnés de spectateurs Cette cohue humaine réclame immédiatement l'exécution.

Le peloton d'exécution était commandé par un jeune sous-lieutenant du 169ᵉ bataillon, homme d'aspect très-doux que les circonstances amènent à participer à l'un des actes les plus terribles que puissent entraîner les mouvements populaires.

Clément Thomas, très-pâle, se découvre ; il veut parler ; son émotion l'en empêche. Avant que l'ordre de faire feu ait été donné, une détonation retentit. Clément Thomas tombe, la face contre terre. La fusillade se poursuit.

Le général Lecomte est amené.

Lorsque Clément Thomas eut quitté la salle où était le conseil de guerre, la discussion avait continué, très-animée, à propos du jugement de Lecomte. Ceux qui s'opposaient à son exécution, entre autres l'officier garibaldien, n'étaient plus écoutés. La foule, furieuse, proférait contre eux les plus violentes menaces. Elle les entraîna, en quelque sorte, jusqu'auprès du jardin.

Le général Lecomte fut poussé à côté du corps du général Clément Thomas ; il était en proie à une émotion extrême ; il tremblait, il fléchissait sur ses jambes.

Cet homme qui, le matin, commandait, à trois reprises, avec sang-froid, avec calme, de faire feu sur la foule, ne sut pas mourir dignement[1].

On tire sur lui. Il tombe sur le dos, la face découverte.

La foule se disperse alors. Elle sort par la porte du jardin qui donne sur une petite ruelle communiquant sur la rue des Rosiers aux cris répétés de « vive la République ! Mort aux traîtres !

Après que la foule se fut écoulée, un assez grand nombre de curieux, amenés par les détonations, entrèrent dans le jardin pour contempler les cadavres.

Voici maintenant le récit de M. le capitaine Beugnot, officier d'ordonnance du ministère de la guerre, resté prisonnier une partie de la journée, le 18 mars entre les mains des gardes nationaux de Montmartre.

« . . . .

Enfin nous arrivâmes au Château-Rouge, et après avoir traversé le jardin, je fus amené au pavillon où je devais rendre compte de ma conduite au Comité annoncé. On me fit attendre plus

---

1. Nous ne nous associons nullement à ce jugement ; pour nous, le général Clément Thomas, de même que bien d'autres, a subi une influence néfaste : soldat, il ne pouvait qu'obéir ou se mettre en révolte ouverte, chose inadmissible.

1. Nous laissons à MM. Lanjalley et Corriez la responsabilité entière de leurs appréciations.

d'une demi-heure devant la porte; une foule de gardes nationaux m'entourait toujours, et devenait d'autant plus menaçante que personne ne donnait plus d'ordres. Le plus forcené était un vieux capitaine de la garde nationale à cheveux et à barbe blanche, décoré de la médaille de Juillet, qui répétait avec délices qu'il faisait des révolutions depuis quarante ans. Il semblait furieux contre moi, et m'annonçait que mon affaire ne serait pas longue; je commençais à voir clair dans la situation et je ne me dissimulais plus le danger que je courais.

Il était alors dix heures à peu près; les uns voulaient me laisser dans le jardin, probablement pour en finir avec moi plus vite; les autres voulaient me faire monter dans la maison auprès du comité. Ces derniers réussirent, et après une rixe violente avec leurs camarades, ils m'enlevèrent au premier étage de la maison. Là, je fus introduit dans une chambre où je trouvai un capitaine du 79ᵉ bataillon de la garde nationale qui me reçut, je dois le dire, de la manière la plus courtoise, sans vouloir cependant me dire au nom de qui il me faisait comparaître devant lui, et surtout de quel droit on m'avait arrêté. Il se contenta seulement, d'une manière évasive, mais toujours très-polie, de me dire que son parti avait besoin de garanties pour la journée, et que nous étions des otages; le grand mot était lâché, et toutes les représailles devenaient possibles contre moi.

Je demandai son nom à ce capitaine; il me dit se nommer M. Mayer, être journaliste, avoir un fils au service et prisonnier des Prussiens, et être toujours, ajoutait-il, prêt à adoucir autant qu'il le pourrait les rigueurs de ma position. Il m'annonça aussi que le général Lecomte avait été fait prisonnier par une foule furieuse qui s'était jetée sur lui, que ses troupes l'avaient abandonné, et que, seul, un jeune capitaine du 18ᵉ bataillon de chasseurs à pied de marche, M. Franck, avait voulu l'accompagner, cherchant à le dégager jusqu'au dernier moment. Je m'aperçus, en effet, de la présence du capitaine Franck, que j'avais d'abord pris pour un officier de la garde nationale.

Nous étions gardés à vue par deux gardes nationaux armés, et nous ne pouvions avoir aucune communication avec le général Lecomte. Sur ces entrefaites arrivèrent d'autres prisonniers faits par les insurgés; c'étaient M. Pousargues, chef du 18ᵉ bataillon de chasseurs à pied, qui était sous

les ordres du général Lecomte, et qui, ayant appris que le général avait été fait prisonnier, avait voulu généreusement s'enquérir de son sort, et avait été arrêté; puis un chef de bataillon du 89ᵉ de marche, je crois; deux capitaines du 115ᵉ de ligne abandonnés par leurs hommes à la gare du Nord, et un capitaine du 84ᵉ en bourgeois, qui revenait de captivité en Allemagne, et avait été arrêté à sa descente du chemin de fer comme *mouchard*, disait-il. Je restai dans la compagnie de ces messieurs jusqu'à trois heures et demie; le capitaine Mayer, auquel nous demandions sans cesse de nous montrer enfin ce Comité dont tout le monde parlait autour de nous, était fort embarrassé de nous répondre, mais très-attentif pour nous et plein de convenances.

A ce moment, je me mis à la fenêtre, et je vis se produire dans le jardin un mouvement de mauvais augure : des gardes nationaux formaient la haie, mettant la baïonnette au canon. Tout cela semblait annoncer un départ. Il était évident que nous allions être emmenés du Château-Rouge. Effectivement, le capitaine Mayer vint nous prévenir qu'il avait ordre de nous faire mener aux buttes Montmartre, où se tenait définitivement le Comité, qu'on cherchait, nous dit-il, depuis le matin. Je vis bien clairement alors que ce Comité n'existait pas, ou bien ne voulait pas s'occuper de nous : et j'en conclus que nous étions bel et bien perdus, que nous allions ajouter un deuxième acte à la tragédie du général Bréa et de son aide de camp, Mangin, lâchement assassinés le 24 juin 1848, à la barrière Fontainebleau.

Nous descendîmes, c'est alors que je vis pour la première fois le général Lecomte qui avait été gardé au secret dans une chambre séparée; il avait l'air calme et résolu. Nous le saluâmes, et les officiers de la garde nationale en firent autant; mais les hommes qui faisaient la haie nous injurièrent en nous menaçant d'une fin prochaine. Je n'y étais pour ma part que trop préparé!

Maintenant commence notre véritable supplice, notre chemin de la croix. Nous traversons, au milieu des huées et des imprécations de la foule, tout le quartier de Montmartre. Nous sommes assez énergiquement défendus par les officiers de la garde nationale, qui cependant devaient savoir que nous exposer ainsi à cette foule furieuse, à leur propre troupe affolée, c'était nous condamner à mort.

Nous gravissons le calvaire des buttes Montmartre, au milieu d'une brume épaisse, au son de la charge (amère dérision !) que sonnait gauchement un clairon de la garde nationale. Des femmes, ou plutôt des chiennes enragées, nous montrent le poing, nous accablent d'injures et nous crient qu'on va nous tuer.

Nous arrivons dans ce cortége infernal au haut de la butte et l'on nous fait entrer dans une petite maison située rue des Rosiers : j'ai remarqué le nom de cette rue. Cette maison est composée d'une porte cochère, d'une cour découverte, d'un rez-de-chaussée et a deux étages. La foule veut s'engouffrer avec nous dans la cour, mais tous ne peuvent pas nous suivre, car ils sont près de deux mille ; on nous tire un coup de fusil au moment où nous entrons dans la cour, mais personne n'est touché.

On nous bouscule dans une salle étroite et obscure au rez-de-chaussée, et le vieux décoré de Juillet à la barbe blanche nous dit que le Comité va statuer sur notre sort. Le général Lecomte demande à voir immédiatement le Comité, répétant maintes fois que nous sommes arrêtés depuis le matin sans raison et sans jugement. On lui répond qu'on va le chercher. Le capitaine Mayer, qui nous avait protégés des brutalités des hommes armés du Château-Rouge n'était pas monté avec nous à la rue des Rosiers. Mais nous eûmes à nous louer grandement, en son absence, du lieutenant Meyer du 79e bataillon, qui nous fit bien souvent un rempart de son corps, et d'un jeune garde national, dont malheureusement le nom m'échappe et qui me défendit vingt fois contre les attaques de la foule.

Et le Comité n'arrivait toujours pas. La foule extérieure, lasse de l'attendre, lui et sa décision, avait brisé les carreaux de la fenêtre et, à chaque instant, nous voyions un canon de fusil s'abattre vers nous ; mais les officiers de la garde nationale, comprenant toute la gravité de notre situation et revenant trop tard sur la légèreté avec laquelle ils nous avaient fait sortir du Château-Rouge et exposés à la fureur d'une populace qui croyait que chacun de nous avait au moins tué dix hommes de sa main dans la matinée, ces officiers relevaient les armes dirigées sur nos poitrines, parlaient à la foule qui hurlait : « A mort ! » tâchaient de gagner du temps, nous promettaient qu'ils défendraient notre vie au péril de la leur.

Mais tout cela ne faisait qu'irriter davantage la foule qui hurlait toujours notre mort.

Le châssis de la fenêtre se brise sous les efforts du dehors et livre passage aux plus furieux. Dois-je diré que les premiers qui mirent la main sur le général furent un caporal du 3e bataillon de chasseurs à pied, un soldat du 88e de marche et deux gardes mobiles ? Un de ces derniers misérables, lui mettant le poing sur la figure, lui criait : « Tu m'as donné une fois trente jours de prison : c'est moi qui te tirerai le premier coup de fusil. » C'était une scène hideuse, à rendre fou, bien que nous ayons tous fait le sacrifice de notre vie. Il était cinq heures. Une clameur immense domine toutes les autres, une bousculade affreuse se passe dans la cour, et nous voyons tout à coup jeter au milieu de nous un vieillard, à barbe blanche, vêtu d'habits bourgeois noirs et coiffé d'un chapeau de haute forme. Nous ne savions pas quel était ce nouveau prisonnier et nous plaignions, sans le connaître, ce vieillard inconnu qui n'avait évidemment plus que quelques instants à vivre. Le lieutenant Meyer me dit que c'est Clément Thomas, qu'il vient d'être arrêté rue Pigalle, au moment où il se promenait en curieux, qu'il a été reconnu par des gardes nationaux et traîné aux buttes Montmartre pour partager notre sort.

Dès lors, la fureur des gardes nationaux ne connaît plus de bornes ; c'est à peine s'ils n'assomment pas leurs courageux officiers qui nous défendent avec énergie et désespoir, car ils sentent qu'ils deviennent impuissants à nous protéger longtemps. En vain un individu vêtu d'une chemise rouge [1] monte-t-il sur un mur d'où il adjure la foule de nommer une cour martiale qui statuera sur le sort des prisonniers ; en vain leur dit-il qu'ils vont commettre un lâche assassinat et souiller la république qu'ils acclament si haut. Tout est inutile. L'arrivée imprévue du malheureux général Thomas, détesté dans ces bataillons de Montmartre et de Belleville, à cause de sa juste sévérité pendant le siège, cette arrivée nous a tous perdus : la foule, bête, furieuse et déchaînée, veut du sang. Celui de Clément Thomas coule le premier ; on le saisit au collet, malgré la résistance du lieutenant Meyer, et de quelques autres citoyens courageux qui retombent épuisés, pendant que nous autres, toujours gardés à vue et couchés en joue à chaque instant, nous ne pouvons bouger.

Le vieux capitaine décoré de Juillet est puissance à puissance avec le gouvernement vaincu

1. Sans doute l'officier garibaldien cité par MM. Lanjalley et Corriez.

Le malheureux général Lecomte subit quelques instants après le même sort, de la même manière. Il était cinq heures et demie.

Nous n'avons pas assisté à cette exécution infâme, et nous ne pouvons dire quelles furent les dernières paroles de ces deux nobles et généreuses victimes; mais tant que les deux généraux restèrent avec nous, ils furent silencieux, calmes, résignés. Ils sont morts comme des soldats (ceux de l'ancienne école) savent mourir.

Puis, c'était notre tour; nous étions préparés à la mort, et chacun de nous s'attendait à ouvrir la marche funèbre. Mais nos défenseurs de la garde nationale, après une demi-heure de suprême effort, parvinrent en partie à apaiser la foule qui s'était éclaircie après le meurtre des deux généraux, et obtinrent d'elle de nous ramener à notre prison du Château-Rouge, où nous serions mis à la disposition du Comité encore une fois.

Il est six heures. Nous sortons de cette maison de sang où nous étions depuis deux mortelles heures et d'où chacun de nous ne croyait plus sortir vivant. La garde nationale qui nous escorte et forme la haie autour de nous semble revenue de ses affreux instincts du matin. Le crime odieux qui vient de se commettre pèse sur toutes les consciences et serre bien des gosiers. A peine avions-nous fait quelques pas pour redescendre des buttes que nous voyions accourir effaré, et très-pâle, un homme vêtu de noir et portant en sautoir une écharpe tricolore. « Où menez-vous ces officiers? » s'écrie-t-il. Il croit qu'on nous mène au supplice, et le malentendu qui s'engage entre lui et notre escorte nous fait perdre du temps, ameute encore la foule et manque de nous devenir fatal. Nous demandons quel est cet homme. On nous répond que c'est M. Clémenceau, maire du dix-huitième arrondissement et député de Paris. Depuis, M. Clémenceau a expliqué à la tribune de l'Assemblée nationale sa conduite dans cette journée. Nous tenons seulement à constater qu'il n'a paru, au milieu de ces scènes honteuses et sanglantes, qu'il aurait pu peut-être empêcher, qu'à six heures du soir, après l'assassinat des deux généraux.

Nous parvenons enfin au Château-Rouge. Au moment où nous allions y entrer, nous rencontrons le capitaine Mayer, porteur d'un papier qu'il dit être l'ordre d'élargissement de tous les prisonniers, y compris les malheureux généraux. Il dit que les nombreuses courses qu'il a eu à faire pour obtenir cet ordre du Comité lui ont fait perdre du temps et arriver après le crime accompli. On nous réintègre dans le pavillon du Château-Rouge, et on nous dit d'attendre, toujours gardés à vue par des gardes nationaux, la décision de ce Comité invisible. A sept heures, enfin, le lieutenant Meyer revient avec un ordre émanant du Comité : c'est un mandat d'amener lancé contre moi, avec ordre de comparution immédiate devant le Comité central. Était-ce un nouvel arrêt de mort ou une lueur d'espérance? je l'ignorais parfaitement. Mais, après les émotions de cette terrible journée, je n'avais plus rien à apprendre, et je me laissai mener dans une maison située rue de Clignancourt, près du Château-Rouge, où mon sort définitif devait se régler.

A l'entre-sol de cette maison, je trouvai deux chambres converties en bureaux où deux hommes écrivaient, puis une dernière pièce fort étroite où je fus mis en présence d'un chef de bataillon de la garde nationale nommé Jaclard, qui me sembla embarrassé dans ses questions et peu ferré sur son mandat. Il se contenta de me demander le récit de la journée et parut attacher beaucoup d'importance à mes paroles qu'il fit en partie consigner par écrit. A la suite de cet interrogatoire, il me fit mettre en liberté; mais c'était une mesure illusoire pour ma propre sûreté, car la rue était pleine de gardes nationaux et de gens encore très-surexcités. Néanmoins, grâce à la nuit, grâce surtout à la présence du lieutenant Meyer et du jeune garde national dont je parlais au début, je pus m'échapper sain et sauf et regagner ma maison. Une heure plus tard, M. le capitaine Franck pouvait également sortir du Château-Rouge; mais les autres prisonniers, dont le commandant Pousargues faisait encore partie, ne purent s'échapper que le lendemain matin; car les gardes nationaux qui les avaient séquestrés ne voulaient pas reconnaître les ordres émanés de ce bureau qui m'avait rendu la liberté.

Tel est le récit parfaitement exact de cette journée du 18 mars pour tout ce qui regarde l'assassinat des deux généraux, les faits de Montmartre du Château-Rouge. Les officiers de la garde nationale qui étaient les chefs du mouvement insurrectionnel, le matin, virent, vers midi, quelles conséquences affreuses auraient leur conduite, et firent, je dois à la vérité de le dire, tous les efforts possibles pour sauver les deux victimes et les autres prisonniers dont la mort fut certaine pendant deux heures.

Ce qui est plus triste à constater, c'est que les

misérables soldats français ont été les premiers, dans un moment pareil, à tirer sur leur général, seul et désarmé, et que les autorités municipales de Montmartre, ainsi que ce fameux Comité dont on nous parlait à chaque instant, ne parurent ni au Château-Rouge, ni à la maison de la rue des Rosiers, et ne firent dans la journée aucun effort apparent pour sauver les apparences. »

De l'historique des divers incidents qui ont marqué cette journée sanglante, il résulte les faits suivants, importants à consigner :

Le général Lecomte a été arrêté par ses propres soldats, l'acharnement de leurs déclarations et leurs accusations contre lui ont mis obstacle à tous les efforts tentés par les officiers de la garde nationale pour le sauver.

Ce sont ses soldats qui l'ont arraché des mains des officiers de la garde nationale, qui l'ont entraîné auprès du corps de Clément Thomas et l'ont fusillé.

Au péril de leur vie, les officiers de la garde nationale, ont également essayé de défendre l'infortuné général Clément Thomas.

Des gardes nationaux, des francs-tireurs, furieux, exaltés par les souvenirs du siége et la honte de la capitulation sans combattre qu'ils imputent, en partie, à l'ancien commandant général de la garde nationale, l'enlèvent, avec le concours de quelques soldats, le maltraitent et le fusillent, c'est-à-dire l'assassinent. Leur rage n'attend même pas le lugubre commandement, de faire feu.

Pour le général Clément Thomas, il n'y eut aucun interrogatoire même sommaire.

Pour aucune des deux victimes, il n'y eut ni jugement ni sentence d'exécution.

Quoique le général Lecomte eût été arrêté dans la matinée et que l'exécution des prisonniers ait eu lieu seulement vers cinq heures du soir, le comité du dix-huitième arrondissement, en permanence aux environs, n'a donné aucun signe d'existence, et n'est intervenu en aucune façon, il a laissé faire la justice! du peuple.

Son intervention au début avec le concours des officiers de la garde nationale, eût certainement sauvé tout au moins le général Lecomte.

Nous maintenons donc notre jugement contre le comité : moralement il doit être déclaré responsable du sang versé.

Le Comité a essayé d'une protestation et d'une

justification; elle ne fait que confirmer l'accusation d'indifférence et de « laissé-faire. »

Voici cette protestation :

« Le comité du dix-huitième arrondissement (Montmartre) proteste en ces termes contre les récits qui lui imputeraient une participation quelconque dans l'assassinat des généraux Clément Thomas et Lecomte :

« Les récits les plus contradictoires se répètent sur l'exécution des généraux Clément Thomas et Lecomte. D'après ces bruits, le Comité se serait constitué en cour martiale et aurait prononcé la condamnation des deux généraux.

« Le Comité du dix-huitième arrondissement proteste énergiquement contre ces allégations.

« La foule seule, excitée par les provocations de la matinée, a procédé à l'exécution sans aucun jugement.

« Les membres du Comité siégeaient à la mairie au moment où l'on vint les avertir du danger que couraient les prisonniers.

« Ils se rendirent immédiatement sur les lieux pour empêcher un accident : leur énergie se brisa contre la fureur populaire ; leur protestation n'eut pour effet que d'irriter cette fureur, et ils ne purent que rester spectateurs passifs de cette exécution.

« Le procès-verbal suivant, signé de cinq personnes retenues prisonnières pendant ces événements, qui ont assisté forcément à toutes les péripéties de ce drame, justifiera complètement le comité. »

Le certificat joint à la pièce ci-dessus, ne justifie rien du tout. Il est signé par cinq personnes en effet très-honorables, mais prisonnières du Comité, et qui se bornent à déclarer « que les personnes désignées ont été fusillées à quatre heures et demie, contre l'assentiment de tous les membres présents, qui ont fait ce qu'ils ont pu pour empêcher les accidents (sic). »

Quels efforts? Le comité lui-même déclare qu'arrivé tardivement, il est forcément resté simple spectateur.

Le nom du citoyen docteur Clémenceau, encore maire au 18 mars, du dix-huitième arrondissement, ayant été prononcé dans le rapport du capitaine Beugnot, et quelques journaux, qui déjà commençaient l'œuvre infernale de susciter les haines et les préventions entre citoyens, s'étant permis des allusions offensantes pour l'honorable député ex-maire élu de son arrondissement, ce dernier a cru devoir faire publier la lettre suivante, que nous transcrivons afin que toutes les opinions soient parfaitement éclairées sur les moindres détails du fatal événement.

Paris, 30 mars 1871.

Monsieur le Rédacteur,

Vous avez publié dans votre numéro du 27 courant un récit de la journée du 18 mars par M. le capitaine Beugnot, officier d'ordonnance du ministre de la guerre.

On me le communique, et j'y relève les deux phrases suivantes :

« Nous tenons seulement à constater que M. Clémenceau n'a paru au milieu de ces scènes honteuses et sanglantes, qu'il aurait pu peut-être empêcher, qu'à six heures du soir, après l'assassinat des deux généraux.

« ... Ce qui est plus triste à constater, c'est que .. les autorités municipales de Montmartre ne parurent ni au Château-Rouge ni à la maison de la rue des Rosiers, et ne firent dans la journée aucun effort apparent pour sauver les apparences. »

Je ne m'arrête pas à ce qu'il y a de contradictoire à me reprocher, d'une part, de n'être venu qu'à six heures à la maison de la rue des Rosiers, et, d'autre part, de n'y pas être venu du tout.

Je n'insiste même pas sur une troisième phrase où l'auteur du récit, qu'une émotion bien naturelle a, sans doute, empêché de se rendre un compte exact de la situation, se plaint de ce que les efforts que je fis en sa faveur faillirent lui être fatals.

Je veux seulement déclarer que les deux phrases que je viens de citer renferment un reproche que je n'accepte pas et une insinuation sur laquelle je suis heureux de voir M. Beugnot s'expliquer.

Je passai la journée du 18 mars à la mairie, où me retenaient de nombreux devoirs, dont le plus impérieux peut-être était de veiller sur le sort des prisonniers qu'on m'avait amenés le matin. Il est inutile d'ajouter que je n'avais et ne pouvais avoir aucune connaissance des faits qui étaient en train de s'accomplir, et que rien ne pouvait faire prévoir.

J'ignorais absolument l'arrestation du général Clément Thomas, que, sur la foi des journaux, je croyais en Amérique.

Je savais le général Lecomte prisonnier au Château-Rouge; mais le capitaine Mayer, dont le nom revient à plusieurs reprises dans le récit de M. Beugnot et qui avait été chargé par moi de pourvoir à tous les besoins du général, m'avait affirmé que la foule n'était point hostile. Enfin, je m'étais assuré que le Château-Rouge était gardé par plusieurs bataillons de la garde nationale.

De nombreux groupes armés défilèrent tout le jour sur la place de la Mairie au son d'une musique joyeuse. Je le répète, rien ne pouvait faire prévoir ce qui se préparait.

Vers quatre heures et demie, le capitaine Mayer accourut et m'apprit que le général Clément Thomas avait été arrêté, qu'il avait été conduit, ainsi que le général Lecomte, à la maison de la rue des Rosiers, et qu'ils allaient être fusillés si je n'intervenais au plus vite. Je m'élançai dans la rue en compagnie du capitaine Mayer et de deux autres personnes. J'escaladai la butte en courant.

J'arrivai trop tard. J'omets à dessein de dire quels risques j'ai courus et quelles menaces j'ai bravées au milieu d'une foule surexcitée qui s'en prenait à moi du coup de force tenté le matin par le gouvernement, à mon insu. Je demande seulement à M. le capitaine Beugnot de me dire avec une netteté parfaite ce que j'aurais dû, ce que j'aurais pu faire, que je n'ai pas fait.

Je lui demande surtout de s'expliquer clairement sur la phrase où il reproche aux autorités municipales de Montmartre « de n'avoir pas fait d'efforts apparents pour sauver les apparences. »

Si, ce que je me refuse à croire, il entendait par là que j'ai connu le danger que couraient les deux généraux, et que c'est en connaissance de cause que je me suis abstenu d'intervenir jusqu'à quatre heures et demie (et non pas six), je me verrais dans l'obligation de donner à cette assertion le démenti le plus formel et le plus catégorique, démenti que je pourrais appuyer du témoignage de personnes qui ne m'ont pas quitté de toute cette journée.

Je vous prie, monsieur le Rédacteur, de vouloir bien publier cette lettre et d'agréer l'assurance de mes sentiments distingués.

CLÉMENCEAU,
Ex-maire du XVIIIe arrondissement.

Les barricades le 19 mars.

Pour qui connaît l'honorable docteur Clémenceau, les explications qu'il a bien voulu donner étaient inutiles. Personne n'ignore que plus que personne il a regretté les assassinats perpétrés rue des Rosiers, et qu'il eût fait tout au monde pour les empêcher, si cela eût été en son pouvoir.

Reprenons le fil des événements.

Les troupes qui avaient été engagées ayant fait cause commune avec l'émeute ou refusant de donner; celles non encore engagées, n'inspirant pas davantage confiance; la garde nationale sur laquelle croyait pouvoir compter le gouvernement étant restée sourde à ses appels réitérés, ce dernier crut salutaire d'abandonner Paris pour se réfugier auprès de l'Assemblée nationale à Versailles, et attendre là, du temps et des événements, la possibilité de reprendre Paris, qui lui avait si maladroitement échappé.

Quels furent ses agissements pendant le reste de la journée? Probablement seulement des mesures de prudence et de précaution.

Chacun des ministres dut s'occuper du transfèrement de son personnel indispensable.

Avait-il délibéré et pris le parti de n'entendre aucune proposition de conciliation, d'où qu'elle vînt?

Sans pouvoir l'affirmer, cela est présumable et d'autant plus probable que c'est vers deux heures de l'après-midi que M. Ernest Picard a reçu la première députation envoyée par l'émeute, et que c'est vers sept ou huit heures dans la soirée, que M. Jules Favre se refusa nettement à toute transaction.

On ignorait encore la décision du gouvernement de se réfugier à Versailles, que le comité du XVIIIe arrondissement, enivré de son facile triomphe, avait résolu de traiter avec lui, de puissance à puissance, en lui envoyant ses délégués.

Vers deux heures, ces délégués parvenus jusqu'auprès de M. Picard, ministre de l'intérieur, formulent ainsi les exigences de la population :

Élection du général commandant de la garde nationale;

Remplacement du général Vinoy, par les généraux Billot ou Faidherbe;

M. Dorian, à la mairie de Paris ;

M. Edmond Adam, à la préfecture de Police.

M. Ernest Picard, se prévalant de ce qu'il ne pouvait engager le gouvernement, et de l'impos-

7e LIV.

sibilité de le consulter, déclare ne pouvoir faire aucune réponse formelle, promettant seulement que tout ce qui serait juste et équitable serait accordé. Formule vague et n'engageant à quoi que ce soit.

De leur côté les maires et les députés républicains de Paris n'étaient pas restés inactifs. Sur la convocation de M. Bonvalet, maire du III° arrondissement, et de M. Tolain, député, une réunion des députés et des municipalités au grand complet, a lieu à la mairie du II° arrondissement, vers trois heures.

Après une discussion sérieuse sur la situation appréciée excessivement grave par tous, il est décidé que deux députations se rendront, l'une auprès du gouvernement, jusqu'auprès de M. Thiers, si faire se peut; l'autre, près du général d'Aurelle de Paladines.

Les députations n'emportèrent point de propositions formulées; leur mission avait plutôt pour but de faire connaître au gouvernement la gravité de la situation et pressentir ses intentions.

M. Picard, trouvé toujours seul, répond encore ne pouvoir prendre aucune décision avant d'avoir consulté ses collègues.

Quant au général de Paladines, il aurait décliné toute décision personnelle, de même qu'il déclinait toute participation dans les faits survenus, donnant même à entendre que l'attaque de la nuit avait été décidée contrairement à ses avis et à ses conseils.

Le péril allait croissant et il était urgent d'amener le gouvernement à un programme acceptable par la population armée, maîtresse de Paris, avant que le fatidique : « Trop tard! » pût être prononcé.

Il est donc décidé, dans une nouvelle réunion des municipalités et des députés, qui a lieu, vers six heures, à la mairie du I° arrondissement, que le programme suivant serait soumis au gouvernement et son acceptation vivement conseillée.

Ce programme différait peu de celui qui avait été soumis à M. Picard quelques heures auparavant par les délégués de l'émeute.

Il peut se formuler ainsi :

1° En attendant qu'il soit pris une résolution quant à la nomination demandée, par l'élection,

du général commandant en chef de la garde nationale, désignation du colonel Langlois ou du colonel Schœlcher, pour en remplir les fonctions;

2° Le citoyen Dorian, à la mairie de Paris;

3° Le citoyen Ed. Adam, à la préfecture de police;

4° Les élections municipales immédiates;

5° L'assurance que la garde nationale ne serait pas désarmée.

Douze membres délégués par les municipalités et les députés furent chargés de soumettre ce programme à M. Jules Favre, au ministère des affaires étrangères.

Après avoir pris connaissance des mesures réclamées par la délégation, et avant de formuler aucun sentiment à leur égard, M. Jules Favre demande si l'exécution des généraux Lecomte et Clément Thomas était bien vraie.

On ne peut que lui répondre : oui.

Alors; — était-ce un motif de refus cherché? était-ce l'explosion d'un sentiment subit d'indignation bien naturelle, mais impolitique? M. Jules Favre se serait écrié :

« Il n'y a pas de transaction possible avec le crime! Le gouvernement n'a plus à faire de concession, mais bien à réprimer! »

Malgré l'insistance des délégués qui devinaient le péril et les conséquences de cette politique où les grands mots et les phrases sonores tiennent lieu de bon sens et de sagace appréciati ondes choses; prévoyant que l'aveuglement du ministre préparait à la population de Paris des maux et des désastres autrement graves encore que la mort des deux généraux, ils insistèrent, ils supplièrent. Le ministre demeura inflexible. Ses dernières paroles furent qu'il soumettrait le vœu des municipalités au gouvernement qui en délibérerait.

En des circonstances aussi critiques, c'était une fin de non-recevoir dérisoire.

M. Jules Favre venait encore une fois, sans réflexion, sans sagacité politique aucune, de prononcer un *alea jacta est!* qui doit étrangement troubler les insomnies de ses veilles.

En cette circonstance solennelle fut-il simplement le porte-paroles du gouvernement entier qui avait délibéré et décidé?

Nous le souhaitons. La responsabilité d'un pareil acte est bien lourde pour une seule personne!...

Quoi qu'il en soit, en se refusant à toute concession, le gouvernement dont M. Thiers était l'âme et le chef, n'avait plus dès lors de faute à commettre.... Si, encore une, même deux: ne pas noyer les poudres existant encore à Paris en quantités considérables; et, surtout, abandonner les forts du Sud à la libre occupation de l'émeute qui en prendra libre possession, demain.

Le gouvernement, adoptant le programme qui lui était conseillé, reprenait-il possession immédiate de Paris?

En d'autres termes, l'émeute désarmait-elle et accepterait-elle loyalement, en les exécutant, les propositions faites en son nom?

Grave question bien difficile à résoudre catégoriquement, avec l'assurance de dire vrai.

Néanmoins, nous le pensons; la grande masse de gardes nationaux fédérés n'en demandait pas davantage. Quelques chefs, les membres des comités, auraient probablement protesté. Ils auraient essayé d'acheter, au profit de leurs passions et de leurs convoitises, la révolution commencée. Mais peut-être n'auraient-ils pas été soutenus; peut-être encore eux-mêmes auraient-ils librement désarmé, sous bénéfice de quelques concessions de forme.

En effet, c'est seulement après la réponse connue de M. Jules Favre que la révolution songe à prendre possession de l'hôtel-de-ville, des casernes et des ministères abandonnés.

A l'appui de notre croyance — nous ne disons pas notre conviction — nous ne pouvons nous empêcher de songer que jusqu'aux élections de la Commune, le 26 mars, jusqu'à l'installation de cette même Commune, il eût suffi de paroles de conciliation, et de quelques loyales et légitimes concessions, venues de Versailles, pour que l'ordre et la légalité succédassent au désordre et à la révolution, ou que du moins le parti de l'ordre fût obligé de se compter et d'agir virilement.

De cela, nous en avons la conviction : nous le démontrerons.

Le Comité central de la garde nationale, qui déjà, dans la soirée et dans la nuit, avait pris la direction entière du mouvement, se fût-il refusé à l'acceptation du programme consenti par le gouvernement, celui-ci n'eût pas moins promptement et grandement récolté le fruit de ses habiles concessions.

D'abord la plus grande partie des adhérents au Comité central l'eussent abandonné, et le gouvernement en continuant la paye des *trente sous* et la solde des officiers, eût immédiatement trouvé en eux un noyau de défenseurs résolus.

De plus, et surtout, il avait tracé une large ligne de démarcation entre le parti de l'ordre et les fauteurs de troubles. Pour les premiers, il n'y avait plus d'hésitation possible : là, le drapeau de la République soutenu par la légalité et la sage progression des libertés désirables. De ce côté, il n'y avait, dès lors, place que pour les aspirations ambitieuses des déclassés, des utopistes de mauvaise foi, et de quelques esprits loyaux, peut-être, mais pour sûr sans cervelle.

Nous avions notre centre, notre cri de ralliement : « République! Liberté et Ordre! » Nous eussions promptement trouvé des chefs. Ne les avions-nous pas : Langlois et Schœlcher! Les lâches, parmi nous, auraient eu honte. Du reste, nous n'avions pas besoin d'eux. Deux cent mille hommes auraient eu promptement raison de quelques dizaines de mille, et encore le nombre est exagéré. Avant deux jours, le gouvernement eût été réinstallé, et Paris sauvé!!!

Ah! nous savons bien l'objection tant de fois réitérée: on ne désarme pas devant l'émeute! Lui concéder, c'est la reconnaître et s'exposer à la subir de nouveau et toujours! •

Hélas! répéterons-nous encore : toujours de grands mots et de belles phrases, tout à fait hors de saison, alors surtout que Paris était en la possession de l'émeute avec ses remparts, ses forts et ses canons; avec la complicité tacite d'une grande partie de la population, avec la couardise de presque tout le surplus; et alors qu'il fallait des fleuves de sang et de larmes pour reprendre possession de ce qu'on avait si niaisement laissé échapper.

Réflexions intempestives.... Les troupes encore fidèles, repliées encore une fois en bon ordre, par le général Vinoy, étaient nuitamment acheminées vers Versailles, précédant le gouvernement qui, avant l'aube, aurait abandonné à lui-même Paris, sans boussole et sans guide ? Non! à l'émeute triomphante, et dont l'audace, en présence d'une aussi facile victoire, allait être incommensurable.

Plus nous pénétrons les secrètes arcanes de cette inexplicable bévue qui a nom : le 18 mars, et davantage nous regretterions l'œuvre entreprise, si nous n'étions soutenu par la certitude, en montrant dans toute sa nudité la plaie qui sera bien longtemps saignante encore, des fautes commises, d'en éviter à jamais le retour.

Nous ne nous le dissimulons pas, pour rester loyale et impartiale, notre tâche est devenue un véritable travail de juge d'instruction.... Nos regrets en sont extrêmes, oui! extrêmes, et ceux-là ne nous contrediront pas qui savent nos véritables aspirations politiques, les hommes qui ont nos sympathies et nos amitiés!

Nous avons commencé l'œuvre, nous en acceptons la tâche doublement pénible, et puisque le mot juge d'instruction a été prononcé, pareil au magistrat intègre, nous accomplirons le rigoureux devoir de requérir contre nos affections, et contre nos sympathies politiques.

Les auteurs de l'attaque de nuit du 17 au 18 mars ont-ils été seulement imprudents et imprévoyants?

Ils paraissent avoir été un peu plus que cela.... Peut-être les accusera-t-on d'avoir failli à une entente convenue entre le ministre de l'intérieur, le général de la garde nationale et les municipalités dans les circonscriptions desquelles se trouvaient les canons.

On est amené à se demander si dans les derniers jours l'autorité n'a pas essayé « d'endormir » municipalités et gardes nationaux pour perpétrer le coup de force qu'elle pensait sans doute utile à l'intérêt général.

Sur quoi reposent ces rumeurs accusatrices? Il faut bien en convenir, sur quelque chose de grave, sur la déposition devant la justice, sous la foi du serment, d'un homme honorable, et sur la concordance parfaite des faits avec cette déclaration.

Voici la déposition textuelle, lue, et vu son importance, signée de M. Lafond, premier adjoint de la municipalité du dix-huitième arrondissement, devant le troisième conseil de guerre, à son audience du vendredi 11 août.

Nous la reproduisons en entier :

« En ma qualité de premier adjoint, je dus diriger l'administration du dix-huitième arrondissement pendant l'absence de M. Clémenceau, que ses fonctions de député de la Seine retenaient à Bordeaux.

Le 27 février, après midi, le bruit se répandit tout à coup que les Prussiens allaient entrer dans la ville.

L'émotion causée par cette rumeur fut considérable. Les gardes nationaux, qui jusqu'alors avaient cru que l'armistice et l'occupation des forts n'entraîneraient pas l'occupation de Paris, semblèrent ressentir particulièrement l'injure faite à leur ville. Pendant toute l'après-midi et une grande partie de la nuit, je reçus à la mairie de nombreuses députations de gardes qui venaient protester contre l'entrée de l'ennemi, et déclarer qu'ils étaient décidés à ne pas subir cet excès d'humiliation.

Je m'efforçai de les calmer et de les ramener au sentiment d'un patriotisme plus éclairé. Mais leur colère prit une intensité nouvelle en apprenant que le gouvernement avait abandonné un nombre considérable de canons dans la zone de Paris qui devait être occupée par l'ennemi.

Dès ce moment, la foule s'abandonna à son instinct et ne connut plus de contrôle.

On se porta vers les lieux où se trouvaient les canons et on les ramena à force de bras dans l'intérieur de Paris.

Les gardes nationaux de Montmartre amenèrent d'abord sur la place de la mairie les pièces d'artillerie dont ils s'étaient emparés. Mais le nombre des pièces augmentant sans cesse et encombrant la place, on les transporta au pied des buttes sur la place du Marché-Saint-Pierre, et plus tard dans un terrain vague, situé sur les buttes mêmes. Les pièces d'artillerie séjournèrent plusieurs jours dans chacun de ces différents endroits, où j'eus occasion de les voir.

Dans la soirée qui précéda l'entrée des Prussiens, l'émotion populaire parut prendre des proportions redoutables. Longtemps j'eus lieu de craindre que nos gardes nationaux ne se laissassent entraîner à attaquer l'ennemi dans le sein même de la ville. Ce malheur fut heureusement évité : les sages conseils prévalurent, et les habitants de l'arrondissement surent réprimer leur colère pendant ces jours d'épreuves.

Après le départ des Prussiens, les gardes nationaux continuèrent à monter la garde autour des canons. Quelques journaux s'en émurent; ils considéraient cette forteresse improvisée comme une menace pour l'intérieur de Paris. Dans ces conjonctures, le gouvernement crut prudent d'inviter les maires de Paris présents à l'Assemblée de Bordeaux à revenir dans leurs arrondissements.

Le 6 mars, les municipalités furent réunies au ministère de l'intérieur. D'accord avec le ministre

M. Picard, on convint que les maires consacreraient tous leurs efforts à décider la garde nationale à rendre les canons. En ce qui concernait le dix-huitième arrondissement, nous ne doutions pas d'arriver à ce résultat, à la condition d'agir avec beaucoup de prudence, un grand esprit de modération, et de ne rien cacher à la garde nationale de nos démarches, aussi bien que des désirs du gouvernement.

M. le ministre de l'intérieur déclara qu'il s'en rapportait absolument à nous, et qu'il était bien décidé à ne rien faire sans notre assentiment et sans notre concours. Ce résultat fut sur le point d'être obtenu. Les délégués d'un bataillon de la garde nationale de Montmartre nous apportèrent le 11 mars, une déclaration dans laquelle se trouve la phrase suivante :

« Le 61ᵉ bataillon, certain d'être en cela l'interprète de toute la garde nationale du dix-huitième arrondissement, offre de rendre, sans exception, les canons et les mitrailleuses à leurs véritables possesseurs, sur leurs réclamations. »

Cette déclaration fut envoyée par nous, en trois originaux revêtus des signatures, à M. le ministre de l'intérieur, à M. le général commandant la garde nationale de la Seine et à M. le membre du gouvernement de la Défense nationale délégué à la mairie centrale.

Le dimanche matin, 12 mars, un arrêté paru à l'*Officiel*, décrétant la suppression de six journaux radicaux, venait déjouer toutes nos combinaisons.

Cette suppression des journaux, coïncidant avec des condamnations à mort prononcées par le conseil de guerre, pour le mouvement du 31 octobre, rendit notre garde nationale pleine d'anxiété et de défiance.

Dans une visite que je fis, le jour même, avec M. Clémenceau, à M. d'Aurelle de Paladines, ce dernier, après nous avoir remerciés de la lettre des délégués de la garde nationale, nous manifeste l'intention de faire chercher un emplacement assez vaste pour renfermer tous les canons.

« Chaque bataillon de la garde nationale de Paris sera, nous dit-il, à tour de rôle, préposé à leur garde, et c'est votre garde nationale elle-même qui les escortera quand nous irons les chercher. »

Séance tenante, nous recherchâmes ensemble l'emplacement qui pourrait convenir. M. d'Aurelle de Paladines nous répéta de nouveau qu'il entendait ne rien faire sans notre concours. Il parut comprendre le danger qu'il y aurait à froisser de nouveau la garde nationale, et il fut convenu que dès le lendemain il enverrait un de ses aides de camp à la mairie de Montmartre, pour s'entendre avec les délégués de la garde nationale sur l'époque et le mode de la livraison des canons.

Le lendemain matin, on vint nous prévenir que des trains d'atelage stationnaient derrière l'église de la Trinité, destinés sans doute aux canons de Montmartre.

Je courus immédiatement chez M. d'Aurelle de Paladines, je lui fis observer que nous étions seulement convenus de l'envoi d'un officier; que sa nouvelle décision était prématurée et d'autant plus dangereuse que nos gardes nationaux n'étaient pas prévenus. M. d'Aurelle de Paladines, se rendant sans difficulté à mes raisons, envoya sur-le-champ, et en ma présence, contre-ordre aux trains d'attelage.

Le jour même, dans la soirée, nous eûmes une réunion des municipalités au ministère de l'intérieur. Il fut encore beaucoup parlé des canons. Le malentendu du matin y fut expliqué; M. le ministre de l'intérieur nous manifesta de nouveau son vif désir de voir se terminer cette affaire, l'inquiétude qu'elle lui causait, la nécessité de tranquilliser le plus tôt possible la population, la province et l'Assemblée, par la complète évacuation des buttes.

Nous lui fîmes observer que ce résultat eût été obtenu déjà sans le décret de la veille; que nous espérions l'obtenir sous peu, quand l'émotion populaire serait calmée de nouveau. M. le ministre de l'intérieur nous pria de nous hâter. Mais aussi il nous promit formellement de s'en rapporter à notre sagesse et à notre patriotisme. Il prit l'engagement de ne rien faire de son propre mouvement, d'accepter nos conseils, et dans tous les cas, de ne pas se passer de notre concours.

Cet engagement fut contracté, cette parole fut donnée devant toutes les municipalités réunies.

C'est sur la foi de cet engagement et de cette promesse, j'en fis l'observation personnelle à M. Picard, que, considérant tout péril évité, je crus pouvoir moi-même quitter Paris le lendemain, 14 mars, pour aller chercher ma femme et mon jeune enfant, qui se trouvaient en province depuis le commencement du siége de Paris.

Quand je rentrai le 20 mars au matin, tout était terminé. Contrairement à mon attente, contrairement à sa promesse, le gouvernement avait, à l'insu de tous, tenté la surprise dont on connaît le résultat.

Je ne doute pas, quant à moi, qu'une sage politique de temporisation n'eût permis d'obtenir la remise des canons sans effusion de sang.

Signé : LAFOND. »

L'administration avait jugé utile de ne pas davantage parlementer avec la garde nationale, elle a probablement apprécié qu'un acte d'autorité était indispensable pour mettre à néant et couper, à leur racine, les menées révolutionnaires des Comités. Cela paraît incontestable.

Cette exigence politique peut se plaider et invoquer d'excellents arguments, mais ces parties scabreuses, qnand on les engage, il faut absolument les gagner, et pour cela ne rien négliger pour en assurer le succès. Si on les perd, on est doublement répréhensible, de les avoir engagées et de les avoir perdues.

Les faits et les documents sont sous les yeux du lecteur, sur cette véritable *Journée de dupes* du 18 mars. Il appréciera les causes, les circonstances, les agissements ; c'est lui qui rendra le verdict.

CHAPITRE III.

Le gouvernement avait abandonné Paris en faisant afficher sur ses murs cette proclamation, nouvelle flèche du Parthe :

« GARDES NATIONAUX DE PARIS.

« Un comité prenant le nom de comité central, après s'être emparé d'un certain nombre de ca-nons, a couvert Paris de barricades, et a pris possession pendant la nuit du ministère de la justice.

« Il a tiré sur les défenseurs de l'ordre ; il a fait des prisonniers, il a assassiné de sang-froid le général Clément Thomas et un général de l'ar-mée française, le général Lecomte.

« Quels sont les membres de ce comité ?

« Personne à Paris ne les connaît; leurs noms sont nouveaux pour tout le monde. Nul ne sau-rait même dire à quel parti ils appartiennent. Sont-ils communistes, ou bonapartistes, ou prus-siens? Quels qu'ils soient, ce sont les ennemis de Paris qu'ils livrent au pillage, de la France qu'ils livrent aux Prussiens, de la République qu'ils li-vreront au despotisme. Les crimes abominables qu'ils ont commis ôtent toute excuse à ceux qui oseraient ou les suivre ou les subir.

« Voulez-vous prendre la responsabilité de leurs assassinats et des ruines qu'ils vont accu-muler? Alors, demeurez chez vous! Mais si vous avez souci de l'honneur et de vos intérêts les plus sacrés, ralliez-vous au gouvernement de la République et à l'Assemblée nationale.

« Paris, le 19 mars 1871.

« *Les ministres présents à Paris,*

DUFAURE, JULES FAVRE, ERNEST PICARD, JULES SIMON, AMIRAL POTHUAU, GÉNÉRAL LE FLO. »

Proclamation incriminant d'assassinat le co-mité central, qui en était tout à fait innocent, et annonçant que Paris était livré au pillage, alors qu'il n'en était absolument rien.

Le rédacteur officiel commençait, dès la nuit du 19 mars, la laide besogne qu'il ne cessa guère, donnant ainsi le ton à une presse monarchique et vénale qui, en haine de la République et par amour de nombreux 15 *centimes*, ne tarda pas à dépasser en violence et en polémique de mau-vaise foi, tout ce qu'on avait vu jusqu'à ce jour, même aux époques les plus néfastes de notre his-toire.

Entre le *Gaulois*, d'autres feuilles à scandales, et quelques journaux de la Commune, ce sera bientôt à qui sera le plus sottisier et davantage menteur.

Cet état de choses déplorables exercera une influence fatale sur la marche des événements. A Versailles, les esprits, animés, exaltés par les excitations infernalement provocatrices des journaux de la réaction, deviendront inaccessibles à aucune idée patriotiquement raisonnable. Par contre, même la partie de la population de Paris que l'indignité et l'absurdité des chefs de la Commune révoltent le plus, seront bien près de leur accorder toutes les circonstances atténuantes, tellement on sera outré de la polémique inqualifiable des feuilles hostiles à Paris.

Ce sentiment que nous n'avons pas à apprécier, mais seulement à constater, ne manqua pas de se manifester à la lecture de cette proclamation où le dépit se lisait à toutes les lignes.

Le Comité central qui, enfin, avait pu se réunir et, profitant de faits accomplis, se trouvait presque un gouvernement de fait, honneur dont certes, quoiqu'il veuille en prétendre, il ne se doutait pas la veille, ne manque pas, aussi lui, de s'adresser aux Parisiens par la voie des proclamations. La première n'est pas faite pour trop les alarmer.

AU PEUPLE

« Citoyens,

Le peuple de Paris a secoué le joug qu'on essayait de lui imposer.

Calme, impassible dans sa force, il a attendu, sans crainte comme sans provocation, les fous éhontés qui voulaient toucher à la République.

Cette fois, nos frères de l'armée n'ont pas voulu porter la main sur l'arche sainte de nos libertés. Merci à tous, et que Paris et la France jettent ensemble les bases d'une république acclamée avec toutes ses conséquences, le seul gouvernement qui fermera pour toujours l'ère des invasions et des guerres civiles.

L'état de siége est levé.

Le peuple de Paris est convoqué dans ses sections pour faire ses élections communales.

La sûreté de tous les citoyens est assurée par le concours de la garde nationale.

Hôtel de ville, Paris, ce 19 mars 1871.

Le comité central de la garde nationale :

ASSI, BILLIORAY, FERRAT, BABICK, ÉDOUARD MOREAU, C. DUPONT, VARLIN, BOURSIER,

MORTIER, GOUHIER, LAVALETTE, FR. JOURDE, ROUSSEAU, CH. LULLIER, RLANCHET, J. GROLLARD, H. GERESME, FABRE, BARROUD, POUGERET. »

Suivait le décret de convocation des électeurs :

« Le Comité central de la garde nationale,

Considérant :

Qu'il y a urgence de constituer immédiatement l'administration communale de la ville de Paris,

ARRÊTE :

1° Les élections du Conseil communal de la ville de Paris auront lieu mercredi prochain 22 mars.

2° Le vote se fera au scrutin de liste et par arrondissement.

Chaque arrondissement nommera un conseiller par chaque vingt mille habitants ou fraction excédante de plus de dix mille.

3° Le scrutin sera ouvert de 8 heures du matin à 6 heures du soir. Le dépouillement aura lieu immédiatement.

4° Les municipalités des vingt arrondissements sont chargées, chacune en ce qui la concerne, de l'exécution du présent arrêté.

Un avis ultérieur indiquera le nombre de conseillers à élire par arrondissement.

Hôtel de ville de Paris, ce 19 mars 1871.

Le Comité central de la garde nationale.

ASSI, BILLIORAY, FERRAT, BABICK, ÉDOUARD MOREAU, C. DUPONT, VARLIN, BOURSIER, MORTIER, GOUHIER, LAVALETTE, FR. JOURDE, ROUSSEAU, CH. LULLIER, BLANCHET, J. GROLLARD, BARROUD, H. GERESME, FABRE, POUGERET, BOUIT, VIARD, ANT. ARNAUD. »

Puis cette proclamation, très-habile, aux gardes nationaux ; plus qu'habile : le comité central se vantait d'avoir chassé le gouvernement ; ce qui n'avait point été son œuvre, et il annonçait vouloir quitter le pouvoir ; ce qu'il n'avait nulle envie de faire.

Un bataillon de l'insurrection en présence de gardes nationaux de l'ordre.

« AUX GARDES NATIONAUX DE PARIS.

Citoyens,

Vous nous aviez chargés d'organiser la défense de Paris et de vos droits.

Nous avons conscience d'avoir rempli cette mission : aidés par votre généreux courage et votre admirable sang-froid, nous avons chassé ce gouvernement qui nous trahissait.

A ce moment, notre mandat est expiré, et nous vous le rapportons, car nous ne prétendons pas prendre la place de ceux que le souffle populaire vient de renverser.

Préparez donc et faites de suite vos élections communales, et donnez-nous pour récompense la seule que nous ayons jamais espérée : celle de vous voir établir la véritable République.

En attendant, nous conservons, au nom du peuple, l'hôtel de ville.

Hôtel de ville, Paris, le 19 mars 1871.

Le Comité central de la garde nationale. »

Enfin une troisième proclamation, celle-ci pouvant s'intituler…. aux Prussiens :

« CITOYENS DE PARIS,

Dans trois jours vous serez appelés, en toute liberté, à nommer la municipalité parisienne. Alors, ceux qui, par nécessité urgente, occupent le pouvoir déposeront leurs titres provisoires entre les mains des élus du peuple.

Il y a en outre une décision importante que

8ᵉ LIV.

nous devons prendre immédiatement : c'est celle relative au traité de paix.

Nous déclarons, dès à présent, être fermement décidés à faire respecter ces préliminaires, afin d'arriver à sauvegarder à la fois le salut de la France républicaine et de la paix générale.

Le délégué du Gouvernement au ministère de l'intérieur,

V. GRÉLIER. »

Le ton général de ces communications au public, était fait, nous le répétons, pour ne pas l'alarmer : on le convoquait pour élire le « Conseil communal » ; les citoyens membres du comité annonçaient qu'ils ne voulaient point s'imposer ce même gouvernement ; enfin, en présence de la déclaration qu'on respecterait les préliminaires du traité de paix, un conflit avec les Prussiens n'était pas probable.

Rien de tout cela ne ressemblait au pillage et au désordre prédits par le gouvernement devenu « gouvernement de Versailles. » Le calme était donc absolu dans Paris, le dimanche 19.

Il était vraiment impossible de se croire au lendemain d'une secousse aussi violente et aussi terrible en voyant, sur les boulevards, de midi à six heures, ces flots de monde, endimanché jusqu'aux oreilles, se promenant d'un pas lent, paresseux, et semblable à des lézards se réchauffant au soleil.

Cette foule immense ne paraissait nullement préoccupée des graves événements du jour.

Les cafés regorgeaient de consommateurs et des familles entières stationnaient devant les affiches des théâtres, consultant le programme le mieux approprié à leur humeur fantaisiste.

Aux Champs-Élysées, même affluence de promeneurs, ainsi que sur les quais garnis de touristes qui attendent les bateaux-omnibus pour aller contempler les ruines de Saint-Cloud.

Les autres quartiers de Paris ont le même aspect paisible.

Les boutiques ne sont pas fermées, les habitants vont aux provisions et les passants circulent sans rencontrer le plus petit obstacle.

Les barricades élevées dans les faubourgs, à Montmartre, aux Batignolles, à la Bastille, à l'hôtel de ville, sont consolidées à grand renfort de pavés et même de maçonnerie.

Les travailleurs s'escriment sous la surveillance des piquets de gardes nationaux.

La gravité des faits accomplis et les conséquences plus graves encore qu'ils peuvent fatalement provoquer, semblent entièrement échapper au bon sens, ordinairement si net et primesautier de l'esprit parisien.

Ne pourrait-on pas supposer que, depuis six ou sept mois, la population avait été soumise à de telles vicissitudes ; elle avait été le témoin intéressé de tant d'événements qu'on n'eût jamais osé croire réalisables, qu'elle était devenue absolument sceptique et indifférente à tout !...

Dans la matinée tous les ministères, ainsi que les grandes administrations en dépendant, avaient été occupés par des délégués du Comité central.

De nouveaux maires avaient été également désignés pour quelques municipalités. Tout se passa avec le plus grand calme.

Seul des maires remplacés, M. Hérisson, du VIᵉ arrondissement, sut faire respecter sa dignité et celle des électeurs qui l'avaient élu.

Impuissant devant la force, ne voulant pas provoquer un conflit armé, il céda la place au citoyen docteur Tony-Moilin, envoyé par le Comité central, mais il exigea que son successeur imposé constatât par écrit la violence qui lui était faite.

Le citoyen Tony-Moilin, révolutionnaire d'une énergie douteuse, paraissait fort embarrassé, et n'eussent été quelques baïonnettes bellevilloises qui le protégeaient à vue.... nous apprécions qu'il eût déchiré la délégation du Comité et laissé M. Hérisson dans sa municipalité. Mais les citoyens soldats de l'hôtel de ville qui étaient venus pour installer un maire, tenaient absolument à remplir leur mission. M. Hérisson eut la fermeté d'insister et d'exiger. Quoique à contre cœur, Tony-Moilin signa donc.

Les circonstances nous ont fait assister à cette usurpation de pouvoirs. Jamais nous n'oublierons, tellement ses paroles ont été prophétiques, l'énergie de la protestation de M. Hérisson, s'adressant à grand nombre de ses administrés qui, présents à la mairie soit pour des besoins personnels, soit pour avoir des nouvelles des événements, assistaient, muets et émus, à cette scène, véritablement imposante par le cachet de suprême dignité qu'y imprima M. Hérisson.

—Citoyens ! s'écria-t-il en se retirant, je sors la

tête haute et la conscience satisfaite du devoir accompli, mais non sans protester en votre nom et au mien, moi votre élu, contre la violence et l'abus de la force dont vous êtes témoins! Je proteste donc! et je gémis sur les maux sans nombre que j'entrevois du fait de révolutionnaires et de sectaires qui, si les véritables républicains ne se jettent pas résolûment au devant du danger, vont couvrir Paris, et peut-être la France, de douleurs et de hontes!

Et M. Hérisson sortit de la maison municipale, tout le monde incliné devant lui.

Une heure après, le citoyen Tony-Moilin déjeunait très-tranquillement sur un coin de son bureau municipal, d'une demi-volaille froide, en compagnie de la jeune femme que, à peine deux mois plus tard, une heure avant d'être fusillé, il épousera *in extremis....*

Ce sera précisément M. Hérisson à qui incombera le pénible devoir de donner le sceau légal à cette triste cérémonie. Disons bien vite que le chef de la municipalité du VIe arrondissement fera les plus louables efforts pour sauver M. To·ny-Moilin de la furie de fusiller qui, en ces jours de néfaste colère, semblait posséder tout ce qui portait sabre et chassepot.

La journée de dimanche et les deux ou trois jours suivants furent une véritable chasse aux armes de guerre. On en trouvait, on en distribuait partout à la préfecture de police, à l'hôtel de ville, dans les casernes, dans les mairies, en prenait qui voulait. Le moindre vestige d'uniforme de garde national était une garantie suffisante que l'arme serait en de convenables mains.

Dans les rues, les soldats épars étaient conduits chez le marchand de vin du coin; on leur faisait la *politesse* d'usage, et en sortant, sans plus de cérémonie, ni de difficulté, l'arme du soldat avait changé de mains.

A notre malheureuse armée, il ne restait plus rien; les chefs dont l'autorité avait été ou allait être méconnue, étaient sans initiative; il n'y avait plus l'ombre d'aucune discipline; les gardes nationaux, les gamins, les voyous de pire espèce se mêlaient aux troupes encore à Paris, fraternisaient avec elles, et cela sans que les officiers pussent ou osassent empêcher ce désordre. Quittait les rangs et son corps qui voulait, il n'y avait plus ni frein, ni autorité quelconque.

D'autre part, même dans les municipalités, où les maires n'avaient pas été remplacés, le désordre était à son comble. Des intrus prenaient place dans les bureaux, signaient ou envoyaient des bons d'expédition; donnaient des ordres; nommaient des commissions; désorganisaient tous les services au nom du Comité central dont ils se disaient les délégués, et, quels délégués!....

Dès la soirée du 18, des escouades de gardes nationaux, envoyés par qui? on l'ignore, avaient envahi les gares des chemins de fer et établi des postes sur la ligne ferrée près le mur d'enceinte. Là, étaient forcés de s'arrêter tous les trains pour subir l'inspection des gardes nationaux qui visitaient les wagons de voyageurs, wagons de marchandises et les bagages.

C'est lors d'une de ces perquisitions que fut arrêté le général Chanzy, qui ignorant absolument les événements, avait quitté Poitiers, le matin, pour venir prendre part aux travaux de la Chambre. A cette question bien naturelle du général, pourquoi, au nom de qui on l'arrête,

—Au nom de la loi, lui est-il effrontément répondu.

M. Edmond Turquet, député de l'Aisne, qui se trouvait dans le même convoi et qui avait tenu à honneur de ne pas se séparer du général Chanzy, fut également arrêté.

Pour les esprits superficiels, amateurs de tout ce qui est l'imprévu, pour ceux qui, dans le spectacle de cette journée, lendemain d'une révolution, ne voyaient que la population en fête, la joie ou tout au moins, la placidité calme des promeneurs, tout semblait être pour le mieux dans la plus étonnante des révolutions possibles. Mais, pour les esprits réfléchis, pour ceux qui avaient le sentiment de la dignité de la patrie expirante, le spectacle de cet effondrement général où tout s'anéantissait: gouvernement, administration, caractères, armée, était plein d'amertume.

Seule, l'immensité de nos désastres et de notre si rapide et si complète décadence nous donnait une lueur d'espérance.

—Puisque tout s'écroule autour de nous, puisque le résidu de cinquante ans d'égoïsme, de passions mauvaises, d'appétits désordonnés; puisque ce passé de restauration, de royauté et d'empire, vermoulu, gangrené, n'est plus maintenant que décombres et poussière, il va forcément falloir constituer une patrie nouvelle! Pourquoi de ces ruines, ne surgirait-il pas une France purifiée, régénérée par de si terribles épreuves, plus digne que jamais d'être reconnue pour la grande nation?

Telle était notre seule consolation et notre seule espérance en ces jours de suprême douleur.

Au milieu du désarroi général et de cette anarchie de pouvoirs, les municipalités légales de Paris et les députés, républicains, du département de la Seine, tentèrent de lutter et de s'emparer, pour la diriger, de l'administration de la cité. Une première réunion se tint vers deux heures au domicile de M. Bonvalet.

M. Millière et quelques autres députés émettent d'abord cette idée : que si les maires, dont on ne saurait contester les titres, puisque leurs élections ont été accompagnés de la plus grande popularité, faisaient une démarche auprès du Comité, celui-ci s'empresserait probablement de reconnaître leur autorité et leur remettrait l'hôtel de ville en les chargeant, à titre de véritables magistrats municipaux de la capitale, de procéder aux élections dé la commune de Paris, c'est-à-dire du conseil municipal de la capitale.

Quant au gouvernement du pays, tous les maires sont d'accord sur ce point, qu'il fallait à tout prix conserver le gouvernement à la tête duquel se trouve M. Thiers : la présence des Prussiens dans nos forts et à nos portes, leur entrée imminente dans l'intérieur de Paris, si on leur en donne la moindre occasion, en font un devoir absolu pour tous les bons citoyens.

M. Louis Blanc, qui venait d'arriver de Londres, opine fortement dans ce sens.

Au résumé, après une discussion très-approfondie où ces différents points ont été adoptés, une commission composée de MM. Malon, Tolain, Murat, Clémenceau et Millière, est chargée de se rendre à l'hôtel de ville, afin de se mettre en rapport avec le Comité central de la garde nationale et de lui faire connaître l'opinion des maires et adjoints de Paris, des députés de la capitale et de ceux des chefs de bataillon qui faisaient partie de la réunion, et l'on s'est ajourné à huit heures du soir à la mairie du deuxième arrondissement.

A cette première réunion assistaient une quarantaine de chefs de bataillon de la garde nationale en communauté d'idées avec les municipalités.

A 8 heures, l'Assemblée était au grand complet chez M. Tirard.

Parmi les députés de Paris se trouvaient : MM.

Louis Blanc, Schœlcher, Lockroy, Malon, Brisson, Langlois, Clémenceau, Vacherot, Tirard, Tolain, Peyrat, Ed. Adam, Razoua et Millière.

Ce n'est qu'à dix heures moins un quart que la délégation envoyée par la réunion à l'hôtel de ville est revenue.

Elle était accompagnée d'une délégation de l'hôtel de ville composée de MM. Varlin, Jourde et Arnaud.

Les discussions les plus vives eurent lieu, et plus d'une fois les délégués de l'hôtel de ville firent mine de se retirer.

Le principal objet de la discussion portait sur la demande faite par le Comité central de la garde nationale que les maires et les députés de Paris appuyassent l'élection de la Commune.

Il s'agissait aussi de formuler une espèce de contrat synallagmatique reconnaissant des droits égaux, avec toutes leurs conséquences, au comité siégeant à l'hôtel de ville, aux municipalités de Paris et aux députés de la capitale.

Les députés et les maires maintiennent imperturbablement cette opinion qu'ils ne pouvaient s'occuper des élections demandées par le comité central, que si ces élections étaient sanctionnées par une loi de l'Assemblée nationale.

Comme cette difficulté ne paraissait pas devoir être insurmontable, et que la bonne volonté, qui ne semblait pas douteuse alors, du Pouvoir exécutif et de l'Assemblée nationale permettrait, par un vote rapide, de tout concilier, il demeura décidé que les députés de Paris annonceraient à la population leur volonté de s'interposer auprès de l'Assemblée pour obtenir des élections immédiates, et on passa à la discussion de la question plus délicate de la pondération des pouvoirs dans Paris, du gouvernement, des municipalités et du comité central.

Les citoyens Varlin, Boursier et Jourde déclarèrent nettement que le comité se refusait absolument à se départir du pouvoir militaire, unique sauvegarde des droits qu'il revendiquait.

On finit pas tomber d'accord sur ce point ; mais par contre les maires exigèrent que l'Hôtel-de-Ville leur fût abandonné.

Après de longs débats, une transaction intervint sur ces bases :

L'administration municipale devait être remise, à neuf heures du matin, aux officiers municipaux élus, représentés par une délégation. Les citoyens

Bonvalet, maire du III° arrondissement, Murat, adjoint du X°, et Denizot, adjoint du XII°, devaient s'installer à ladite heure, à l'Hôtel-de-Ville.

Le Comité central devait quitter l'Hôtel-de-Ville et se [transporter place Vendôme, à l'état-major, où il aurait continué à gouverner la garde nationale.

Fidèles à leur engagement pris, les députés et les municipalités, dès le matin même du 20, font afficher cette déclaration :

RÉPUBLIQUE FRANÇAISE

LIBERTÉ, ÉGALITÉ, FRATERNITÉ.

Citoyens,

Pénétrés de la nécessité absolue de sauver Paris et la République en écartant toute cause de collision, et convaincus que le meilleur moyen d'atteindre ce but suprême est de donner satisfaction aux vœux légitimes du peuple, nous avons résolu de demander aujourd'hui même à l'Assemblée nationale l'adoption de deux mesures qui, nous en avons l'espoir, contribueront, si elles sont adoptées, à ramener le calme dans les esprits.

Ces deux mesures sont : l'élection de tous les chefs de la garde nationale et l'établissement d'un conseil municipal élu par tous les citoyens.

Ce que nous voulons, ce que le bien public réclame en toute circonstance, et ce que la situation présente rend plus indispensable que jamais, c'est l'Ordre dans la liberté et par la liberté.

Vive la France!

Vive la République!

Représentants de la Seine :

LOUIS BLANC, V. SCHOELCHER, A. PEYRAT, EDMOND ADAM, FLOQUET, MARTIN BERNARD, LANGLOIS, ÉDOUARD LOCKROY, FARCY, H. BRISSON, GREPPO, MILLIÈRE.

Il y a un certain intérêt historique à publier également les noms des membres des municipalités, signataires de ce document :

Les Maires et Adjoints de Paris.

1er arrondissement, Ad. Adam, adjoint; Méline, adjoint.

2e arrondissement, Tirard, maire, représentant de la Seine; E. Brelay, adjoint; Chéron, adjoint; Loiseau-Pinson, adjoint.

3e arrondissement, Bonvalet, maire; Ch. Murat, adjoint.

4e arrondissement, Vautrain, maire; Loiseau, adjoint; Callou, adjoint.

5e arrondissement, Jourdan, adjoint.

6e arrondissement, Hérisson, maire; A. Leroy, adjoint.

7e arrondissement, Arnaud (de l'Ariége), maire, représentant de la Seine.

8e arrondissement, Carnot, maire, représentant de la Seine.

9e arrondissement, Desmarest, maire.

10e arrondissement, Dubail, maire; A. Murat, adjoint; Degouves-Denuncques, adjoint.

11e arrondissement, Mottu, maire, représentant de la Seine; Blanchon, adjoint; Poirier, adjoint; Tolain, adjoint, représentant de la Seine.

12e arrondissement, Denizot, adjoint; Dumas, adjoint; Turillon, adjoint.

13e arrondissement, Léo Mellet, adjoint; Combes.

14e arrondissement, Héligon, adjoint.

15e arrondissement, Jobbé Duval, adjoint.

16e arrondissement, Henri Martin, maire et représentant de la Seine.

17e arrondissement, François Favre, maire; Malon, adjoint; Villeneuve, adjoint; Cacheux, adjoint.

18e arrondissement, Clémenceau, maire et représentant de la Seine; J. B. Lafont, Dereure, Jaclard, adjoints.

Seuls, les officiers municipaux des 19e et 20e arrondissements s'étaient abstenus. Ils faisaient cause commune avec le Comité central.

Le Comité central, par ses délégués, avait pris l'engagement, quelques heures après l'apposition de la Proclamation des députés, dont le texte leur avait été communiqué, d'en publier une en son nom, où ces résolutions communes seraient confirmées.

Il tint parole, mais dans des termes ne concordant pas le moins du monde avec la proclamation des députés.

AU PEUPLE :

« Le nouveau gouvernement de la République

vient de prendre possession de tous les ministères et de toutes les administrations.

Cette occupation, opérée par la garde nationale, impose de grands devoirs aux citoyens qui ont accepté cette tâche difficile.

L'armée, comprenant enfin la position qui lui était faite et les devoirs qui lui incombaient, a fusionné avec les habitants de la cité : troupes de ligne, mobiles et marins se sont unis pour l'œuvre commune.

Sachons donc profiter de cette union pour resserrer nos rangs, et, une fois pour toutes, asseoir la République sur des bases sérieuses et impérissables!

Que la garde nationale, unie à la ligne et à la mobile, continue son service avec courage et dévouement;

Que les bataillons de marche, dont les cadres sont encore presque au complet, occupent les forts et toutes les positions avancées afin d'assurer la défense de la capitale ;

Les municipalités des arrondissements, animées du même zèle et du même patriotisme que la garde nationale et l'armée, se sont unies à elles pour assurer le salut de la République et préparer les élections du conseil communal qui vont avoir lieu.

Point de divisions! Unité parfaite et liberté pleine et entière? »

La Proclamation des municipalités reconnaissait la légitimité du gouvernement légal, résidant dans l'Assemblée nationale, puisque c'est à elle qu'il demandait l'adoption des mesures indispensables pour « l'élection des officiers de la garde nationale et pour l'établissement d'un conseil municipal élu par tous les citoyens. »

Non-seulement dans la proclamation du Comité, il n'était pas question de l'Assemblée nationale, ni des votes qui devaient lui être demandés, mais le Comité avait pour la première fois pris qualité de gouvernement indépendant:

« LE NOUVEAU GOUVERNEMENT DE LA RÉPUBLIQUE, » ainsi avait-il débuté.

Le Comité central avait levé le masque. Son hypocrite désintéressement de la veille, sa parole donnée de se retirer après « l'élection communale » tout cela était mensonge, et la mauvaise foi allait être dorénavant le principal argument de ces prétendus rénovateurs de la dignité et des institutions nationales.

Comme on devait dès lors s'y attendre, aucune des résolutions communes arrêtées dans la nuit ne serait respectée par le Comité.

Les citoyens Bonvalet, Murat et Denizot ne tardèrent pas à en savoir quelque chose. Quand, confiants en la parole engagée, ils se présentèrent à neuf heures du matin pour prendre possession de l'Hôtel de ville, il leur est, pour toute réponse, donné lecture de cette résolution du Comité central :

« Dans les circonstances actuelles, le Comité « était responsable des conséquences de la situa- « tion et ne pouvait se dessaisir ni du pouvoir « militaire, ni du pouvoir civil. »

Ce n'était pas franc, mais c'était net, et pour couper court aux arguments que ne manquèrent pas de présenter les délégués des municipalités, en faveur des dispositions qui avaient, à un moment, semblé nécessaires à tout le monde, on se borna à, cavalièrement, leur répondre que la nouvelle résolution prise était irrévocable, et que, du reste, les membres du Comité avaient autre chose à faire que de les écouter plus longtemps....

Les députés de Paris qui avaient participé aux conventions si promptement violées, furent immédiatement prévenus de l'état des choses actuel.

De son côté, le gouvernement « de Versailles » faisait peu de cas des essais de conciliation tentés à Paris, ou il comptait peu sur leur résolution, car il prenait ses mesures en conséquence.

Dès le 19, il envoyait ce télégramme aux autorités départementales :

« Versailles, 19 mars 1871, 3 h. 25 matin.

« Le gouvernement tout entier est réuni à Versailles. L'Assemblée s'y réunit également. L'armée, au nombre de 40 000 hommes, s'y est concentrée en bon ordre, sous le commandement du général Vinoy.

« Toutes les autorités, tous les chefs de l'armée y sont arrivés. Les autorités civiles et militaires n'exécuteront d'autres ordres que ceux du gouvernement régulier résidant à Versailles, sous peine d'être considérées comme en état de forfaiture.

« Les membres de l'Assemblée nationale sont invités à accélérer leur retour pour être tous présents à la séance du 20 mars.

« La présente circulaire sera livrée à la publicité.

« *Signé :* THIERS. »

Le même jour tous les employés des ministères et des administrations en dépendant y recevaient communication d'une note ainsi conçue :

« D'après l'ordre du pouvoir exécutif, vous êtes invité à vous rendre à Versailles aussitôt que possible, pour vous mettre à la disposition du gouvernement. »

Enfin l'*Officiel* (de Versailles) du 20 annonçait qu'à la date du 19 mars l'amiral Saisset avait été nommé commandant supérieur des gardes nationales de la Seine, et il contenait cette proclamation qui doit être connue dans son entier :

PROCLAMATION DU GOUVERNEMENT A VERSAILLES.

Versailles, 20 mars 1871.

Le Gouvernement n'a pas voulu engager une action sanglante alors qu'il y était provoqué par la résistance inattendue du comité central de la garde nationale. Cette résistance, habilement organisée, dirigée par des conspirateurs audacieux autant que perfides, s'est traduite par l'invasion d'un flot de gardes nationaux sans armes et de population se jetant sur les soldats, rompant leurs rangs et leur arrachant leurs armes. Entraînés par ces coupables excitations, beaucoup de militaires ont oublié leur devoir. Vainement aussi la garde nationale avait-elle été convoquée; pendant toute la journée elle n'a paru sur le terrain qu'en nombre insignifiant.

C'est dans ces conjonctures graves que, ne voulant pas livrer une bataille sanglante dans les rues de Paris, alors surtout qu'il semblait n'être pas assez fortement soutenu par la garde nationale, le gouvernement a pris le parti de se retirer à Versailles, près l'Assemblée nationale, la seule représentation légale du pays.

En quittant Paris, M. le ministre de l'intérieur a, sur la demande des maires, délégué à la commission qui serait nommée par eux, le pouvoir d'administrer provisoirement la ville.

Les maires se sont réunis plusieurs fois sans pouvoir arriver à une entente commune.

Pendant ce temps, le comité insurrectionnel s'installait à l'Hôtel de ville et faisait paraître deux proclamations : l'une pour annoncer sa prise de possession du pouvoir, l'autre pour convoquer les électeurs de Paris dans le but de nommer une assemblée communale.

Pendant que ces faits s'accomplissaient, le comité de la rue des Rosiers, à Montmartre, était le théâtre du criminel attentat commis sur la personne du général Lecomte et du général Clément Thomas, lâchement assassinés par une bande de sicaires. Le général de Chanzy, qui arrivait de Bordeaux, était arrêté à la gare d'Orléans, ainsi que M. Turquet, représentant de l'Aisne.

Les ministères étaient successivement occupés; les gares des chemins de fer envahies par des hommes armés se livrant sur les voyageurs à des perquisitions arbitraires, mettant en état d'arrestation ceux qui leur paraissaient suspects, désarmant les soldats isolés ou en corps qui voulaient entrer à Paris. En même temps plusieurs quartiers se couvraient de barricades armées de pièces de canon, et partout les citoyens étaient exposés à toutes les exigences d'une inquisition militaire dont il est impossible de deviner le but.

Ce honteux état d'anarchie commence cependant à émouvoir les bons citoyens, qui s'aperçoivent trop tard de la faute qu'ils ont commise en ne prêtant pas de suite leur concours actif au gouvernement nommé par l'Assemblée. Qui peut, en effet, sans frémir, accepter les conséquences de cette déplorable sédition, s'abattant sur la ville comme une tempête soudaine, irrésistible, inexplicable ? Les Prussiens sont à nos portes, nous avons traité avec eux. Mais si le gouvernement qui a signé les conventions de préliminaires est renversé, tout est rompu. L'état de guerre recommence et Paris est fatalement voué à l'occupation.

Ainsi sont frappés de stérilité les longs et douloureux efforts à la suite desquels le gouvernement est parvenu à éviter ce malheur irréparable; mais ce n'est pas tout, avec cette lamentable émeute, il n'y a plus ni crédit, ni travail. La France, ne pouvant pas satisfaire à ses engagements, est livrée à l'ennemi qui lui imposera sa dure servitude. Voilà les fruits amers de la folie criminelle de quelques-uns, de l'abandon déplorable des autres.

Il est temps encore de revenir à la raison et de reprendre courage. Le Gouvernement et l'Assemblée ne désespèrent pas. Ils font appel au pays, ils s'appuient sur lui, décidés à le suivre résolûment et à lutter sans faiblesse contre la sédition. Des mesures énergiques vont être prises; que les départements les secondent en se groupant autour de l'autorité qui émane de leurs libres suffrages. Ils ont pour eux le droit, le patriotisme, la décision : ils sauveront la France des horribles malheurs qui l'accablent.

Déjà, comme nous l'avons dit, la garde nationale de Paris se reconstitue pour avoir raison de la surprise qui lui a été faite. L'amiral Saisset, acclamé sur les boulevards, a été nommé pour la commander. Le Gouvernement est prêt à la seconder. Grâce à leur accord, les factieux qui ont porté à la République une si grave atteinte, seront forcés de rentrer dans l'ombre; mais ce ne sera pas sans laisser derrière eux, avec les ruines qu'ils ont faites, avec le sang généreux versé par leurs assassins, la preuve certaine de leur affiliation avec les plus détestables agents de l'empire et les intrigues ennemies. Le jour de la justice est prochain. Il dépend de la fermeté de tous les bons citoyens qu'il soit exemplaire. »

Pour nos lecteurs qui savent tous les détails des incidents divers de la journée du 18, les fautes politiques et militaires commises, il est inutile de faire remarquer le soin, peu jaloux de la véracité exacte des appréciations, avec lequel le rédacteur du journal officiel commente les événements accomplis.

Le gouvernement n'aurait-il pas gagné en dignité, en reconnaissant franchement les fautes commises, aveu qu'il a été obligé de faire devant la commission d'enquête ? Non-seulement nous le pensons ; cette loyale franchise lui eût conquis la considération de tous les partis, mais encore elle entr'ouvrait naturellement la porte à des sentiments d'apaisements et de transactions que lui interdisait presque son parti pris de se proclamer immaculé, impeccable, à propos des événements survenus.

Qui espérait-on tromper? La province?

Pendant quelques jours, c'est possible; mais après que les récits impartiaux des journaux même dévoués au régime actuel auront parlé, l'effet produit sera tout autre que celui cherché.

Les rédacteurs du *Journal officiel* (de Paris) avaient été plus habilement inspirés. Aussi, eux, au nom du Comité central de la garde nationale, ils avaient jugé convenable d'informer les départements des événements survenus. En réalité, c'est aux préoccupations de la population de Paris, non dévouée au nouvel état de choses, que l'on s'adressait. On n'ignorait pas qu'elle seule lirait la communication. Aussi, de quelles réticences use-t-on pour ne pas heurter les sentiments conservateurs :

Paris, le 19 mars 1871.

AUX DÉPARTEMENTS.

« Le peuple de Paris, après avoir donné, depuis le 4 septembre, une preuve incontestable et éclatante de son patriotisme et de son dévouement à la République; après avoir supporté avec une résignation et un courage au-dessus de tout éloge les souffrances et les luttes d'un siége long et pénible, vient de se montrer de nouveau à la hauteur des circonstances présentes et des efforts indispensables que la patrie était en droit d'attendre de lui.

Par son attitude calme, imposante et forte, par son esprit d'ordre républicain, il a su rallier l'immense majorité de la garde nationale, s'attirer les sympathies et le concours actif de l'armée, maintenir la tranquillité publique, éviter l'effusion du sang, réorganiser les services publics; respecter les conventions internationales et les préliminaires de paix.

Il espère que toute la presse reconnaîtra et constatera son esprit d'ordre républicain, son courage et son dévouement, et que les calomnies ridicules et odieuses répandues depuis quelques jours en province cesseront.

Les départements, éclairés et désabusés, rendront justice au peuple de la capitale, et ils comprendront que l'union de toute la nation est indispensable au salut commun.

Les grandes villes ont prouvé, lors des élections de 1869 et du plébiscite, qu'elles étaient animées du même esprit républicain que Paris, les nouvelles autorités républicaines espèrent donc qu'elles lui apporteront leur concours sérieux et énergique dans les circonstances présentes, et qu'elles les aideront à mener à bien l'œuvre de régénération et de salut qu'elles ont entreprise au milieu des plus grands périls.

Les campagnes seront jalouses d'imiter les villes, la France tout entière, après les désastres qu'elle vient d'éprouver, n'aura qu'un but : assurer le salut commun.

C'est là une grande tâche, digne du peuple tout entier, et il n'y faillira pas.

La province, en s'unissant à la capitale, prouvera à l'Europe et au monde que la France tout

Il serait trop tard quand la Capitale sera ensanglantée! (Page 70).

entière veut éviter toute division intestine, toute effusion de sang.

Les pouvoirs actuels sont essentiellement provisoires, et ils seront remplacés par un conseil communal qui sera élu mercredi prochain, 22 courant.

Que la province se hâte donc d'imiter l'exemple de la capitale en s'organisant d'une façon républicaine, et qu'elle se mette au plus tôt en rapport avec elle au moyen de délégués.

Le même esprit de concorde, d'union, d'amour républicain, nous inspirera tous. N'ayons qu'un espoir, qu'un but : le salut de la Patrie et le triomphe définitif de la République démocratique, une et indivisible.

Les délégués au Journal officiel. »

On sait à quoi s'en tenir sur la valeur réelle des nobles sentiments des délégués du Comité central.

Il n'y a plus seulement deux partis en présence : le gouvernement légal et le Comité central de la garde nationale qui bientôt laissera, en apparence, la première place à la Commune élue. Il en est un troisième qui nous semble avoir le

plus sainement apprécié les difficultés de la situation, celui qui représente incontestablement les idées et les aspirations de l'immense majorité de la population de Paris : ses municipalités réunies aux membres républicains démocrates de la députation de la Seine. Un peu plus tard, ils seront remplacés par la *Ligue républicaine des droits de Paris*, dont ils seront les coopérateurs et les principaux membres.

Nous avons vu avec quel patriotisme intelligent, alors qu'ils n'avaient pu empêcher le gouvernement de sombrer au milieu de difficultés où il s'était précipité, tête baissée, ces véritables représentants de Paris avaient tenté de parlementer avec la révolution victorieuse, et comment le Comité s'était dérobé à une entente établie.

Appréciant nettement la situation, pour eux, dès lors, il s'agissait de gagner de vitesse les projets du Comité et les événements.

L'élection des municipalités était le nœud de la question, la véritable pierre d'achoppement.

La Révolution disait : Élection de la Commune; mais le nom importait peu.

Ce qui était important, c'était le résultat du scrutin.

Il en sortirait un conseil municipal, dont la

majorité serait dévouée à M. Thiers, partisan de
la République, ou.... cette majorité s'intitule-
rait : Commune avec les réminiscences bêtes de
92 et de 93.

En d'autres termes :

Si les électeurs de l'ordre votaient, nous au-
rions un conseil municipal tel que le désiraient
et le demandaient depuis si longtemps les représentants de Paris ; si une portion s'abstenait par
une cause ou par une autre : ce serait la Commune.

Pour qu'il n'y eût pas d'abstentions systématiques, il fallait que les élections fussent consenties
par une loi.

Il fallait donc une loi d'urgence qui permît de
convoquer les électeurs pour un jour très-rap-
proché.

Quant à la convocation déjà faite pour le 22,
puis pour le 23, le Comité central, lui-même, serait obligé de les ajourner. Elles étaient matériellement impossibles pour ces jours-là.

Ces vérités, mathématiques, étaient si clairement démontrées et si concluantes qu'il fut résolu de présenter immédiatement à l'Assemblée
nationale un projet de loi conforme.

Si on rencontrait bonne volonté et intelligence
de la situation, chez le gouvernement et l'Assemblée nationale, le péril était conjuré.

Ainsi qu'il avait été décidé, le projet de loi fut
déposé à la séance du 20, le jour même.

Cette partie de la séance est trop importante,
au point de vue du sujet historique qui nous occupe, pour ne pas le rapporter textuellement :

M. Clémenceau dépose en son nom et au nom
d'un certain nombre de ses collègues, la proposition suivante :

« Les représentants de la Seine, soussignés,
ont l'honneur de proposer à l'Assemblée nationale le projet de loi suivant :

« Art. 1er. Il sera procédé, dans le plus bref
délai, à l'élection d'un conseil municipal pour la
ville de Paris.

« Art. 2. Ce conseil sera composé de 80 membres.

« Art. 3. Le conseil nommera dans son sein
son président, qui aura le titre et exercera les
fonctions de maire de Paris.

« Art. 4. Il y a incompatibilité entre les fonctions de conseiller municipal ou celles de maire

ou d'adjoint de l'un des vingt arrondissements
de Paris.

« Signé : Schœlcher, Louis Blanc, H. Brisson,
Tolain, Tirard, Lockroy, Clémenceau, Lan-
glois, Edgar Quinet, Brunet, Millière, Martin
Bernard, Greppo, Cournet, Floquet, Razoua,
Farcy. »

L'honorable membre ajoute :

« Les signataires de la proposition demandent
l'urgence. Il y a des raisons très-graves qui mi-
litent en faveur de l'urgence. (Interruption.) Je
voudrais qu'il ne fût pas nécessaire de les exposer. Ce à quoi nous tenons avant tout, c'est à
éviter d'irriter le débat. (Parlez! parlez!)

Sans entrer dans l'examen des causes qui ont
produit les déplorables événements de Paris, il
est un fait sur lequel tout le monde est d'accord :
c'est qu'à l'heure qu'il est il n'y pas dans Paris
d'autre autorité que celle des municipalités. Le
Gouvernement n'est plus à Paris ; il a quitté son
poste. (Bruyantes réclamations). Son poste était là
où était le danger. Il nous y a laissés, nous y
sommes restés et nous nous sommes efforcés de
faire notre devoir.

M. Thiers. Et nous aussi! (Oui! oui!)

M. Clémenceau. Je répète qu'en fait il n'existe
aujourd'hui à Paris d'autre autorité que celle des
municipalités.

M. Picard, ministre de l'Intérieur. Et encore
sont-elles contestées!

M. Clémenceau. Oui, et c'est là un argument
de plus en faveur de l'urgence que nous récla-
mons. Il faut une autre autorité. Où voulez-vous
la prendre!

Un membre. Ici. (Très-bien! Très-bien!)

M. le Président Grévy. L'orateur n'a pas le
droit de dire qu'il n'y a plus d'autorité souveraine
en France.

M. Clémenceau. Je n'ai pas dit cela. J'ai dit
qu'il n'y avait plus d'autorité à Paris ; mais je
sais bien qu'il y a en France une autorité souveraine : c'est cette Assemblée, et je n'en reconnais pas d'autre. (Applaudissements.)

Mais, je le répète, à Paris il n'y a plus d'autre
autorité que des municipalités chancelantes. Si
vous voulez sortir de cette situation terrible qui
m'effraye et qui doit vous effrayer, puisqu'il s'agit
du salut de la France, il faut créer une autorité
municipale autour de laquelle tous les hommes
disposés à rétablir l'ordre puissent se grouper.

(Très-bien! très-bien! à gauche.) Cette autorité ne peut sortir que du suffrage des habitants de Paris même. Là sera le point d'appui. Eh bien, nous vous demandons de donner ce point d'appui aux citoyens qui veulent rentrer dans la légalité. (Applaudissements à gauche.)

M. ERNEST PICARD, ministre de l'intérieur. S'il s'agissait uniquement de savoir si Paris doit avoir un conseil municipal élu, je ne viendrais pas contredire la proposition de l'honorable M. Clémenceau. Mais il y a dans Paris une insurrection très-grave, qui accepte encore quelques membres de municipalités, sauf à les renvoyer demain.

Est-il possible, dans une telle situation, de faire des élections sous la présidence des inconnus qui tiendraient les urnes? (C'est cela! très-bien!) A ceux qui demandent pour Paris une autorité issue du suffrage universel, je demanderai : Comment reconnaît-on à Paris l'autorité de ceux que Paris a élus il y a si peu de temps? Ils lui demandent de renoncer à une insurrection criminelle; on ne les écoute pas. (Très-bien! très-bien!)

Oui, sans doute, la situation réclame toute la sollicitude de l'Assemblée, et je ne conteste pas l'urgence. Mais pour qu'il puisse y avoir des élections, il faut qu'elles soient libres; alors nous serons unanimes à demander, pour Paris, pour toute la France, des élections municipales. (Très-bien! très-bien!) Mais dans ce moment nous n'avons qu'une chose à faire : fermer la plaie ouverte, et cela ne serait pas possible en acceptant une demande d'urgence qui signifierait qu'on peut, à titre de transaction, dans les circonstances actuelles, faire des élections à Paris. (Applaudissements.)

M. TIRARD. Je reconnais avec l'honorable ministre de l'intérieur qu'il est indispensable que les élections soient libres. Il n'a jamais été dans notre pensée de faire des élections qui ne fussent pas libres; mais si nous demandons l'urgence, c'est parce que nous en sentons l'absolue nécessité. Nous avons le droit de dire ce qu'il faut faire, parce que nous avons fait, de notre côté, tout ce que nous devions faire.

Paris est livré à lui-même. Le Gouvernement l'a abandonné....

M. THIERS. Cela est faux.

M. CLÉMENCEAU. Vous avez fait un coup de force qui a manqué. (Bruit.)

M. JULES FAVRE. On n'appelle pas un coup de force l'exécution des lois. (Très-bien! très-bien!)

M. TIRARD. Les circonstances sont tellement graves que je fais appel à la patience, à la modération de ceux mêmes que j'aurais pu blesser. Je répète que je me borne à constater ce fait que Paris a été abandonné...,

M. THIERS. C'est Paris qui nous a abandonnés.

M. TIRARD. Vous reconnaîtrez au moins qu'il n'y avait personne dans les ministères....

M. LE MINISTRE DE L'INTÉRIEUR. L'Assemblée sait que c'est par la force que nous en avons été expulsés, après résistance. (Oui! oui!)

M. TIRARD. Encore une fois, je me borne à constater un fait, et je ne blâme pas,....

Un membre. Et ceux qui égorgent les généraux?

M. TIRARD. Depuis six mois nous sommes sur la brèche; depuis six mois nous avons, durant le siége et depuis, donné assez de gages à la cause du devoir, à la cause de l'ordre, pour n'avoir pas besoin, je pense, de déclarer à cette tribune que nous n'avons rien de commun avec les assassins. (Longs applaudissements.)

Il faut savoir en face de quelles difficultés nous nous sommes trouvés depuis six mois, au prix de quels efforts nous avons fait manger à la population de Paris ce que nous lui disions être du pain. Aujourd'hui nous sommes en face d'un péril immense, et si nous pouvions le conjurer au prix de notre vie, pour sauver le pays, nous n'hésiterions pas.... Notre vie, il y a longtemps que nous en avons fait le sacrifice, et je suis profondément humilié à la pensée que j'ai à me défendre contre des insinuations.... (Vifs mouvements d'approbation.)

M. JULES SIMON. C'est un malentendu, et je suis heureux de rendre hommage à votre dévouement patriotique (Très-bien! très-bien!)

M. TIRARD. Enfin, nous sommes restés seuls dans nos mairies, sans aucune espèce de pouvoir qui fût de nature à nous permettre de prendre en main les affaires publiques. Je suis allé, avec deux de mes collègues, au ministère de l'intérieur, il venait d'être envahi par des gardes nationaux, et nous n'avons pu demander au secrétaire d'État, M. Calmon, les pouvoirs nécessaires pour prendre en main les rênes de l'administration. Alors nous avons pris sur nous, au risque d'être accusés de pactiser avec l'émeute, nous avons pris sur nous de rester dans nos mairies, sans pouvoir au-dessus du nôtre, et de nous mettre à la tête des affaires administratives.

Cette nuit, nous avons reçu une délégation du ministre de l'intérieur, qui régularise nos pouvoirs. Notre situation est devenue parfaitement nette. L'hôtel de ville est occupé, non par nous. On nous a demandé d'entrer en pourparlers avec nous ; pour éviter toute collision, nous avons vu des délégués de l'hôtel de ville ; il nous ont proposé certaines conditions ; nous ne les avons pas acceptées. (Très-bien ! très-bien !) Nous avons déclaré que nous ne reconnaissions à Paris d'autre autorité que la nôtre ; que nous étions les élus du suffrage universel, quelques-uns doublement comme maires et comme membres de cette Assemblée, et que nous n'entendions laisser péricliter dans nos mains ni l'un ni l'autre de nos mandats. (Nouvelle et vive approbation.)

Maintenant il faut rechercher quelle possibilité il y a de rentrer en possession de l'autorité. Parmi les causes d'irritation, il en est une que je tiens à faire connaître. On s'est beaucoup étonné que la garde nationale n'ait pas répondu à l'appel qui lui a été adressé. Je le regrette autant que personne ; mais il y a eu à cela une cause que j'ai pu constater, notamment dans le deuxième arrondissement, où il se trouve beaucoup de grands commerçants, intéressés à l'ordre : c'est la loi sur les échéances des effets de commerce.

Il y a une autre cause : c'est que Paris est dépourvu de toute administration municipale. Nous avons pensé et nous croyons que des élections municipales pacifieraient la population de Paris qui, dans son immense majorité, est animée de sentiments d'ordre. Et, lorsque, par des affiches, l'Assemblée nationale invitera la population à procéder à des élections, c'en sera fini de l'émeute ; elle sera terminée aussi vite et plus vite qu'elle n'a commencé.(Applaudissements à gauche.)

J'ajoute, pour répondre à l'objection de M. Picard, que nous ne pourrons pas avoir l'air de pactiser ainsi avec l'émeute. Si nous avions voulu le faire, le moyen était bien simple ; il y a déjà une convocation d'électeurs affichée sur les murs de Paris pour nommer un conseil communal ; nous n'avions qu'à accepter cette convocation.

Eh bien, nous, les municipalités de Paris, nous avons déclaré que nous nous opposerions à ces élections. (Applaudissements.) Nous refuserons et les listes électorales, et les urnes et les locaux. (Nouveaux applaudissements.) Et quand nous déclarons ainsi à la population parisienne qu'elle n'a pas le droit de faire des élections sans l'autorisation de l'Assemblée, on nous répondrait par des soupçons de connivence? (Non ! non ! —Très-bien ! très-bien !)

Messieurs, lorsque des hommes résolus à faire leur devoir viennent vous dire : Voilà le moyen de sauver Paris! croyez-les et ne craignez pas qu'on vous accuse de pactiser avec l'émeute. (Vive approbation.) »

Quoique à demi convaincu, M. Picard, au nom du gouvernement, déclare ne pas s'opposer à l'urgence. Elle est votée.

En toute hâte, la bonne nouvelle est proclamée :

RÉPUBLIQUE FRANÇAISE

LIBERTÉ, ÉGALITÉ, FRATERNITÉ

—

Les maires et adjoints de Paris et les représentants de la Seine, font savoir à leurs concitoyens que l'Assemblée nationale a, dans sa séance d'hier, voté l'urgence du projet de loi relatif aux élections du conseil municipal de la ville de Paris.

La garde nationale, ne prenant conseil que de son patriotisme, tiendra à honneur d'écarter toute cause de conflit, en attendant les décisions qui seront prises par l'Assemblée nationale.

Vive la France !

Vive la République !

Paris, le 21 mars 1871.

(Suivent les signatures des maires et adjoints de dix-neuf arrondissements de Paris.)

Les Représentants de la Seine :

LOUIS BLANC, V. SCHOELCHER, A. PEYRAT, EDMOND ADAM, FLOQUET, MARTIN BERNARD, LANGLOIS, ÉDOUARD LOCKROY, FARCY, H. BRISSON, GREPPO, MILLIÈRE, EDGAR QUINET.

Les principaux journaux de Paris, en présence de l'illégalité flagrante de la convocation par le Comité central des électeurs pour le 22 mars, publient cette protestation collective contre les élections communales décrétées :

« AUX ÉLECTEURS DE PARIS

« DÉCLARATION DE LA PRESSE

« Attendu que la convocation des électeurs est un acte de la souveraineté nationale ;

« Que l'exercice de cette souveraineté n'appartient qu'aux pouvoirs émanés du suffrage universel;

« Que par suite, le comité qui s'est installé à l'hôtel de ville n'a ni droit ni qualité pour faire cette convocation;

« Les représentants des journaux soussignés regardent la convocation, affichée pour le 22 courant, comme nulle et non avenue, et engagent les électeurs à n'en pas tenir compte.

Le Journal des *Débats*, le *Constitutionnel*, le *Moniteur universel*, le *Figaro*, le *Gaulois*, la *Vérité*, *Paris-Journal*, la *Presse*, la *France*, la *Liberté*, le *Pays*, le *National*, l'*Univers*, le *Temps*, la *Cloche*, la *Patrie*, le *Bien Public*, l'*Union*, l'*Avenir libéral*, *Journal des Villes et des Campagnes*, le *Charivari*, le *Monde*, la *France nouvelle*, la *Gazette de France*, le *Petit Moniteur*, le *Petit National*, l'*Électeur libre*, la *Petite Presse*.

Ont adhéré les journaux suivants :

Vérité, Presse, Avenir libéral, Moniteur universel, Temps, Ami de la France, Messager de Paris, Peuple Français, Siècle, la Cloche.

Naturellement, cet acte de civisme est qualifié par les gouvernants de l'hôtel de ville : d'attentat contre la souveraineté du peuple de Paris; mais la grande majorité de la population y applaudit.

En présence des événements, l'autorité militaire prussienne n'était pas très-rassurée quant aux incidents pouvant en résulter à son encontre, ou, ce qui est probablement aussi vraisemblable, elle tenta d'en tirer un profit quelconque.

Elle s'adresse par communications officielles. tant à l'hôtel de ville qu'à Versailles.

Parlant à Paris, sa dépêche est presque amicale :

« COMMANDEMENT EN CHEF DU 3ᵉ CORPS
« D'ARMÉE

« Quartier général de Compiègne,
« le 21 mars 1871.

« *Au commandant actuel de Paris.*

« Le soussigné, commandant en chef, prend la liberté de vous informer que les troupes allemandes qui occupent les forts du nord et de l'est de Paris, ainsi que les environs de la rive droite de la Seine, ont reçu l'ordre de garder une attitude amicale et passive tant que les événements dont l'intérieur de Paris est le théâtre ne prendront point, à l'égard des armées allemandes, un caractère hostile et de nature à les mettre en danger, mais se maintiendront dans les termes arrêtés par les préliminaires de la paix.

« Mais dans le cas où ces événements auraient un caractère d'hostilité, la ville de Paris serait traitée en ennemie.

Pour le commandant en chef du 3ᵉ corps
des armées impériales,

Le chef du quartier général,

Signé : Von Schlotheim,
Major général.

Le délégué du Comité central aux relations extérieures, — ainsi se dénomme-t-il, — répond le lendemain :

« Paris, le 22 mars 1871.

« *Au commandant en chef du 3ᵉ corps des armées
« impériales prussiennes.*

« Le soussigné, délégué du Comité central aux affaires extérieures, en réponse à votre dépêche en date de Compiègne, 21 mars courant, vous informe que la révolution accomplie à Paris par le Comité central, ayant un caractère essentiellement municipal, n'est en aucune façon agressive contre les armées allemandes.

Nous n'avons pas qualité pour discuter les préliminaires de la paix votés par l'Assemblée de Bordeaux.

*Le Comité central et son délégué aux
affaires extérieures.* »

Cette note est très-raisonnable, et si elle était sincère, il semblerait en résulter qu'à cette date, à l'hôtel de ville, on ne songeait pas à s'ériger en gouvernement pour ce qu'il y est dit : « La révolution.... ayant un caractère essentiellement municipal. » — Mais ce ne devait être qu'une prudente habileté vis-à-vis de la Prusse, puisque dès le 20, le Comité central s'était déclaré : «Nouveau gouvernement de la République.»

En même temps que le Major général Von Schlotheim s'adressait à la révolution triomphante, le général Fabrice envoyait cette dépêche à M. Jules Favre, ministre des affaires étrangères, à Versailles.

Rouen, le 21 mars, 12 h. 20 m.

Le général von Fabrice à S. E. M. Jules Favre.

J'ai l'honneur d'informer Votre Excellence que, en présence des événements qui viennent de se passer à Paris, et qui n'assurent presque plus l'exécution des conventions dans la suite, le commandement supérieur de l'armée devant Paris interdit l'approche de nos lignes devant les forts occupés par nous, réclame le rétablissement dans vingt-quatre heures des télégraphes détruits à Pantin, et traitera en ennemie la ville de Paris, si Paris use encore de procédés en contradiction avec les pourparlers engagés et les préliminaires de paix, ce qui entraînerait l'ouverture du feu des forts occupés par nous.

Signé: FABRICE.

Il y avait loin des termes secs et hautains à l'adresse du ministère des affaires étrangères de la République à la forme courtoise, presque bienveillante, employée vis-à-vis du Comité central.

Quoi qu'il en soit, M. Jules Favre répond, en promettant, « donner sous peu de jours une entière satisfaction à Son Excellence von Fabrice, pour celles de ses réclamations que justifient nos engagements » et il espère « qu'en présence des faits et de ses déclarations formelles, Son Excellence ne voudra pas infliger à la ville de Paris, protégée par les préliminaires de paix, la calamité d'une exécution militaire. »

Les menaces d'intervention prussienne en restèrent là.

Incidemment, le débat à propos du Conseil municipal de Paris et des élections immédiates, se réouvrit devant l'Assemblée, à la séance du 21.

M. Clémenceau, en termes concis mais incisifs, adjure l'Assemblée de voter immédiatement la loi sur les élections.

« Hâtez-vous, dit-il, il serait trop tard quand la capitale sera ensanglantée! Il n'y a qu'un seul moyen de nous sauver, c'est de faire procéder immédiatement aux élections. »

Et, à un autre moment:

« M. CLÉMENCEAU. — Le Gouvernement demande du temps. Eh bien! ce qui manque à nous tous, c'est le temps, au contraire. Nous allons donc nous réunir. Nous voyons la chose de très près et avec des yeux qui n'ont aucune prévention.

Le temps nous manque; on ne peut pas faire en si peu de temps une bonne loi, soit; mais ne peut-on pas concilier tout? Faisons dans un bref délai les élections, quitte à régler ensuite les conditions de ce conseil municipal. (Réclamations.)

« Pour faire plaisir à mon pays, je ne suis pas disposé à laisser Paris livré à la guerre civile.

« Je ne crains que ce qui retient encore une partie de l'Assemblée, c'est d'avoir l'air de pactiser avec l'émeute.

« Eh bien! permettez. Demain, si le gouvernement était obéi, si nous pouvions informer que les élections vont avoir lieu, non pas celle de ce prétendu gouvernement, eh bien! tout rentrerait dans le calme.

« Voix à droite: Faites-les, ces élections!

« M. CLÉMENCEAU. — Je veux dégager ma responsabilité. Dans ma conviction, si vous ne votez pas cette loi à bref délai, nous allons aux abîmes. » (Bruit. La clôture! la clôture!)

M. Léon Say n'insiste pas moins:

« M. LÉON SAY. — J'adjure l'Assemblée de considérer qu'il s'agit en même temps de donner à l'immense majorité des citoyens de Paris, qui sont opprimés, un centre de ralliement. Ce centre de ralliement ne peut être que l'urne du scrutin que vous aurez ouvert vous-mêmes. (Assentiment.)

« Si, au contraire, vous ne prenez cette détermination, vous avez à craindre que les élections irrégulières du comité central n'aient lieu demain.

« Voix nombreuses. — Oui! Oui! — Très-bien! »

Également M. Louis Blanc:

« M. LOUIS BLANC. — Il est urgent que la question soit décidée promptement, parce que, comme le disait tout à l'heure avec beaucoup de raison notre collègue M. Léon Say, il faut un centre autour duquel puissent se réunir les bons citoyens. Il faut, pour cela, décider que l'Assemblée est résolue à donner un conseil municipal à Paris. »

Enfin, l'amiral Saisset;

« Il faut donner toute facilité possible pour faire des élections, afin de ne pas avoir les élections de la Commune après-demain. Il y a 500 000 hommes qui ont besoin, à côté de ceux qui se mettent en insurrection, qu'on s'occupe de Paris. »

Des hommes honorables de toutes nuances politiques, connaissant parfaitement la situation de Paris, venaient de préciser nettement les motifs impérieux nécessitant une prompte sanction légale, qui permît d'instituer dans Paris une autorité municipale qui serait universellement reconnue et auprès de laquelle tous les citoyens de l'ordre pourraient se grouper. Là était la question vitale, urgente.

Bien évidemment, c'était une loi d'urgence que l'on réclamait, loi transitoire, que l'on discuterait à nouveau quand viendraient devant l'Assemblée les débats sur la loi organique des conseils municipaux de France, M. Clémenceau et ses collègues étaient les premiers à le déclarer.

Il semble dès lors que c'est à ce point de vue seul que le gouvernement et les adversaires d'une sanction immédiate eussent dû discuter.

Pas le moins du monde; ils envisagent le seul point de vue de la stricte légalité et de l'impossibilité absolue de voter en quelques heures une loi aussi importante. C'est ce que dit M. Thiers :

« M. THIERS. — Je demande pardon à l'Assemblée de monter encore une fois à la tribune; mais dans la situation si grave où nous nous trouvons, il faut faire éclater la lumière dans les questions qui nous occupent.

« Paris se plaint d'être mis hors du droit commun, de ne pas pouvoir choisir ses représentants comme toutes les autres communes de France, et nous ne prétendons pas lui faire une grâce: nous reconnaissons son droit. Paris, qui est le centre des lumières, n'aura pas moins que les autres communes.

« Nous lui demandons simplement d'avoir la justice de reconnaître l'impossibilité absolue où nous sommes de faire en quelques heures une organisation qui soit sérieuse; car vous ne pouvez établir pour une ville de plus de deux millions d'habitants une représentation comme celle que vous constitueriez pour une commune de trois mille âmes. Les meilleures formes à prendre, nous les combinons avec vous; il faut s'entendre, il faut discuter; eh bien! comment voulez-vous que tout cela se fasse en vingt-quatre heures! »

Sur une réplique de M. Clémenceau, M. Jules Favre prend la parole.

Quoique son discours fût très-long, à peine même s'il effleura la question soumise à l'appréciation de l'Assemblée. Ce discours, sans nul doute un de ceux le plus bruyamment applaudis de l'orateur — applaudissements frénétiques de la droite et des centres, auxquels l'honorable M. Jules Favre n'était pas habitué — n'est pas celui dont le tribun éloquent s'enorgueillira davantage....

Ce fut seulement un plaidoyer d'avocat défendant le gouvernement, défendant ses agissements avant et pendant la crise. Obligé, pour les besoins de cette difficile défense, d'incriminer et par conséquent d'accuser Paris, ses habitants, les émeutiers, la garde nationale, en un mot tout le monde, selon M. Jules Favre, le gouvernement, seul, avait été à la hauteur des circonstances; lui seul, n'avait pas failli: il n'y avait donc aucune conciliation possible; il ne restait qu'à combattre l'émeute.

« Le gouvernement, dit-il au milieu d'une de ses périodes, le gouvernement, auquel on fait un reproche, a passé trente-six heures à attendre ceux qui devaient se grouper autour de lui; il n'a abandonné Paris qu'afin de conserver l'armée et de ne pas ajouter un malheur de plus à tous ceux qui nous accablent. Mais, que l'émeute le sache bien, si l'Assemblée est à Versailles, et je l'ai dit pour ma part, c'est, avec l'esprit de retour, pour combattre l'émeute et la combattre résolûment. » (Applaudissements prolongés.)

Ce fut le principal thème et l'unique conclusion de ce long discours.

Au mépris des affirmations des maires de Paris, de M. Léon Say, de l'amiral Saisset, disant que dans Paris existait une population nombreuse dévouée à l'ordre, ne demandant qu'un conseil municipal librement élu par elle pour s'y rallier, se grouper et, s'il le fallait, combattre l'émeute à ses côtés, M. le ministre des affaires étrangères ne voyait dans Paris qu'assassins, émeutiers et des complices qu'il fallait combattre et combattre résolûment.

Les paroles de M. Jules Favre allaient trop au cœur de la majorité de l'Assemblée pour qu'elle n'applaudît pas et qu'elle se refusât à l'adoption de la mesure réclamée par les véritables intérêts de Paris.

L'ordre du jour suivant, ne précisant aucune date, fut adopté :

« L'Assemblée, résolue, d'accord avec le pou-

voir exécutif, à reconstituer dans le plus bref délai possible les administrations municipales des
départements et de Paris sur les bases des conseils élus, passe à l'ordre du jour. »

Le sort en était jeté! L'Assemblée venait de
rompre le pont d'union sur lequel les bons citoyens de tous les partis eussent pu se réunir
pour, au nom de la légalité, former une majorité
assez puissante pour s'opposer, avec succès, par
le vote et au besoin par les armes à l'insurrection de plus en plus menaçante, si elle tentait de
dépasser ce but : les franchises municipales et
l'élection immédiate des conseillers municipaux.

L'élection des chefs supérieurs de la garde nationale était et a toujours été un point tout à
fait secondaire.

Le ministère savait les conséquences du vote
de l'Assemblée, aussi bien que nous tous.

Pourquoi donc a-t-il continuellement et systématiquement éludé la discussion sur le terrain
où l'avaient posée M. Clémenceau et ses amis;
— le seul opportun ?

Est-ce amour ardent, absolu, de la légalité?

Mais cette affection très-respectable pouvait se
concilier avec l'urgente opportunité : un simple
vote suffisait.

Il ne l'a pas voulu. Encore pourquoi ?

Ce serait lui faire une injure cruelle, et vraisemblablement mal fondée, que de supposer qu'il
partageait à l'encontre de Paris le sentiment, à la
fois de jalousie et de haine inintelligente, d'une
portion notable de l'Assemblée.

Chez la plupart de ces honorables, c'était à l'é-
tat d'idée fixe que Paris renfermait de trente à
quarante mille gredins, qu'il fallait absolument
expédier outre mers. L'occasion se présentait
propice pour *panneauter* ces quarante mille Parisiens, gens de sac, de corde et républicains farou-
ches; il fallait en profiter.

Messieurs du ministère, s'ils savaient, comme
tout le monde du reste, qu'en effet et de tout
temps Paris a été le refuge d'une pléiade permanente de trente à quarante mille personnages déclassés, besoigneux, la plupart peu scrupuleux,
presque tous soldats nés de l'émeute, blanche,
rouge ou tricolore, messieurs du ministère, disons-nous, n'ignoraient pas, ce qu'affectent de ne
pas savoir pas mal de députés de la province —
ceux précisément criant le plus fort contre les

gredins de Paris — que sur quarante des personnages ci-dessus, trente-neuf sont venus, par une
route de traverse, de cette excellente province,
qui les a façonnés, et qui les expédie par masses,
continuellement et tous les jours. Ils n'ignoraient
pas, en supposant que trente mille gredins provin-
ciaux seraient envoyés à la Guyane ou ailleurs,
qu'avant peu de temps, grâce aux contingents per-
manents de la province, ce serait à recommencer.

MM. Jules Favre et Picard, mieux que nous, savaient cela ; M. Thiers aussi.

Ont-ils été absolument insensibles à l'excellente occasion de complaire à la droite? Nous ne
voudrions pas l'affirmer, mais il est présumable
qu'ils ont avant tout obéi à un sentiment politique plus élevé, quoique discutable. Oui, il est
permis de supposer que, dé même qu'après l'é-
chauffourée malencontreuse du 18, ils avaient
préféré courir les chances d'une fugue à Versailles, que d'obéir à une nécessité de conciliation, de
même ils ont, de parti pris, repoussé une combinaison ne leur permettant pas de reprendre
cent mille fusils si imprudemment laissés en des
mains douteuses.

Ils ne soupçonnaient pas les affreux malheurs
qui allaient être la conséquence de leur nouvelle
imprévoyance; c'est tout ce que l'histoire peut
dire à leur décharge.

Quoi qu'il en soit, afin d'atténuer autant que
possible l'impression fâcheuse que ce vote impolitique allait produire à Paris, les représentants
de la Seine se hâtèrent de faire publier cette proclamation :

« Paris, 22 mars 1871.

Citoyens,

Nous ne doutons pas que vous n'éprouviez, à
la lecture de la séance d'hier, le sentiment dont
notre âme est saisie. Il n'a pas dépendu de nous
que cette séance n'ait eu un autre caractère et
de meilleurs résultats.

Toutefois, nous avons obtenu la reconnaissance formelle du droit de Paris, qui, en conséquence, sera appelé dans le plus bref délai à
élire son conseil municipal.

Dans cette situation, vous comprendrez comme
nous la nécessité d'éviter les désastres qui naî-

Tandis que leur général faisait caracoler son cheval.... (Page 73.)

traient en ce moment de tout conflit entre les citoyens.

Vive la France! Vive la République!

Les représentants de la Seine,

Louis Blanc, Edgard Quinet, V. Schoelcher, A. Peyrat, Edmond Adam, Charles Floquet, Martin Bernard, Langlois, Ed. Lockroy, Farcy, Henri Brisson, Greppo, Millière, Clémenceau, Tirard, Tolain. »

En même temps, les municipalités et les députés adressaient à la garde nationale et à tous les citoyens, une autre proclamation, les adjurant de ne pas prendre part aux élections du lendemain.

Entre temps, le Comité de l'hôtel de ville essayait de se mettre en possession de celles des mairies de la capitale qui leur ouvraient librement les portes et de celles dont les défenseurs, — les gardes nationaux de l'arrondissement — lâchaient pied à la première alerte.

Plusieurs municipalités, bien secondées, résistèrent aux envahissements dont elles étaient menacées ; la manifestation de cette énergie suffi-sait pour que les bataillons installateurs des municipalités venues de l'hôtel de ville s'en retournassent sans insister autrement.

A la mairie du sixième arrondissement, place Saint-Sulpice, l'hôtel de ville obtint assez facilement gain de cause.

Le 21, M. Tony Moilin, installé de la veille, ainsi que nous l'avons vu, est invité par quelques notables du quartier à se retirer et à céder sa place à la municipalité dont il avait usurpé les pouvoirs.

M. Tony Moilin, obéissant à cette injonction, se retire sans difficulté.

Deux heures après, quelques compagnies du 135ᵉ bataillon commandées par le *général* Lullier, accompagné du *colonel* Lisbonne, son aide de camp, prennent position place Saint-Sulpice, tandis que leur général, faisant caracoler son cheval et enflant démesurément la voix et le geste, annonce aux gardes nationaux du quartier, de garde, qui étaient sortis en dehors du poste, qu'au nom du Comité central il venait prendre possession de la mairie et du poste, leur donnant cinq minutes pour déguerpir.

Un sentiment de légitime indignation et le désir de se refuser à cette brutale agression se manifestent, non parmi les gardes nationaux chargés de défendre leur mairie, mais dans les groupes nombreux qu'avait attirés la venue du 135ᵉ bataillon, musique en tête.

On interpelle vivement le citoyen Lullier, ses officiers et ses soldats. Des cris de : défendez le poste! défendez le poste! ne le quittez pas! se font entendre, mais les yeux du général Lullier deviennent davantage furibonds, il se tourne vers son aide de camp pour lui ordonner de faire avancer sa troupe. Il n'en fallut pas davantage : le poste de la mairie est évacué comme par enchantement, et les citoyens, satellites de l'hôtel de ville, eurent toute latitude pour pénétrer dans la mairie et y installer un « délégué quelconque, » car on ne revit jamais le citoyen Tony Moilin, et à partir de ce jour, les citoyens du sixième arrondissement ne surent jamais au juste par qui ils étaient administrés : tous les jours, c'était une figure nouvelle.

Comme témoignage parlant de leur facile victoire, les gardes nationaux envahisseurs lancèrent à la foule assemblée le vieux drapeau de de l'édifice communal, qu'ils avaient violemment enlevé et le remplacèrent immédiatement, du reste, par un superbe drapeau.... tricolore tout flambant neuf.

On s'attendait à l'exhibition du drapeau rouge. Comme il n'en était rien, et que les officiers, gardes nationaux nouveaux venus, annonçaient qu'ils allaient se retirer, le calme ne tarda pas à se faire dans tous les esprits. Un quart d'heure plus tard, le général Lullier ainsi que sa troupe s'étant retirés, laissant le poste de la municipalité à la libre disposition de qui voudrait l'occuper, on ne songeait plus à l'incident. On eût dû cependant y songer et réfléchir surtout sérieusement à la phrase, insultante de mépris, par laquelle le citoyen Lullier prit congé des notables du sixième arrondissement :

« Pour votre quartier de prêtres et de bedeaux, dit-il insolemment, il est inutile de fatiguer nos braves gardes nationaux; mais, sachez-le bien, au moindre signe, nous reviendrons et nous vous traiterons en conséquence. »

L'injurieuse accusation de pusillanimité était sanglante, mais elle était méritée.

Nous l'avons dit dans le chapitre précédent, la garde nationale est à l'abri de tout reproche, le 18 mars, et nous avons expliqué pourquoi. Mais il n'en est point ainsi à partir des 21 et 22, alors

qu'il fut évident que l'insurrection, ne se contentant pas de la conquête des franchises communales, à laquelle tout le monde avait applaudi, aspirait à se rendre maîtresse souveraine, nonseulement de Paris, mais encore à s'ériger en un nouveau gouvernement, se substituant à l'Assemblée nationale.

Il ne s'agissait plus pour la garde nationale de participer à une lutte, dont le but pouvait être une réaction monarchique, comme on était disposé à le supposer, le 18, mais bien d'endiguer, si l'on peut s'exprimer ainsi, le mouvement insurrectionnel dans ses limites raisonnables : la revendication des libertés municipales et l'affirmation des sentiments républicains de Paris.

Le Comité central trônait à l'hôtel de ville; — il se faisait obéir à la préfecture de Police; il veillait aux approvisionnements de la ville, à la salubrité, en un mot, à l'administration de la cité, de même que le faisaient les préfets de la Seine. Très-bien! c'était la conséquence logique de la prise de possession des pouvoirs qui lui avaient été abandonnés.

Mais, d'aucune façon, la garde nationale ne devait permettre que des bataillons étrangers à son arrondissement vinssent y commander en maîtres, chasser les municipalités; désarmer et occuper le poste, y camper et prendre position.

On ne devait pas permettre que le corps de sapeurs-pompiers fût désarmé et désorganisé.

En l'absence du pouvoir central légitime, chaque bataillon devait être maître et faire respecter son quartier respectif.

Était-il besoin pour cela de tirer des coups de fusil, ou de faire des charges à la baïonnette? Pas le moins du monde.

Il suffisait d'établir des postes, — des grand'gardes, — pour employer le terme militaire, à l'intersection des principales voies donnant accès aux municipalités, aux postes ou aux points à garder, et à en interdire l'accès à tout bataillon étranger.

Les faits sont là pour l'établir. Dans les quartiers où on leur a résisté, les bataillons de l'hôtel de ville se sont abstenus; bien qu'à forces supérieures ils n'ont jamais entamé la lutte, et quand aux menaces et aux bravades de leurs chefs, on répondait nettement croisant la baïonnette : vous ne passerez pas, ils commandaient par file à gauche! ou par file à droite! sans essayer de forcer le passage.

Il n'en a pas été autrement au IIᵉ arrondissement, place de la Bourse, au IXᵉ arrondissement, etc., etc.

Pourquoi n'en a-t-il pas été généralement ainsi? L'insurrection n'eût pas été vaincue, on ne le voulait généralement pas, mais elle eût été domptée, maintenue dans de sages limites. Cinq jours après, de bonnes élections municipales survenant, une immense révolution sociale et municipale eût été accomplie, sans qu'après le 18 mars une seule goutte de sang eût été versée, et il eût été loisible au 'gouvernement réfugié à Versailles de reprendre ses ministères et les rênes du pouvoir à Paris, si bon lui eût semblé.

Pourquoi les soldats citoyens, pouvant empêcher ou tout au moins entraver le mal, pourquoi n'y portèrent-ils aucun obstacle?

En tant que citoyens, diverses causes très-complexes, que nous étudierons un peu plus loin, influèrent sur leurs déterminations.

Comme soldats, le plus grand nombre fut couard.

L'épithète est dure et mal sonnante; notre indignation, toujours aussi vive qu'en ces jours de lâcheté, n'en veut pas rabattre.

Les causes? M. de Crisenoy, que nous avons eu l'occasion de citer déjà, les a dites, excellemment, dans son *Mémoire adressé à la Commission d'enquête sur l'insurrection du* 18 *mars :*

« La garde nationale se composait de quatre éléments très-distincts :

1º L'homme énergique, habitant Paris ou y étant revenu avant l'investissement pour se battre contre les Prussiens et prêt à faire également le coup de feu contre les émeutiers.

2º Le bon bourgeois, conservateur par intérêt, quoique souvent frondeur, aimant le repos, la tranquillité, et ne désirant se battre contre personne. L'appelle-t-on à l'hôtel de ville? il veut défendre son quartier, il sera prêt à défendre sa maison ou sa boutique, puis se réfugiera dans sa chambre à coucher, à moins qu'il n'ait pu se sauver auparavant.

3º L'ouvrier, tout l'opposé du précédent, brave et disposé à se battre contre tout le monde, mauvaise tête, bon cœur, facile à entraîner au mal comme au bien, suivant les influences qui agissent sur lui....

4º L'émeutier de profession, gibier de prison, de bagne, lorsque l'émeute ne donne pas....

« La première catégorie était nombreuse pendant le siége, et constituait, avec la troisième, la force militaire de la garde nationale, paralysée par l'organisation vicieuse des premiers jours. C'est à sa présence qu'il faut attribuer la ferme attitude des bataillons de l'ordre au 31 octobre et au 22 janvier. Sa diminution considérable aussitôt après l'armistice modifia profondément cette situation. »

Restait donc la partie ouvrière qui, bien conseillée et surtout, si on lui en avait donné l'exemple, se serait, pour la majeure partie, ralliée au drapeau de l'ordre.

Enfin, il y avait les bons bourgeois conservateurs qui, en foule, laissèrent les magasins, la boutique ou l'appartement à la garde de leurs femmes, s'enfuirent à la campagne, ou se tinrent prêts à partir, eux et leurs fils aînés, se gardant bien, en attendant, d'endosser la tunique et le ceinturon.

Ces abstentions systématiques eurent pour effet de paralyser entièrement les bonnes dispositions de ceux qui étaient moins prudents.... En effet, les compagnies étaient désorganisées. Les chefs, principalement, s'abstenaient. — Plus de chefs, plus d'ordres de service. — En attendant des chefs nouveaux et un ordre de ralliement quelconque, on était obligé de ronger son frein et de se croiser les bras.

Au lieu de prendre résolûment les armes et d'interdire l'accès de sa municipalité, de ses postes à des bataillons étrangers à son quartier, un certain parti imagina d'organiser des manifestations en faveur de la paix.

Les manifestants non armés s'étaient donné la mission, pendant la journée du 21, de parcourir en groupes les principaux quartiers de Paris, précédés de drapeaux où étaient imprimés en grosses lettres : *Vive l'ordre! vive la paix!*

Les organisateurs de ces manifestations étaient certainement mus par d'excellentes intentions, mais en présence d'une émeute qui avait triomphé si facilement, puissamment armée et enivrée de son succès, il était puéril d'espérer de l'amener à composition par l'exhibition plus ou moins nombreuse de citoyens protestant, sans armes, contre des actes révolutionnaires.

Non-seulement c'était faire aveu d'impuissance et de manque de résolution virile, mais c'était courir au-devant de malheurs toujours possibles, quand ils ne sont pas inévitables, en des temps d'agitation et d'effervescence populaire.

Si ces manifestations continuaient, une catastrophe était imminente. Elle se produisit fatalement.

Dans la journée du 22, vers une heure après midi, une foule assez nombreuse de citoyens, toujours sans armes, s'était réunie place du Nouvel-Opéra et aux environs, pour parcourir les boulevards sous forme de manifestation pacifique.

Un groupe nombreux parmi les manifestants pénètre dans la rue de la Paix, avec espoir sans doute de parvenir jusqu'à la place Vendôme. Ils crient : Vive l'Assemblée nationale! Vive l'ordre! A peine quelques cris de : Vive la République! sont-ils poussés par eux.

Mais recourons à un témoin oculaire et auriculaire dont la déclaration a été publiée par le *Journal des Débats :*

« Depuis la rue des Capucines jusqu'à l'angle de la place Vendôme, cinq pelotons barraient la voie; derrière, deux pièces de 12 de siége; derrière encore, deux autres lignes de gardes nationaux; d'autres encore en réserve sur la place, sans compter ce qui gardait le côté de la rue Castiglione.

« A une heure, un peloton d'environ quatre-vingts hommes fut envoyé au bout de la rue de la Paix, pour disperser le rassemblement formé sur la place de l'Opéra. Devant nous les rangs se resserrèrent et les gardes nationaux chargèrent leurs fusils, malgré les injonctions de leurs officiers, dont l'un même les traitait de *poltrons.* Le piquet envoyé, loin de dissiper le rassemblement, battit lentement en retraite d'abord, repoussé doucement par la foule. Peu à peu sa retraite se changea en déroute, et, aux deux tiers du chemin, ce fut à toutes jambes qu'ils se replièrent sur leurs soutiens. La manifestation arriva, calme et résolue, sur la première ligne.

« Là, en quelques minutes, furent accomplis des actes d'héroïsme qu'il serait trop long de rapporter en détail. Les gardes auraient certainement cédé sans les efforts de trois officiers d'état-major, qui les excitaient de toutes leurs forces, et qui, en dernier ressort, firent battre la charge. Au son du tambour, la garde nationale, au lieu d'avancer, fléchit; la foule, au contraire, avança. Pressés par leurs chefs d'état-major, les gardes essayèrent de repousser de nouveau la foule.

C'est à cet instant qu'un coup de fusil tiré en l'air partit du second rang; deux autres à côté partirent aussitôt, également en l'air; la foule ne bougea pas ; mais d'autres coups de fusil retentirent alors de l'extrémité, puis de tous les rangs indistinctement, et frappèrent au hasard ceux qui étaient devant, amis ou ennemis. C'est alors seulement que la manifestation battit en retraite.

« Les gardes s'étaient presque tous repliés en tirant; des officiers, quelques hommes de sang-froid, seuls restés au milieu de la chaussée, essayèrent de faire cesser le feu.

« Un jeune homme revint, tenant le drapeau de la manifestation, la flèche brisée. Deux ou trois gardes seulement accueillirent par des vivats ce triste trophée. La rue était jonchée de corps tués ou blessés. Le dernier coup tiré le fut par un homme qui, froidement, se masquant derrière ses camarades, épaulait son fusil lentement comme à la cible.

« De tout ce que j'ai vu ou entendu, il résulte que personne n'a ordonné le feu, que les coups ont été tirés de tous les rangs ensemble par des gardes nationaux, et que, sans ce triste événement, la manifestation aurait traversé la place. »

Ce récit fait de bonne foi, on le devine en le lisant et sans parti pris aucun, doit approcher bien près de la vérité.

Huit à dix morts et le double à peu près de blessés, tel fut le résultat déplorable de ce que, à défaut de preuves convaincantes, nous appellerons la fatalité!

Le lendemain, un incident regrettable, mais sans autre importance que celle de témoigner les sentiments d'hostilité de la droite contre tout ce qui était Paris, se produit à l'Assemblée.

Vu la gravité des circonstances, une députation des maires de Paris s'était transportée à Versailles dans le but de se mettre en communication avec le Gouvernement et avec l'Assemblée. Après avoir conféré avec le ministre de l'intérieur, les délégués demandent l'entrée dans l'Assemblée. C'était contraire au règlement. Ils n'insistèrent pas, et, sur l'invitation de M. le président Grévy, ils prennent place dans l'une des tribunes et se tiennent tous debout, une écharpe aux couleurs nationales en sautoir.

A leur entrée dans la salle, l'Assemblée se lève et applaudit chaleureusement. La gauche pousse unanimement les cris de : Vive la France! Vive la République! A droite, on crie seulement : Vive la France!

Les maires répondent par les cris de : Vive la France! Vive la République!

A peine ces cris viennent-ils d'être poussés par la municipalité parisienne que cinquante ou soixante membres de l'extrême droite crient, en désignant les maires : « A l'ordre! à l'ordre! — On ne respecte pas l'Assemblée! — Faites évacuer la tribune! — Ils n'ont pas le droit de prendre ainsi la parole! Ils sont admis au même titre que le public! » Ces réclamations de l'extrême droite, appuyées par une partie de la droite, sont entre-mêlées de protestations de la gauche en faveur des maires.

A ce moment, le tumulte est si grand dans la salle, qu'il devient complétement impossible de saisir les diverses exclamations qui s'entre-croisent à droite et à gauche.

Une trentaine de députés de l'extrême droite se couvrent, bien que le président soit découvert, à son fauteuil, et qu'il n'ait pas encore annoncé que la séance était suspendue ou levée.

A la gauche on entend crier : « A bas les chapeaux! Respectez donc votre président! respectez-vous vous-mêmes; découvrez-vous donc! »

Voix à droite : Vous insultez la France! »

Loin de s'apaiser, l'agitation redouble encore. Les députés de la gauche restent à leurs bancs. Une grande partie de ceux de la droite, au contraire, ont quitté leurs places en se préparant à sortir de la salle des séances.

En présence de cette émotion profonde, qu'il ne lui est guère facile de dominer, M. le président annonce que la séance est levée.

Si le récit qui précède n'était extrait littéralement du compte rendu de cette séance, en vérité, on se refuserait à croire à quelles mesquines manifestations peut se livrer l'esprit de parti.

Avant cet incident, l'Assemblée avait adopté, par 433 voix contre 79, un projet de loi relatif à l'organisation de bataillons volontaires dans chaque département pour venir prêter main-forte au Gouvernement.

Afin de n'y pas revenir, disons immédiatement que l'appel aux départements ne produisit qu'un résultat négatif. Les principales recrues qui affluèrent à Versailles furent d'anciens officiers de la garde mobile, venant tous offrir « leur épée. » Ils voulaient bien prendre les armes, mais seulement comme officiers. Leur dévouement intéressé, qu'on était bien résolu à ne pas utiliser, en voulant toutefois éviter de les froisser, fut

plus tard un sérieux embarras pour l'administration de Versailles.

A Paris, on avait reçu avec stupeur — on en pressentait les conséquences terribles — la nouvelle que l'Assemblée avait ajourné la loi sur la municipalité. On fut davantage peut-être encore froissé du maladroit dédain, presque de l'injure faite par une partie de l'Assemblée à la délégation de ses maires. Il était urgent d'aviser et d'empêcher que les dévouements à l'ordre ne jetassent; selon une expression populaire, le manche après la cognée. Le 23, ils prennent la décision suivante, qui est immédiatement portée à la connaissance du public :

RÉPUBLIQUE FRANÇAISE.

LIBERTÉ, ÉGALITÉ, FRATERNITÉ.

—

L'assemblée des maires et adjoints de Paris,

En vertu des pouvoirs qui lui ont été conférés,

Au nom du suffrage universel dont elle est issue et dont elle entend faire respecter le principe,

En attendant la promulgation de la loi qui conférera à la garde nationale de Paris son plein droit d'élection,

Vu l'urgence,

Nomme provisoirement :

L'amiral Saisset, représentant de la Seine, commandant supérieur de la garde nationale de Paris;

Le colonel Langlois, représentant de la Seine, chef d'état-major général;

Le colonel Schœlcher, représentant de la Seine, commandant en chef de l'artillerie de la garde nationale.

Suivent les signatures des maires et adjoints de la ville de Paris.

Sans aucun doute, — l'arrêté qui précède le mentionne, — la nomination de l'amiral Saisset était faite d'accord avec le gouvernement. Cette excellente nouvelle était bientôt confirmée par cette proclamation de l'amiral Saisset aux habitants de Paris :

AUX HABITANTS DE PARIS.

« Chers concitoyens,

Je m'empresse de porter à votre connaissance

que, d'accord avec les députés de la Seine et les maires élus de Paris, nous avons obtenu du Gouvernement de l'Assemblée nationale :

1° La reconnaissance complète de vos FRANCHISES MUNICIPALES;

2° L'élection de TOUS LES OFFICIERS de la garde nationale, y compris LE GÉNÉRAL EN CHEF;

3° Des modifications à la loi sur les échéances ;

4° Un projet de loi sur les loyers, favorable aux locataires, jusques et y compris les loyers de 1200 francs.

En attendant que vous me confirmiez ma nomination, ou que vous m'ayez remplacé, je resterai à mon poste d'honneur pour veiller à l'exécution des lois de conciliation que nous avons réussi à obtenir, et contribuer ainsi à l'affermissement de la République:

Paris, 23 mars 1871.

Le vice-amiral, commandant en chef provisoire,

SAISSET. »

Un ordre du jour du nouveau commandant en chef de la garde nationale de la Seine affirmait encore davantage son dévouement à la République :

« Groupez-vous autour de moi, terminait-il, accordez-moi votre confiance, et la République sera sauvée. »

Les résultats de cette nomination, avec le concours du colonel Langlois et du colonel Schœlcher, noms chers à tous les républicains, la loyale adhésion de l'amiral à la République, furent immédiats : c'était le drapeau attendu, c'étaient les chefs autour desquels il fallait se grouper.

Dans presque tous les bataillons, les officiers se réunissent par compagnies. La grande majorité décide qu'ils répondront à l'appel qui leur est fait, et déclarent se charger de l'adhésion de leurs hommes.

Dans beaucoup de bataillons, afin d'affirmer cette adhésion autrement que par des paroles et pour témoigner qu'elle était accordée sans hésitation aucune, avec toutes ses conséquences possibles, des déclarations furent rédigées, signées, et une délégation nommée pour les remettre à l'état-major de la garde nationale de l'ordre installé provisoirement au Grand-Hôtel.

Entre temps, et le jour même fixé par lui pour les élections, le Comité central les décrète remises au dimanche suivant, 26, et cela par une proclamation qui méconnaissait et travestissait étrangement l'œuvre patriotique poursuivie avec tant de dévouement par les municipalités élues. La reproduction de ce document sera le premier châtiment infligé à ses indignes auteurs :

« Citoyens,

« Votre légitime colère nous a placés, le 18 mars, au poste que nous ne devions occuper que le temps strictement nécessaire pour procéder aux élections communales.

« Vos maires, vos députés, répudiant les engagements pris à l'heure où ils étaient des candidats, ont mis tout en œuvre pour entraver ces élections que nous voulons faire à bref délai.

« La réaction, soulevée par eux, nous déclare la guerre.

« Nous devons accepter la lutte et briser la résistance, afin que vous puissiez y procéder dans le calme de votre volonté et de votre force.

« En conséquence, les élections sont remises au dimanche prochain 26 mars.

« Jusque-là, les mesures les plus énergiques seront prises pour faire respecter les droits que vous avez revendiqués.

« Hôtel de Ville, 22 mars 1871. »

Suivent les signatures.

Le Comité central est mieux inspiré dans cette proclamation du 24 :

« Citoyens,

« La cause de nos divisions repose sur un malentendu. En adversaires loyaux, voulant le dissiper, nous expliquerons encore nos légitimes griefs.

« Le gouvernement, suspect à la démocratie par sa composition même, avait néanmoins été accepté par nous, en nous réservant de veiller à ce qu'il ne trahît pas la République, après avoir trahi Paris.

« Nous avons fait, sans coup férir, une révolution : c'était un devoir sacré; en voici les preuves:

« Que demandions-nous ?

« Le maintien de la République comme gouvernement seul possible et indiscutable;

« Le droit commun pour Paris, c'est-à-dire un conseil communal élu;

« La suppression de la préfecture de police, que le préfet de Kératry avait lui-même réclamée;

« La suppression de l'armée permanente et le droit pour vous, garde nationale, d'être seule à assurer l'ordre dans Paris ;

« Le droit de nommer tous nos chefs;

« Enfin, la réorganisation de la garde nationale sur des bases qui donneraient des garanties au peuple.

« Comment le gouvernement a-t-il répondu à cette revendication légitime?

« Il a rétabli l'état de siége tombé en désuétude, et donné le commandement à Vinoy, qui s'est installé la menace à la bouche.

« Il a porté la main sur la liberté de la presse, en supprimant six journaux.

« Il a nommé au commandement de la garde nationale un général impopulaire, qui avait mission de l'assujettir à une discipline de fer et de la réorganiser sur les vieilles bases antidémocratiques.

« Il nous a mis la gendarmerie à la préfecture dans la personne du général Valentin, ex-colonel de gendarmes.

« L'Assemblée même n'a pas craint de souffleter Paris qui venait de prouver son héroïsme. ·

« Nous gardions, jusqu'à notre réorganisation, des canons payés par nous et que nous avions soustraits aux Prussiens. On a tenté de s'en emparer par des entreprises nocturnes et les armes à la main.

« On ne voulait rien accorder; il fallait obtenir, et nous nous sommes levés pacifiquement, mais en masse.

« On nous objecte aujourd'hui que l'Assemblée, saisie de peur, nous promet, pour un temps (non déterminé), l'élection communale et celle de nos chefs, et que, dès lors, notre résistance au pouvoir n'a plus à se prolonger.

« La raison est mauvaise. Nous avons été trompés trop de fois pour ne pas l'être encore ; la main gauche, tout au moins, reprendrait ce qu'aurait donné la droite, et le peuple, encore une fois évincé, serait une fois de plus la victime du mensonge et de la trahison.

« Voyez, en effet, ce que le gouvernement fait déjà !

« Il vient de jeter à la Chambre, par la voix de Jules Favre, le plus épouvantable appel à la guerre civile, à la destruction de Paris par la province, et déverse sur nous les calomnies les plus odieuses.

« Citoyens,

« Notre cause est juste, notre cause est la vôtre : joignez-vous donc à nous pour son triomphe. Ne prêtez pas l'oreille aux conseils de quelques hommes soldés qui cherchent à semer la division dans nos rangs; et, enfin, si vos convictions sont autres, venez donc protester par des bulletins blancs, comme c'est le devoir de tout bon citoyen.

« Déserter les urnes n'est pas prouver qu'on a raison; c'est, au contraire, user de subterfuge pour s'assimiler, comme voix d'abstention, les défaillances des indifférents, des paresseux ou des citoyens sans foi politique.

« Les hommes honnêtes répudient d'habitude de semblables compromissions.

« Avant l'accomplissement de l'acte après lequel nous devons disparaître, nous avons voulu tenter cet appel à la raison et à la vérité. Notre devoir est accompli.

« Hôtel de ville, 24 mars 1871. »

(Suivent les signatures.)

La rédaction à demi conciliante et presque convenable de ce document malgré l'exagération calculée de ses griefs, semble être la conséquence logique de l'entente du Comité central avec les municipalités : ce qui, le 25, sera un fait accompli.

En effet, à cette date, vers onze heures, les maires présents à Paris et un certain nombre de députés de Paris et les délégués du Comité central décidaient, après une longue délibération, que les élections auraient lieu aujourd'hui 26 mars.

Une délégation est immédiatement envoyée à Versailles pour porter au Gouvernement les résultats de la délibération.

Une proclamation des maires et des députés qui assistent à la réunion est rédigée et envoyée à l'Imprimerie nationale.

Au moment de lever la séance, on ignorait encore la réponse du Gouvernement. On supposait que la situation serait, dans l'après-midi, exposée à l'Assemblée nationale.

Sans attendre les nouvelles de Versailles la,

communication suivante est envoyée aux journaux.

Communication des Députés et des Maires de Paris.

« Les députés de Paris, les maires et les adjoints
élus, réintégrés dans les mairies de leurs arrondissements, et les membres du Comité central de
la garde nationale, convaincus que, pour éviter
la guerre civile, l'effusion du sang à Paris, et
pour affermir la République, il faut procéder à
des élections immédiates, convoquent les électeurs, pour demain dimanche, dans leurs colléges électoraux.

Le scrutin sera ouvert à huit heures du matin
et fermé à minuit.

Les habitants de Paris doivent comprendre que,
dans les circonstances actuelles, ils doivent tous
prendre part au vote, afin que ce vote ait le caractère sérieux qui, seul, peut assurer la paix
dans la cité.

*Pour les députés de la Seine, les représentants
de la Seine présents à Paris,*

LOCKROY, FLOQUET, CLÉMENCEAU, TOLAIN,
GREPPO. »

Tous les maires et adjoints, *sauf pour cause
d'absence,* Arnaud (de l'Ariége), Henri Martin. —
M. Tirard adhère.

Une proclamation plus explicite encore, affichée dans la soirée, ne laisse subsister aucun
doute.

RÉPUBLIQUE FRANÇAISE.

Liberté, Égalité, Fraternité.

« Paris, le 25 mars 1871.

« Citoyens,

« Dans Paris, où le pouvoir législatif a refusé
de siéger, d'où le pouvoir exécutif est absent, il
s'agit de savoir si le conflit qui s'est élevé entre
des citoyens également dévoués à la République
doit être vidé par la force matérielle ou par la
force morale.

« Nous avons la conscience d'avoir fait tout ce
que nous pouvions pour que la loi ordinaire fût
appliquée à la crise exceptionnelle que nous traversons.

« Nous avons proposé à l'Assemblée nationale

toutes les mesures de conciliation propres à apaiser les esprits et à éviter la guerre civile.

« Vos maires élus se sont transportés à Versailles et se sont faits l'écho des réclamations légitimes de ceux qui veulent que Paris ne soit pas
tout à la fois déchu de sa situation de capitale et
privé de ses droits municipaux, qui appartiennent à toutes les villes, à toutes les communes
de la République.

« Ni vos maires élus, ni vos représentants à
l'Assemblée nationale n'ont pu réussir à obtenir
une conciliation.

« Aujourd'hui, placés entre la guerre civile
pour nos concitoyens et une grave responsabilité
pour nous-mêmes, décidés à tout plutôt qu'à
laisser couler une goutte de ce sang parisien que
naguère vous offriez tout entier pour la défense
et l'honneur de la France, vous venons vous
dire: Terminons le conflit par le vote, non par
les armes.

« Votons, puisqu'en votant nous investirons du
pouvoir municipal des républicains honnêtes et
énergiques, qui, en sauvegardant l'ordre dans
Paris, épargneront à la France le terrible danger
des retours offensifs de la Prusse et les tentatives
téméraires des prétentions dynastiques.

« Nous avons dit hier à l'Assemblée nationale
que nous prendrions sous notre responsabilité
toutes les mesures qui pourraient éviter l'effusion
du sang.

« Nous avons fait notre devoir en vous disant
notre pensée.

« Vive la France! Vive la République!

« Les représentants de la Seine présents à Paris,

« V. SCHŒLCHER, Ch. FLOQUET,
E. LOCKROY, G. CLEMENCEAU,
TONIN, GREPPO. »

Enfin une proclamation commune, signée par
les municipalités, par les députés et par le Comité
central établit, à n'en pas douter, que l'entente
est complète.

« Le Comité central de la garde nationale, auquel se sont ralliés les députés de Paris, les maires et les adjoints, convaincus que le seul moyen
d'éviter la guerre civile, l'effusion du sang à Paris, et en même temps d'affermir la République,
est de procéder à des élections immédiates, con-

voquent pour demain dimanche tous les citoyens dans les colléges électoraux.

« Les habitants de Paris comprendront que, dans les circonstances actuelles, le patriotisme les oblige à venir tous au vote, afin que les élections aient le caractère sérieux qui, seul, peut assurer la paix dans la cité.

« Les bureaux seront ouverts à huit heures du matin et fermés à minuit.

« Vive la République!

« *Les maires et adjoints de Paris,*

« 1er arrondissement. — Ad. ADAM, maire; MELINE, adjoint

Félix Pyat.

« 2e arrondissement.— E. BRELAY, LOISEAU-PINSON, adjoints.

« 3e arrondissement. — BONVALLET, maire; Ch. MURAT, adjoint.

« 4e arrondissement. — VAUTRAIN, maire; DE CHATILLON, LOISEAU, adjoints.

« 5e arrondissement. — JOURDAN, COLLIN, adjoints.

« 6e arrondissement. — A. LEROY, adjoint.

« 9e arrondissement. — DESMARETS, maire; E. FERRY, André NAST, adjoints,

« 10e arrondissement. — A. MURAT, adjoint.

« 11e arrondissement. — MOTTU, maire; BLANCHON, POIRIER, adjoints.

« 12e arrondissement.— GRIVOT, maire; DENIZOT, DUMAS, TURILLON, adjoints.

« 13e arrondissement. — COMBES, Léon MEILLET, adjoints.

« 15e arrondissement. — JOBBÉ-DUVAL, SEXTIUS-MICHEL, adjoints.

« 16e arrondissement. —CHAUDET, SÉVESTE, adjoints.

« 17e arrondissement. —François FAVRE, maire; MALON, VILLENEUVE, CACHEUX, adjoints.

11e LIV.

« 18ᵉ arrondissement. — CLÉMENCEAU, maire ; J.-A. LARONT, DEREURE, JACLARD, adjoints.

« 19ᵉ arrondissement. → DEVAUX, SATORY, adjoints.

« *Les représentants de la Seine présents à Paris,*

« LOCKROY, FLOQUET, TOLAIN, CLÉMENCEAU. V. SCHOELCHER, GREPPO.

« *Le comité central de la garde nationale,*

« AVOINE fils, Ant. ARNAUD, G. ARNOLD, ASSI, ANDIGNOUX, BOUIT, Jules BERGERET, BADICK, BARON, BILLORAY, BLANCHET, L. BOURSIER, CASTIONI, CHOUTEAU, C. DUPONT, FABRE, FERRAT, Henri FORTUNÉ, FLEURY, POUGERET, C. GAUDIER, GOUHIER, H. GÉRESME, GRELIER, GROLLARD, JOURDE, JOSSELIN, LAVALETTE, LISBONNE, MALJOURNAL, Édouard MOREAU, MORTIER, PRUDHOMME, ROUSSEAU, RANVIER, VARLIN.

Le 24, une convocation avait été envoyée aux chefs de bataillon et aux capitaines commandants, pour qu'ils aient à se réunir le dimanche, au Grand-Hôtel, boulevard des Capucines, à onze heures

La convocation était signée de M. de Beaufont, lieutenant-colonel, chef d'état-major général.

Le lendemain, la copie de cet ordre était expédiée aux commandants et chefs de compagnie des bataillons de l'ordre :

« J'ai l'honneur d'informer MM. les chefs de corps, officiers, sous-officiers et gardes nationaux de la Seine que je les autorise à rentrer dans leurs foyers, à dater du samedi 25, sept heures du soir.

« Le vice-amiral commandant en chef la garde nationale de la Seine,

« Signé : SAISSET.

« Pour copie conforme :

« L'aide de camp de l'amiral,

« A. CLÉMENT. »

A quel mobile, à quelles instructions obéit l'amiral Saisset?

Dans les groupes, on prétend qu'il a été désavoué par le ministre, à cause des promesses faites dans sa proclamation. Tout le monde ajoute foi à cette interprétation, parce qu'en ces jours d'agitation on ne se rend pas suffisamment, ni surtout froidement compte des diverses phases des événements. La proclamation du nouveau commandant de la garde nationale n'avait été que l'écho des paroles de M. Thiers à la tribune; il n'était donc guère possible de le désavouer.

Il est davantage présumable que l'amiral ne voulut pas endosser la solidarité morale des municipalités et des députés agissant en commun avec le comité central, ou peut-être bien, fut-il simplement rappelé à Versailles par le gouvernement.

Quoi qu'il en soit, cette retraite subite fut le coup de grâce pour la démoralisation de la garde nationale. Les indifférents se désaffectionnèrent complétement; d'autre part ce fut une cause d'abstention pour beaucoup dans le vote du lendemain: abstentions coupables, puisqu'elles permirent au parti extra radical de triompher à une grande majorité.

Ce ne fut pas moins une véritable stupeur dans les régions gouvernementales à Versailles, quand on acquit la certitude du pacte d'union établi à Paris. M. Thiers ne put maîtriser son trouble et son émotion. Peut-être se repentit-il....

La journée des élections à Paris, le 26, est on ne peut plus calme. La population semble croire que tout est bien près d'être fini.

Voici les résultats officiels du scrutin, instructifs à examiner à plus d'un titre.

Afin de permettre l'exacte appréciation des votes émis, nous faisons précéder le nom de chaque candidat d'une annotation abrégée :

Rép..... Républicain.
Rad..... Radical.
Ul. rad. Ultra radical.
C. c..... Membre du Comité central.
O. o..... Opinion et personnalité peu connues.

ÉLECTIONS DU 26 MARS 1871.

PREMIER ARRONDISSEMENT.

12 sections, 81 665 habitants (4 conseillers).

Inscrits............. 22 060
Votants............. 11 065

Rép.	Adolphe Adam (élu).	7272
—	Méline (élu.	7251
—	Rochard (élu)	6629
—	Barré (élu)	6294
Ul. rad.	Grandjean	3665
—	Vésinier	3458
—	Pillot.	3309
—	Miot	3219

DEUXIÈME ARRONDISSEMENT.

20 sections, 76 909 habitants (4 conseillers).

Inscrits............ 22 858
Votants............ 11 143

Rép.	Breslay (élu)	7025
—	Loyseau-Pinson (élu)	6962
—	Tirard (élu)	6391
—	Chéron (élu)	6066
Ul. rad.	Pothier	4422
—	Séraillier	3711
—	Durand	3656
—	Johannard	3639

TROISIÈME ARRONDISSEMENT.

12 sections, 92 680 habitants (5 conseillers).

Ul. rad.	Demay (élu)	9004
C. c. —	A. Arnaud (élu)	8912
—	Pindy (élu)	8095
—	Murat (élu)	5904
C. c. —	Dupont (élu)	5752
Rad.	Cléray	5698
Ul. rad.	Amouroux	5697
Rad.	Bonvalet	3906
—	Rogeard	2796
—	Briosnes	2603

QUATRIÈME ARRONDISSEMENT.

11 sections, 99 648 habitants (5 conseillers).

Inscrits............... 32 060
Votants............... 13 910

Ul. rad.	Arthur Arnould (élu)	8608
—	Lefrançais (élu)	8519
—	Clémence (élu)	8163
—	Gérardin (élu)	8104
—	Amouroux (élu)	7950
Rad.	Louis Blanc	5680
Rép.	Vautrain	5133

Rép.	Châtillon	4991
—	Loiseau	4849
—	Calon.	4743

CINQUIÈME ARRONDISSEMENT. (Panthéon.)

10 sections, 104 083 habitants, 5 conseillers.

Inscrits............... 21 632
Votants............... 12 422

Ul. rad.	Régère (élu)	7469
C. c. —	Jourde (élu)	7310
—	Tridon (élu)	6469
C. c. —	Blanchet (élu)	5994
—	Ledroy (élu)	5848
Rép.	Collin	3049
Rad.	Murat	2857
—	Treillart	1577
—	Jourdan	1629
—	Pierron	1231
Rép.	Vacherot	1028

SIXIÈME ARRONDISSEMENT. (Luxembourg.)

13 sections, 75 438 habitants, 4 conseillers:

Inscrits............... 24.807
Votants............... 9.499

Rép.	Albert Leroy (élu)	5800
Ul. rad.	Goupil (élu)	5111
Rad.	Robinet (élu)	3904
Ul. —	Beslay (élu)	3714
C. c. Ul. rad.	Varlin (élu, dans les 17e et 12e)	3602
Vaniteux.	Courbet	3242
Rad.	Lacord	2941
Rép.	Laüth	2362
—	Hérisson	2279
—	Jozon	2202
C. c. Ul. rad.	Ferrat	2062

SEPTIÈME ARRONDISSEMENT. (Palais-Bourbon.)

19 sections, 75,438 habitants, 4 conseillers.

Inscrits............... 22 092
Votants............... 5 065

Ul. rad.	Parisel (élu)	3567
—	Lefèvre (élu)	2859
—	Urbain (élu)	2803
—	Brunel (élu)	2163
Rép.	Ribaucourt	1376
—	Toussaint	1063

Rép.		Arnaud (de l'Ariége)	986
—		Lallemand	935
—		Hortus	812
C. c. Ul. rad.		Billioray (élu)	6100
—		Martelet (élu)	5912
—		Decamp (élu)	5835
—		Ducoudray	570
C. c.	—	Avoine fils	332
Rad.		Héligon	130

HUITIÈME ARRONDISSEMENT.

8 sections, 70 259 habitants, 4 conseillers.

Inscrits... ... 17 825
Votants ... 4396

Ul. rad.	Raoul Rigault (élu)	2873
—	Vaillant (élu)	2145
—	Arthur Arnould (élu)	2114
—	Allix (élu)	2028
Rép.	Carnot	1922
Se disant —	Denormandie	1806
O. O.	Aubry	1740
—	Belliard	1718

NEUVIÈME ARRONDISSEMENT. (Opéra.)

9 sections, 106 211 habitants, 5 conseillers.

Inscrits ... 26 608
Votants ... 10 340

Rad.	Ranc (élu)	8950
—	U. Parent (élu)	5770
Rép.	Desmarest (élu)	4232
—	E. Ferry (élu)	3732
—	Nast (élu)	3691
Rad.	Dupont de Bussac	2893
—	Avenel	2377
—	Lemeri	2228
—	Briosne	2197
—	Delescluze	1699
—	Malon	1337

DIXIÈME ARRONDISSEMENT. (Enclos Saint-Laurent.)

14 sections, 116 438 habitants, 6 conseillers.

Inscrits ... 28 801
Votants ... 16 764

Ul. rad.	Gambon (élu)	13734
—	Félix Pyat (élu)	13813
C. c. —	Henri Fortuné (élu)	11364
—	Champy (élu)	11042

C. c. Ul. rad.		Babick (élu)	10934
—		Rastoul (élu)	10738
Rad		Ollive	3985
—		Gambetta	3748
—		Alcan	3001
—		Marchand	2685
—		Coquentin	2623
—		Murat	1330

ONZIÈME ARRONDISSEMENT. (Popincourt.)

32 sections, 149 641 habitants, 7 conseillers.

Inscrits ... 42 153
Votants ... 25 183

Ul. rad.		Mortier (élu)	21 185
—		Delescluze (élu dans le 19ᵉ)	20 264
C. c.	—	Assi (élu)	19 890
—		Protot (élu)	19 780
—		Eudes (élu)	19 276
—		Avrial (élu)	17 944
—		Verdure (élu)	17 351
Rad.		Mottu	4614
—		Raspail	4558
—		Ranc	4449
—		Poirier	4015
—		Havard	3577
—		Rebierre	3303

DOUZIÈME ARRONDISSEMENT.

10 sections, 78 725 habitants, 4 conseillers.

Inscrits ... 19 990
Votants ... 11 329

C. c. Ul. rad.		Varlin (élu dans le 17ᵉ et 6ᵉ)	9843
—	—	Geresme (élu)	8876
—		Theisz (élu dans le 18ᵉ)	8710
—		Fruneau (élu)	8629
Rép.		Denizot	1581
—		Dumas	1563
—		Turillon	1553

TREIZIÈME ARRONDISSEMENT.

5 sections, 70 192 habitants, 4 conseillers.

Inscrits ... 16 597
Votants ... 8 019

Ul. rad.	Léo Meillet (élu)	6531
—	Duval (élu)	6482
—	Chardon (élu)	4663

Ul. rad. Frankel (élu) 4080
— Lucipia 1540
O. O. Sicard 1455
— Combes 402

QUATORZIÈME ARRONDISSEMENT.

8 sections, 65 506 habitants, 3 conseillers.

Inscrits 17 769
Votants 6570

Ul. rad. Billioray (élu) 6300
— Martelet (élu) . . . . ., . . 5912
— Decamp (élu) 5835
Rad. Ducoudray 570
C. c. Ul. rad. Avoine fils 332

QUINZIÈME ARRONDISSEMENT. (Vaugirard.)

9 sections, 69 240 habitants, 3 conseillers.

Inscrits 19 681
Votants 6 467

Ul. rad. Clément (élu) 5025
— Jules Vallès (élu) 4403
— Langevin (élu) 2417
Rad. Jobbé-Duval 1763

SEIZIÈME ARRONDISSEMENT. (Passy.)

5 sections, 42 187 habitants, 2 conseillers.

Inscrits 10 731
Votants 3 732

Rad. Dʳ Marmottant (élu) 2036
— De Bouteiller (élu) 1909
Ul. rad. Félix Pyat 1332
Rad. Victor Hugo 1274
Rép. Chaudey 95
— Henri Martin 93

DIX-SEPTIÈME ARRONDISSEMENT.
(Batignolles-Monceaux.)

9 sections, 98 113 habitants, 5 conseillers.

Inscrits 26 574
Votants 11 394

C. c. Ul. rad. Varlin (élu) 9356
— Clément (élu) 7121
— Ch. Gérardin (élu) 6142
— Chalain (élu) 4545
— Malon (élu) 4190
— Taillez 3548
— Martine 3111
— Dupras . . ., ... 2511
— Tridon 2253

DIX-HUITIÈME ARRONDISSEMENT.
(Buttes-Montmartre.)

12 sections, 130 456 habitants, 7 conseillers.

Inscrits 32 962
Votants 17 443

Ul. rad. Blanqui (élu) 14 953
— Theisz (élu) 14 950
— Dereure (élu) 14 661
— J.-B. Clément (élu) 14 188
— Th. Ferré (élu) 13 784
— Vermorel (élu) 13 402
— Pascal Grousset (élu) 13 359
Rad. Clémenceau 752
— Jaclard 503
— Lafond 449
— L. Blanc 130

DIX-NEUVIÈME ARRONDISSEMENT.
(Buttes-Chaumont.)

16 sections, 113 000 habitants, 6 conseillers.

Inscrits 28 270
Votants 11 282

Ul. rad. Oudet (élu) 10 065
— Puget (élu) 9547
— Delescluze (élu dans le 11ᵉ) 5846
— J. Miot (élu) 5065
— Ostein (élu) 5520
— Flourens (élu) 4100
— Henry 4084
— Pillioud 3860

VINGTIÈME ARRONDISSEMENT.
(Ménilmontant.)

13 sections, 87 444 habitants, 4 conseillers.

Inscrits 28 270
Votants 17 282

C. c. Ul. rad. Bergeret (élu) 15 290
— Ranvier (élu) 15 049
— Flourens (élu) 14 089
— Blanqui (élu) 13 859
— Tridon 1304
— Dumont 1054
— Lefrançais 269

Quoique les abstentions aient été nombreuses

parmi les classes bourgeoises et les partisans dévoués du gouvernement de Versailles, le total général des votants, le 26 mars, a été de près de 250 000. (248 388.)

Aux élections municipales du 5 novembre le chiffre des votants a été de 222 451.

Enfin, autre résultat général et comparatif important à signaler : au scrutin du 5 novembre, les vingt maires de Paris représentaient ensemble le chiffre de 140 142 suffrages. Au scrutin du 26 mars, les premiers élus dans chacun des vingt arrondissements réunissaient un total de 173 798 voix.

Ce n'est donc pas absolument la *quantité* de suffrages qui a fait défaut aux élections du 26 mars ; le nombre des votes émis a dépassé la moyenne ordinaire. Les partisans de la Commune proprement dite, ont voté en masse ; seule une grande partie des électeurs qui auraient pu leur faire échec, se sont abstenus.

Dans quelques arrondissements, les 1er, 2e, 6e, 9e, 16e arrondissements, il a suffi que les abstentions ne soient pas considérables pour que 9 élus aient été soit des républicains, soit des radicaux qui auraient fait tous leurs efforts pour nous épargner les douleurs de la guerre civile.

Il est hors de doute que plusieurs autres arrondissements auraient pu obtenir de semblables résultats.

Quoi qu'il en soit, *la Commune* est nommée ; elle est maîtresse de Paris.

Le Comité central, dans une proclamation visant au grand effet, lui a remis ses pouvoirs.

Avant de commencer l'historique des actes de la Commune, résumons succinctement les quelques actes administratifs et militaires du Comité depuis le 19 mars, peu nombreux du reste, à part la myriade de proclamations dont il a couvert les murs de la capitale.

Le 20. — « Suppression, jusqu'à nouvel ordre, de la télégraphie privée dans Paris. »

Tous les employés de l'administration régulière, ayant rejoint le gouvernement à Versailles, la suppression n'avait pas besoin d'être décrétée puisqu'il n'y avait plus d'agents. — Le citoyen J. Lucien Combatz est chargé de la réorganisation de ce service.

Même date : — « Jusqu'à nouvel ordre, et dans le seul but de maintenir la tranquillité, les propriétaires et maîtres d'hôtel ne pourront congédier leurs locataires. »

Comme la mesure ne pouvait concerner que les locataires ne payant pas, la gratuité du domicile était donc décrétée.

Le 21. — « De par le général commandant des gardes nationales de la Seine, le *général* Raoul du Bisson est nommé aux fonctions de chef d'état-major général. »

Observation importante à faire : cet arrêté nommant le général du Bisson — est signé du général du Bisson, lui-même. Jamais aucun document officiel n'a mentionné le nom du général commandant des gardes nationales de la Seine. Il n'a été véritablement connu que par les débats devant le conseil de guerre. C'était le citoyen Ch. Lullier, ancien officier de marine, personnalité bien en évidence à Paris.

La toute-puissance du nouveau général fut de courte durée. Un jour plus tard il était arrêté par ses collègues du Comité central, sous le fallacieux prétexte qu'il était atteint de folie.

En réalité, M. Lullier était relativement modéré. De plus, homme très-intelligent, nature excentrique, mais droite, il n'avait pas été longtemps à apprécier les tristes personnages dont il était devenu le collaborateur. Il avait blâmé l'arrestation du général Chanzy, il avait fait tous ses efforts pour obtenir sa mise en liberté ; il avait hautement répudié la lamentable fatalité de la fusillade de la place Vendôme, et enfin dans un moment d'emportement il aurait répondu à la majorité du Comité, qui le traitait de réactionnaire : « — Que seriez-vous ici sans moi ? je vous ai amenés ici, et celui qui vous a établis au pouvoir peut vous en renvoyer. »

Cette menace qu'on le savait parfaitement capable de mettre à exécution effraya les collègues de M. Lullier, qui jugèrent prudent de le faire arrêter.

Puisque la coopération de Lullier aux agissements du Comité central, lui vaudra une condamnation à mort, tandis que Courbet, membre de la Commune jusqu'au dernier jour, en sera quitte pour six mois de prison, il n'est pas inopportun de rapporter les faits et gestes du citoyen Lullier, qui les a lui-même longuement contés dans cette lettre au *Rappel*.

Ce récit a en outre un certain intérêt historique ; il est certain que Lullier a écrit la vérité quant à ce qu'il a vu et cru avoir fait :

« Conciergerie, ce 28 mars 1871.

Gardes nationaux, citoyens,

J'ai pris la barre du gouvernail au milieu de la tempête. Tant que le vent a soufflé en foudre, j'ai donné froidement des ordres, sans m'inquiéter des qu'en dira-t-on de l'équipage.

Aujourd'hui le navire a touché au port ; capitaine, je viens rendre compte de mes manœuvres.

Dans la journée du 18 mars, à peine de retour à Paris, dans cette ville dont m'avait éloigné une insigne fourberie, le Comité central de la garde nationale me fit rechercher partout et me remit, rue de Barroy, 11, tous ses pouvoirs pour lui assurer, le plus rapidement possible, et par tous les moyens que je jugerais convenables, la possession de Paris. Toute les forces disponibles de la garde natio nale étaient, par deux ordres que j'ai encore en main, placées sous mon commandement immédiat.

Parti avec douze gardes nationaux et trois ordonnances seulement du siége du Comité, je ralliai tous les bataillons épars sur ma route, et, après avoir perdu deux de mes ordonnances tuées à mes côtés et avoir vu vingt fois ma vie menacée, je m'emparai successivement, dans la nuit du 18 au 19 mars, de l'hôtel de ville, de la préfecture de police, de la place de Paris et des Tuileries[1], que je fis occuper aussitôt et où je laissai un commandant militaire.

Nommé le lendemain, par le Comité, général de division et commandant en chef de la garde nationale de Paris, je fis occuper le jour même et les jours suivants les ministères et les portes de l'enceinte. L'Hôtel de ville, siège du nouveau gouvernement, fut, par mes soins personnels, transformé en camp retranché et abondamment pourvu d'artillerie et de munitions ; ses trois souterrains furent occupés et ses abords gardés au loin. Les sept points stratégiques de la rive droite et les quatre points stratégiques de la rive gauche furent également mis à l'abri de toute surprise.

Le service des subsistances, organisé par mes soins, mit, dès le 20 mars, 60 000 rations d'ex-

cellénts vivres de campagne (pain, vin, conserves anglaises) à la disposition de la garde nationale et des troupes cantonnées dans les casernes ayant fait leur soumission au nouveau gouvernement.

Dans cinq jours, j'ai dormi en tout sept heures et demie, pris trois repas, passé vingt-huit heures à cheval et expédié dans toutes les directions près de 2500 ordres militaires.

Le 24, à une heure du matin, brisé, harassé de fatigue, ne tenant plus debout, je viens dire aux membres du Comité :

« Citoyens, nous sommes maîtres de Paris au point de vue militaire ; je réponds de la situation sur ma tête ; mais agissons avec une extrême prudence au point de vue politique. »

Et, pour la quatrième fois j'ai réclamé l'élargissement du général Chanzy.

Dès lors, on n'avait plus besoin de moi. Le lendemain, on m'appela au comité ; on fit verrouiller les portes, on me fit entourer d'une trentaine de gardes, et, sans autre formalité, sous prétexte que j'avais délivré un sauf-conduit au citoyen Glais-Bizoin, on me fit jeter en prison comme ayant des communications avec Versailles. Le général de brigade du Bisson, mon chef d'état-major général, et le colonel Valigrane, mon sous-chef détat-major, ont été en même temps arrêtés.

Je ne descendrai pas à me disculper. Mon caractère est au-dessus du soupçon. En face d'un inénarrable outrage, je me recueille, et de ma poitrine gonflée s'échappe un seul cri, une invocation suprême à ceux dont j'ai toujours défendu la cause au péril de ma vie.

Peuple de Paris, j'en appelle à ta conscience. Peuple, j'en appelle à ta justice !

Charles LULLIER. »

Lullier s'évada bientôt.

Le 24. — « Les pouvoirs militaires de Paris sont remis aux délégués :

« Brunel, Eudes et Duval.

« Ils ont le titre de généraux et agiront de concert, en attendant l'arrivée du général Garibaldi, acc'amé comme général en chef. »

Garibaldi a jugé inutile de quitter Caprera.

Même date. — « Tous les employés des administrations publiques qui, à partir du 25 de ce mois, n'auraient pas repris leurs occupations habituelles, seront irrémissiblement destitués. »

Même date. — « La perception des octrois sera

---

[1]. Ne pas oublier que les victoires du citoyen Lullier étaient faciles : les postes qu'il énumère avaient été abandonnés.

effectuée comme par le passé. Les mesures les plus énergiques seront prises contre les employés de ce service qui n'accompliraient pas leurs versements, par voie administrative, à la délégation des finances du comité central.

« *Les délégués au ministère des finances, membres du Comité central,*

« Varlin, Fr. Jourde. »

Enfin dit l'*Officiel* (de l'hôtel de ville) du 26:

« Le Comité a voté d'urgence, à l'unanimité, la mise en liberté non-seulement du général Chanzy, mais également du général de Langourian. »

En résumé, le Comité central avait beaucoup agité, sans créer quoi que ce fût, ainsi que nous le verrons dans les chapitres suivants; la Commune aussi désorganisera à tort et à travers, sans édifier rien de sensé.

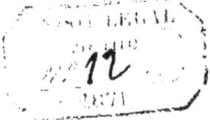

CHAPITRE IV.

Proclamation des élus à la Commune de Paris sur la place de l'Hôtel de ville. — La Commune de Paris est constituée. — Son programme .... d'après M. Beslay, son doyen d'âge. — Appel à la Province par M. Picard. — La Commune, usurpatrice de pouvoirs. — Elle s'organise en Commissions. — Démissions nombreuses. — La plupart des élus à la Commune !... — Ce n'est point l'*Internationale* qui a fait ni dirigé le mouvement. — Pourquoi la révolution n'a pas été enrayée. — Interruption du service postal; regrettable détermination du gouvernement de Versailles. — Le citoyen Protot est délégué à la Justice. — Obligation des passe-ports. — Les électeurs sont convoqués pour les élections complémentaires à la Commune. — — Organisation des Commandants de l'émeute. — Personne cependant ne croit à l'imminence des hostilités. — Si la Commune de Paris eût été composée de personnages honnêtes et sérieux ?...

Il avait été décidé à l'Hôtel de ville que la proclamation des élus à la Commune aurait lieu le mardi, 28.

Des apprêts furent faits en conséquence, et les bataillons fidèles invités à concourir à l'éclat de la cérémonie.

DELESCLUZE.

Dès deux heures, les bataillons affiliés arrivaient au bruit des tambours, au son des clairons, enseignes déployées.

Un grand drap rouge voilait la statue équestre d'Henri IV. Sur ce voile se détachait, ombragé de drapeaux rouges, le buste de la République.

Une grande estrade avait été élevée pour recevoir les élus, en compagnie du Comité central, leur permettre de voir la foule accourue pour assister à leur triomphe, et aussi, d'être vus.

A quatre heures, les membres du Comité apparaissent. Quelques-uns en habit noir et cravate blanche; le plus grand nombre en gardes nationaux galonnés; tous avec une écharpe rouge à la ceinture.

Le citoyen Assi, l'agitateur du Creuzot, commence la cérémonie par quelques paroles vivement acclamées par la foule, qui ne les entend pas...

Le citoyen Ranvier donne lecture du procès-verbal résumant les résultats des élections. Il proclame les élus.

Le canon tonne, les fanfares des bataillons jouent les airs les plus patriotiques; la foule applaudit de plus en plus et crie : *Vive la Commune!*

Des cris encore plus formidables de *Vive la République!* font chorus.

Le citoyen Ranvier, ému, remercie en quelques phrases bien senties, félicitant le peuple de Paris du magnifique exemple qu'il vient de donner au monde!

Le citoyen Lavalette juge l'occasion excellente de prononcer son petit *speech*. Personne ne l'entend, nul ne l'écoute, mais on applaudit de confiance. Le citoyen Lavalette salue d'un air fort satisfait.

La COMMUNE est enfin solennellement proclamée !

Le canon se fait entendre de nouveau, les fanfares redoublent d'ardeur, les *vivats*, également.

Puis les bataillons défilent au pied de l'estrade, et quand la dernière compagnie a salué, les membres de la Commune se réunissent dans la salle Saint-Jean, pour s'installer et entrer immédiatement en fonctions.

Le citoyen Beslay, doyen d'âge, en prenant possession provisoire du fauteuil présidentiel, prononce ce discours d'inauguration, programme définissant, selon lui, la mission de la Commune élue.

« Citoyens,

« Votre présence ici atteste à Paris et à la France que la Commune est faite, et l'affranchissement de la Commune de Paris, c'est, nous n'en

doutons pas, l'affranchissement de toutes les communes de la République.

« Depuis cinquante ans, les routiniers de la vieille politique nous bernaient avec les grands mots de décentralisation et de gouvernement du pays par le pays. Grandes phrases qui ne nous ont rien donné.

« Plus vaillants que vos devanciers, vous avez fait comme le sage qui marchait pour prouver le mouvement, vous avez marché, et l'on peut compter que la République marchera avec vous!

« C'est là, en effet, le couronnement de votre victoire pacifique. Vos adversaires ont dit que vous frappiez la République; nous répondons, nous, que si nous l'avons frappée, c'est comme le pieu que l'on enfonce plus profondément en terre.

« Oui, c'est par la liberté complète de la Commune que la République va s'enraciner chez nous. La République n'est plus aujourd'hui ce qu'elle était aux grands jours de notre révolution. La République de 93 était un soldat qui, pour combattre au dehors et au dedans, avait besoin de centraliser sous sa main toutes les forces de la patrie; la République de 1871 est un travailleur qui a surtout besoin de liberté pour féconder la paix.

« *Paix et travail!* Voilà notre avenir! Voilà la certitude de notre revanche et de notre régénération sociale, et ainsi comprise, la République peut encore faire de la France le soutien des faibles, la protectrice des travailleurs, l'espérance des opprimés dans le monde et le fondement de la République universelle.

L'affranchissement de la Commune est donc, je le répète, l'affranchissement de la République elle-même; chacun des groupes va retrouver sa pleine indépendance et sa complète liberté d'action.

« La Commune s'occupera de ce qui est local.

« Le Département s'occupera de ce qui est régional.

« Le Gouvernement s'occupera de ce qui est national.

« Et, disons-le hautement, la Commune que nous fondons sera la Commune modèle. Qui dit travail, dit ordre, économie, honnêteté, contrôle sévère, et ce n'est pas dans la Commune républicaine que Paris trouvera des fraudes de 400 millions.

« De son côté, ainsi réduit de moitié, le gouvernement ne pourra plus être que le mandataire docile du suffrage universel et le gardien de la République.

« Voilà, à mon avis, citoyens, la route à suivre, entrez-y hardiment et résolûment : ne dépassons pas cette limite fixée par notre programme, et le pays et le gouvernement seront heureux et fiers d'applaudir à cette révolution, si grande et si simple, et qui sera la plus féconde révolution de notre histoire.

« Pour moi, citoyens, je regarde comme le plus beau jour de ma vie d'avoir pu assister à cette grande journée, qui est pour nous la journée du salut. Mon âge ne me permettra pas de prendre part à vos travaux comme membre de la Commune de Paris; mes forces trahiraient trop souvent mon courage, et vous avez besoin de vigoureux athlètes. Dans l'intérêt de la propagande, je serai donc obligé de donner ma démission; mais soyez sûrs qu'à côté de vous comme auprès de vous, je saurai, dans la mesure de mes forces, vous continuer mon concours le plus dévoué, et servir comme vous la sainte cause du travail et de la République.

« Vive la République! Vive la Commune! »

Certes, le programme communal tel que le définissait le citoyen Beslay, sagement, modérément appliqué, pouvait produire d'excellents résultats.

La délimitation des pouvoirs de la Commune, du Département et du Gouvernement était clairement indiquée, et tout le monde eût pu applaudir des deux mains à l'avenir rêvé par l'orateur, et dont il avait fait sa devise : *Paix et travail!*

Le discours du citoyen Beslay démontre bien le caractère de l'orateur, ses luttes, ses illusions, et, pourquoi ne pas le dire? ses utopies, dont il a été, du reste, la première victime.

M. Beslay (Charles), né le 4 juillet 1795, à Dinant (Côtes-du-Nord), était fils d'un député qui siégea sous l'Empire, sous la Restauration et sous Louis-Philippe.

En 1830, Charles Beslay, élu député par le collège de Pontivy, devint ainsi le collègue de son père.

Ses opinions radicales, qu'il manifesta en maintes occasions, l'empêchèrent d'être réélu.

En 1848, désigné par le Gouvernement Provisoire aux fonctions de commissaire extraordinaire dans le Morbihan, il fut élu par ce dé-

partement député à la Constituante, le premier, et à une immense majorité.

Il soutint la politique du général Cavaignac et vota avec la fraction modérée de la gauche. N'ayant pas été réélu à l'assemblée législative, M. Beslay reprit à Paris ses travaux industriels.

Ingénieur distingué, dans l'intervalle de ses fonctions publiques et politiques, il avait cherché à mettre en pratique les solutions sociales dont il a fait l'étude de sa vie; essais qui lui ont peu réussi. Il y a sacrifié, à peu près en entier, une fortune assez considérable.

Il est socialiste, proudhonien, fondateur de l'Internationale, et l'un des membres les plus radicaux de cette association.

Cette succincte note biographique de M. Beslay était indispensable pour expliquer comment un homme parfaitement honnête, d'une intelligence remarquable, et devant être aussi expérimenté, était resté jusqu'au dernier jour le collaborateur de personnages, qui dès le lendemain lacéraient le programme qu'il avait affirmé en leur nom.

M. Beslay, dans son discours, avait cependant annoncé sa démission prochaine, — il ne la donna pas.

La veille de l'installation de la Commune, M. Ernest Picard avait envoyé ce télégramme fantaisiste à la province :

« Versailles, 27 mars.

Une portion considérable de la population et de la garde nationale de Paris sollicite le concours des départements pour le rétablissement de l'ordre.

Formez et organisez des bataillons de volontaires pour répondre à cet appel et à celui de l'Assemblée nationale.

Signé: E. PICARD. »

Le ministre de l'intérieur avait été fort mal renseigné. Aucune portion de la population de Paris ne sollicitait l'intervention de la province pour le rétablissement de l'ordre, qui, disons-le en passant, matériellement, n'avait jamais été aussi complet dans Paris, qu'à cette date, et on pourrait dire que pendant tout le temps de la Commune, ainsi qu'on le verra, il en a été ainsi.

Ces appels à la Province étaient, au contraire, très-mal appréciés à Paris, et ne servaient qu'à mettre davantage « d'huile sur le feu. » — Paris en était venu à haïr tout ce qui était rural — sentiment absurde, bien évidemment, pas davantage cependant que celui de la Province à l'encontre de Paris, et de plus, ce n'était pas lui qui avait commencé.... Il usait de représailles.

Du reste, la Province n'ajouta pas une bien grande foi à cet appel ; nous avons dit dans un chapitre précédent combien les volontaires furent peu nombreux et quels étaient ceux, très-rares, qui répondirent au télégramme gouvernemental et au vote de l'Assemblée nationale.

Dès le lendemain de son installation, la Commune empiétait sur des droits qui ne lui incombaient en aucune façon.

Elle destituait le doyen de la faculté de médecine, M. Wurtz, qu'elle remplaçait par M. Naquet, et celui de la faculté de droit, M. Colmet d'Aage, qui avait M. Accolas comme successeur.

Ce n'était que le commencement de ses usurpations de pouvoir.

Le même jour, elle en commettait encore de plus graves, par les décrets publiés dans l'*Officiel* et affichés à profusion :

D'abord l'abolition de la conscription.

Puis, cette décision draconnienne contre les propriétaires de maisons à Paris :

« La Commune de Paris,

Considérant que le travail, l'industrie et le commerce ont supporté toutes les charges de la guerre, qu'il est juste que la propriété fasse au pays sa part de sacrifices,

Décrète :

Art. 1er. — Remise générale est faite aux locataires des termes d'octobre 1870, janvier et avril 1871.

Art. 2. — Toutes les sommes payées par les locataires, pendant les neuf mois, seront imputables sur les termes à venir.

Art. 3. — Il est fait également remise des sommes dues pour les locations en garni.

Art. 4. — Tous les baux sont résiliables, à la volonté des locataires, pendant une durée de six mois, à partir du présent décret.

Art. 5. — Tous congés donnés seront, sur la demande des locataires, prorogés de trois mois.

Hôtel-de-ville, 29 mars 1871. »

Ainsi, aucune classification dans les locataires : l'épicier, le marchand de vins, le fournisseur d'équipements militaires, le fabricant de pâtes alimentaires ou de bouillon concentré, qui avait doublé sa fortune pendant le siége, qui tout au moins avait fait des gains considérables, sera dispensé de payer son loyer à un propriétaire, qui, lui, sera obligé de payer ses impôts et, le plus souvent, les intérêts du capital représentant sa maison, au Crédit foncier ou aux créanciers ordinaires !

C'était inique.

Que propriétaires et locataires malheureux, partageassent et supportassent en commun les suites désastreuses de la guerre et du siége, c'était équitable. Mais les gens de la Commune ne visaient point à l'équité.

Bien évidemment leur décret était adroit, le nombre des locataires étant de beaucoup supérieur à celui des propriétaires ; mais l'habileté aux dépens de la justice est une mauvaise action.

Le lendemain le pouvoir communal portait une atteinte coupable à la propriété privée, en faisant apposer les scellés dans les bureaux de cinq compagnies d'assurances, et en réquisitionnant leurs caisses.

Dès le lendemain un décret « autorisait les cinq compagnies d'assurances la *Nationale*, l'*Urbaine*, le *Phénix*, la *Générale*, l'*Union*, à lever les scellés apposés sur leurs livres et sur leurs caisses. » Mais l'illégalité avait été commise ; les caisses étaient restées intactes, mais le coup avait porté, et le nouveau pouvoir s'était déconsidéré lui-même.

Le 31, les dénonciations deviennent un devoir civique ; voici en effet ce qu'on lisait, affiché :

EX-PRÉFECTURE DE POLICE

AVIS

La plupart des services publics étant désorganisés à la suite des *manœuvres* du gouvernement de Versailles, les gardes nationaux sont priés d'adresser par lettres, à la police municipale, tous les renseignements pouvant intéresser la commission de sûreté générale.

Paris, le 31 mars 1871.

Le chef de la police municipale,

A. DUPONT.

De plus, sur le rapport du citoyen Parisel, la Commune décrète :

1° Qu'il y a incompatibilité entre le mandat de député à l'Assemblée de Versailles et celui de membre de la Commune.

2° Que les étrangers peuvent être élus et admis membres de la Commune.

3° Que les élections des membres n'ayant pas obtenu le huitième des électeurs inscrits indispensables aux termes de la loi de 1849, seraient valides, quoiqu'il soit exact que les élections avaient été faites d'après cette loi, parce que l'examen des listes électorales de 1871 a fait reconnaitre des irrégularités qui sont d'une importance telle qu'elles ne présentent plus aucune certitude sur le véritable chiffre des électeurs inscrits. »

On put dès lors prévoir que la Commune serait rarement embarrassée pour trouver des expédients et des *considérants* à l'appui de ses décrets les plus extraordinaires.

Le principe de la validité des élections communales étant admis, le décret qui suit était logique :

La Commune de Paris décrète :

Art 1er. Les membres de la Commune ont la direction administrative de leur arrondissement.

Art. 2. Ils sont invités à s'adjoindre, à leur choix et sous leur responsabilité, une commission pour l'expédition des affaires.

Art. 3. Les membres de la Commune ont seuls qualité pour procéder aux actes de l'état civil.

La Commune de Paris.

Le Pouvoir communal ayant voté la validation de toutes les élections de ses membres, décida [de s'organiser en *Commissions*.

ORGANISATION DES COMMISSIONS

COMMISSION EXÉCUTIVE.

Les citoyens Eudes, Tridon, Vaillant, Lefrançais, Duval, Félix Pyat, Bergeret.

Cette Commission est chargée de faire exécuter les décrets de la Commune et tous les arrêtés des autres commissions. Elle ne doit rien faire sans en avoir référé à la Commune. Cette Commission siégera à l'hôtel de ville, qui est le siége de la Commune.

COMMISSION DES FINANCES.

Les citoyens Victor Clément, Varlin, Jourde, Beslay, Régère.

La Commission est chargée d'établir sur de nouvelles bases le budget de la ville de Paris. — Les questions de finance, loyers, échéances, etc., sont de son ressort ainsi que la Banque de France. — Elle est chargée des recouvrements de l'impôt et de l'examen rigoureux de la position financière de la ville de Paris.

Elle est également chargée d'examiner les moyens les plus sûrs et les moins coûteux, d'assurer la réussite d'un emprunt, si la nécessité s'en fait sentir.

La Commission doit s'occuper également des moyens de dégrever la ville de Paris par une mesure lésant le moins d'intérêts possibles. C'est à la Commission des finances que les autres Commissions doivent adresser leurs demandes de fonds, qui devront être approuvées et visées par la Commune.

La Commission doit assurer, par tous les moyens possibles, la perception prompte et économique de l'impôt. — Elle ne doit pas s'arrêter devant la suppression d'emplois. — Attributions du ministère des finances. — Les Monts-de-Piété dépendent de son service.

COMMISSION MILITAIRE.

Les citoyens Pindy, Eudes, Bergeret, Duval, Chardon, Flourens, Ranvier.

La Commission militaire qui remplace le Comité de la garde nationale, est chargée de la discipline, de l'armement, de l'habillement, de l'équipement de la garde nationale. Elle est chargée d'élaborer les projets de décrets relatifs à la garde nationale.

L'état-major de la place Vendôme ne relève que d'elle. Elle doit assurer, de concert avec la Commission de sûreté générale, la sécurité de la Commune et surveiller les agissements de Versailles. Cette Commission remplace le ministère de la guerre.

Les canonnières de la Seine sont sous ses ordres.

COMMISSION DE LA JUSTICE.

Les citoyens Ranc, Protot, Léo Meillet, Vermorel, Ledroit, Babick.

Pour l'instant, cette Commission est chargée de mettre la justice actuelle à la hauteur des institutions démocratiques et sociales.

Elle doit assurer le cours de la justice jusqu'à ce qu'un décret l'ait réglementée d'une manière définitive.

COMMISSION DE SURETÉ GÉNÉRALE.

Les citoyens Raul Rigault, Ferré, Assy, Cournet, Oudet, Chalain, Gérardin.

(Attributions : la préfecture de police.) —Cette Commission est chargée de l'ordre et de la sécurité publique. Elle doit veiller,tout en respectant, autant que possible, la liberté individuelle, à ce que la morale soit respectée dans les rues. En un mot, elle est chargée de la police générale. Elle doit veiller à la sûreté de la République, et surveiller les citoyens de toute nature.

COMMISSION DES SUBSISTANCES.

Les citoyens Dereure, Champy, Ostyn, Clément, Parisel, Émile Clement, Fortuné Henry.

Elle doit veiller à l'approvisionnement de Paris, dresser un état très-détaillé et très-complet de tous les vivres actuellement en magasin.

Elle est chargée d'assurer, par tous les moyens possibles, l'arrivée à Paris des denrées indispensables pour une durée de trois mois au moins.

Elle aura la direction et l'administration des vivres de réserve. Elle sera aussi chargée, si le besoin s'en fait sentir, de délivrer les farines nécessaires à la subsistance des nécessiteux. En attendant une nouvelle loi sur les octrois, la Commission sera chargée de percevoir cet impôt. Elle fera dresser un état des ressources de l'entrepôt des vins.

COMMISSION DU TRAVAIL. — INDUSTRIE ET ÉCHANGE.

Les citoyens Malon, Frankél, Theisz, Dupont, Avrial, Loiseau-Pinson, Eug. Gérardin, Puget.

(Attributions : une partie des travaux publics et du commerce.) — La Commission est chargée de la propagation des doctrines socialistes. Elle doit chercher les moyens d'égaliser le travail et le salaire. Elle doit aussi s'occuper de favoriser les industries nationales et parisiennes. Cette Commission doit s'occuper également du moyen de développer le commerce international d'échange tout en attirant à Paris les industries étrangères, de façon à faire de Paris un grand centre de production.

COMMISSION DES SERVICES PUBLICS.

Les citoyens Ostyn, Billioray, Clément (J.-B.), Mardelet, Mortier, Rastoul.

Cette Commission est chargée de la surveillance des grands services, postes, télégraphes, voirie. Elle doit veiller à ce que tous ces services fonctionnent régulièrement et économiquement, surveiller les compagnies de chemins de fer. C'est elle qui devra organiser les relations avec les services de province.

Elle devra aussi étudier les moyens de mettre les chemins de fer aux mains des communes de France, sans léser les intérêts des compagnies.

COMMISSION DES RELATIONS EXTÉRIEURES.

Les citoyens Delescluze, Ranc, Paschal Grousset, Ulysse Parent, Arthur Arnould, Ant. Arnauld, Ch. Girardin.

La Commission sera chargée d'entretenir avec les communes de France des relations amicales.

COMMISSION DE L'ENSEIGNEMENT.

Les citoyens Jules Vallès, docteur Goupil, Lefèbre, Urbain, Albert Leroy, Verdure, Demay, docteur Robinet.

La Commission recherchera sans retard les voies et moyens de donner à l'enseignement principal, l'enseignement populaire, l'impulsion et la direction démocratiques, indispensables à un peuple libre.

Cette organisation est à peine faite, et les divers membres répartis entre les Commissions, que la Commune se trouva désagrégée par la démission de grand nombre d'entre eux.

Quelques-uns des élus, MM. Desmaret, Ferry, Nost, avaient donné leur démission aussitôt qu'ils avaient connu les noms et les personnalités des collègues qui formeraient la majorité du conseil communal.

MM. Adam, Méline, Rochart, Barré, Brelay, Tirard, Chéron, Marmottan, de Bouteiller, donnèrent leurs démissions après avoir assisté à la première séance.

Et enfin MM. Loiseau-Pinson, Albert Leroy et

Robinet, se démirent après deux ou trois séances.

Bien que données sous différents prétextes, toutes ces démissions étaient, en réalité, déterminées par cette puissante considération qu'aux yeux des démissionnaires, comme à ceux de leurs électeurs, le mandat qui leur avait été donné n'avait pour but que la conquête et la consolidation des libertés municipales. — L'assemblée siégeant à l'hôtel de ville prenant une voie politique qui dépassait les limites de ce mandat, leur conscience se refusait à s'associer à ses travaux, et à accepter la responsabilité d'un entourage aussi compromettant que certains personnages, devenus leurs collègues, grâce à l'indifférence ou à l'abstention calculée de grand nombre d'électeurs parisiens.

A part, en effet, les honnêtes citoyens démissionnaires ci-dessus, et deux ou trois autres qui ne tarderont pas à le devenir, quelle composition excentrique, que celle de la grande majorité du Pouvoir nouveau qui avait la prétention de parler, agir au nom de Paris et de commander à la France entière !

Combien d'absolument inconnus, si absolument nuls, avant, pendant leur pouvoir, et depuis, qu'il faut se reporter aux documents officiels d'alors ou aux audiences des conseils de guerre pour se rappeler leurs noms !

Et les autres parmi ceux connus ?....

Quel assemblage d'intelligences déclassées, fourvoyées, d'ambitions démesurées, âmes sans principe, n'ayant qu'un seul objectif : satisfaire une vanité désordonnée et en même temps se venger d'une société qui les avait méconnus, prétendaient-ils....

Quelques-uns, agitateurs incorrigibles, dont le tempérament ne comportait pas d'autre élément vital que celui révolutionnaire et désorganisateur.

D'autres, professeurs d'utopies avec lesquelles ils avaient bercé et berné l'imagination exaltée des coureurs et discoureurs des clubs et des réunions publiques ; et qui, le pouvoir en mains, étaient capables de tout pour essayer de mettre en pratique leurs rêves creux ou leurs conceptions grotesques.

Quelques-uns enfin, soupçonnés, sérieusement et avec grande apparence de raison, de participer aux largesses de la police impériale, et d'avoir été les agents intelligents de M. Rouher.

L'enquête ouverte devant une Commission de l'Assemblée nationale, établira à l'évidence, la participation des agents bonapartistes, au 18 mars de même qu'au 31 octobre, de même qu'aux funestes journées de juin 1848 qui ont commencé par l'agitation napoléonienne.

Voilà pourtant en quelles mains le sort de Paris était confié ! grâce à la folle impéritie des uns, à l'entêtement irréfléchi de plusieurs et au manque d'énergie des autres.

Le mouvement du 18 mars qui enfanta la Commune est-il, ainsi que le gouvernement l'a répété à la Chambre et à l'Europe par une circulaire du ministre des affaires étrangères, le résultat de machinations préconçues et savamment préméditées par l'Internationale ?

En aucune façon.

Il est constant que le parti de l'action, mieux dénommé parti du désordre, que les événements avaient fait surgir et mis en évidence, était à l'affût des fautes gouvernementales et se préparait à en profiter. Pour lui, malheureusement, les circonstances se présentèrent plus favorables qu'il n'eût jamais osé l'espérer.

Mais prétendre que c'est lui qui a préparé et commencé la journée du 18 mars, est une grave erreur historique.

C'est le département de la guerre qui l'a commencée, et cela, si maladroitement et si malheureusement, que se sont fatalement produits les événements connus.

Le Comité central, et les personnages qui le lendemain étaient installés à l'hôtel de ville, à la préfecture de police et dans les ministères, étaient l'avant-veille à mille lieues de se douter qu'avant quarante-huit heures ils auraient la toute-puissance.

L'Internationale est devenue la *tête de Turc* sur laquelle tout le monde a tenu à honneur de frapper son coup de massue.

Cette association sert de bouc émissaire à toutes les rancunes et à toutes les accusations gouvernementales et autres. C'est elle qui a tout fait : armé les gardes nationaux, fait lever la crosse en l'air aux soldats, soufflé la négligence au général Vinoy et l'entêtement imprévoyant au chef du Pouvoir exécutif et à son conseil. C'est

l'Internationale qui a présidé à tous les événements depuis le 18 mars jusqu'au 26 mai !

Tout cela est une grosse erreur, propagée à
dessein par ceux qui, d'une part, étaient bien
aises de donner le change à l'opinion publique,
faire accorder les circonstances atténantes à leur
inexcusable bévue, et en même temps vouer au
pilori et à l'exécration de tous, une société qu'ils
estiment extraordinairement dangereuse.

Nous ne contestons pas plus que nous n'admet-
tons, légitimes, ces craintes à l'égard de cette
association. Pour cela il faudrait discuter la
société elle-même, son organisation, ses chefs,
ses meneurs ; examiner si elle n'a pas dévié
des principes premiers qui l'ont implantée si rapidement dans le monde entier; toutes choses en
dehors de notre sujet, et que nous ne connaissons du reste que très-imparfaitement.

Nous sommes même très-disposé à croire,
qu'aujourd'hui et aux mains de qui elle est, c'est
une association fort dangereuse, qu'il faut résolûment combattre.

Mais, là n'est pas la question, alors qu'il s'agit
simplement de rechercher si l'Internationale est
coupable du 18 mars.

Nous nous bornons à contester que l'Internationale, en tant que société, ait coopéré et surtout
présidé aux événements divers de la révolution
qui a enfanté la Commune. Que parmi les membres du Comité central et de la Commune ; que
parmi les soldats et les vainqueurs du mouvement il y eût des affiliés à l'Internationale, cela
n'est pas révoqué en doute, de même qu'il en
existait de toutes les affiliations et de toutes les
opinions possibles; mais ils assistaient et coopé-
raient à la Révolution, en leur nom personnel,
comme *individus*, et non parce qu'ils obéissaient à
un mot d'ordre de l'Internationale ou de toute
autre secte.

Pour en arriver à cette conclusion, il n'est pas
besoin de se livrer à une étude approfondie de la
société qui a le triste privilége d'occuper et de
préoccuper toute l'Europe , de condamner ou
d'absoudre les doctrines et les enseignements,
mais seulement d'apprécier les faits.

Un travail très-consciencieux à cet égard, a été
fait par M. Fribourg, l'un des fondateurs de l'Internationale, et, dès lors, parfaitement à même
d'apprécier les hommes et les choses s'y rappor-
tant. Il est partisan convaincu de la thèse que
nous pensons vraie, et, pour rendre facile à chacun le contrôle de cette assertion, il a[1] dressé les
tableaux de tous les membres du Comité central
et de la Commune. Les noms de ceux qui ont ap-
partenu notoirement à l'Internationale avant le
Congrès de Bruxelles y sont désignés par un asté-
risque ; les noms écrits en italique sont ceux des
ennemis avoués des Internationaux.

Quant aux autres pouvant faire partie de l'association, ils ont été simplement indifférents ou
très-tard venus dans l'Internationale, et, dans
tous les cas, sans prépondérance aucune sur les
événements.

COMITÉ CENTRAL DE LA GARDE NATIONALE.

* Avoine fils.	Fougeret.
Arnaud.	Goudier.
G. Arnold.	. Gouhier.
Assi.	Geresme.
Audignoux.	Grollard.
Bouit.	Josselin.
Bergeret.	Jourde.
Babick.	Lisbonne.
Boursier.	Lavalette.
Blanchet.	Lullier.
Baron.	Maljournal.
Billioray.	Moreau.
Castroni.	Mortier.
Chouteau.	Prudhomme.
C. Dupont.	Rousseau.
Ferrat.	Ranvier.
Fortuné.	Viard.
Fabre.	* Varlin.

Ainsi, dans le Comité central, deux personnes
seules étaient notoirement de l'association Internationale : les citoyens Varlin et Avoine fils.

MEMBRES DE LA COMMUNE

(Scrutins des 26 mars et 5 avril).

Allix.	* Johannard.
* Amouroux.	Jourde.
Andrieu.	* Langevin.
Arnaud.	Ledroit.
Arnold.	*Lefrançais.*
A. Arnould.	Lonclas.
Assi.	* Longuet.
* Avrial.	* Malon.

---

1. *L'Asssociation Internationale des Travailleurs.*

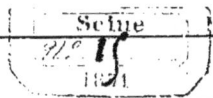

Babick.
Bergeret.
* Beslay.
Billioray.
Blanchet.
Brunel.
* Chalain.
Champy.
Chardon.
* Clémence.

Martelet.
Meillet.
Miot.
Mortier.
Ostyn.
Oudet.
Parisel.
Philippe.
Pillot.
* Pindy.

* E. Clément.
J. B. Clément.
V. Clément.
Cluseret.
Courbet.
Cournet.
Delescluze.
* Demay.
* Dereure.
Descamps.

Pottier.
Protot.
Puget.
F. Pyat.
Ranvier.
Rastoul.
Regère.
R. Rigault.
Vallès.
* Varlin.

RAOUL RIGAULT.

Durand.
A. Dupont.
C. Dupont.
Eudes.
Ferré.
Fortuné.
* Frankel.
Gambon.
Ch. Gérardin.
* E. Gérardin.

Verdure.
Vermorel.
* Vésinier.
Viard.
*Serailler.
Sicard.
* Theisz.
Tridon.
Trinquet.
Urbain.

H. Geresme.
Grousset.

* Vaillant.

Il ressort de ce dernier tableau que parmi les personnages les plus influents de la Commune, ceux à qui il faut faire remonter la responsabilité de la résistance à outrance des derniers jours, les combats dans Paris, peut-être aussi les incendies, et sûrement la barbare exécution des otages, les

13ᵉ Liv.

citoyens Cournet, Delescluze, Eudes, Ferré, F. Pyat, Ranvier, Raoul Rigault, non-seulement, n'étaient pas de l'association, mais encore étaient notoirement connus pour ses ennemis avoués, ainsi que le dit M. Fribourg.

Particularité encore très-importante à noter à l'appui de notre opinion, le citoyen Lefrançais, babouviste émérite autant qu'opposé à l'Internationale, qui l'a constamment attaquée dans les clubs et dans les réunions populaires, a été choisi comme Président de la Commune, à ses premières séances. Ce choix eût été étrange si l'Internationale avait prédominé dans le Conseil.

L'insurrection du 18 mars est donc fille de la fatalité et l'œuvre du hasard, mise à profit par des agitateurs aux aguets, auxquels l'expérience du mouvement avorté le 29 octobre[1] avait servi.

Au lieu de se diviser et de chercher à s'annihiler réciproquement, les partis pourtant ennemis s'unissent, sauf à essayer de se supplanter et à se détruire plus tard, quand ils seraient les maîtres incontestés du pouvoir.

Nous avons expliqué dans les chapitres précédents quels auxiliaires imprévus ils avaient trouvés chez la grande majorité des Parisiens réputés hommes d'ordre.

Nous avons dit qu'un grand nombre de gardes nationaux au lieu de combattre l'extension de l'émeute avaient cru plus prudent de s'enfermer chez eux le premier jour, et plus tard, lorsque la résistance était encore possible, de fuir en province.

Nous leur avons infligé l'épithète de « couards », nous ne retirons pas le mot.

Mais le manque de courage civique fut-il le seul instigateur, l'unique cause de cette défaillance, trop générale pour n'être pas systématique?

Non, évidemment.

Pourquoi donc cette abstention qui semblait avoir adopté pour devise: Laissons faire!

On a parlé du mécontentement du haut et petit commerce, résultant des lois inintelligentes et insuffisantes sur les échéances et les loyers.

Le mécontentement était réel.

1. V. Le Siége Prussien.

Nous avons établi, et tout le monde est d'accord à cet égard, que les mesures impolitiques du gouvernement, qui semblaient être l'indice d'arrière-projets de réaction monarchique : nominations des généraux Vinoy, d'Aurelles de Paladines, Valentin, à des fonctions que tous autres qu'eux, en ces temps difficiles, devaient être appelés à exercer, avaient causé un légitime ombrage à la population, en très-grande majorité républicaine.

La maladroite équipée « par la force » du département de la guerre, suivie le jour même de son repliement en bon ordre à Versailles et la retraite du gouvernement qui abandonnait Paris aux factieux, sans chefs, sans moyens de cohésion immédiate, n'étaient pas faites pour aviver l'affection des Parisiens pour ce gouvernement que la gent boulevardière avait immédiatement qualifié en argot du lieu : « de jolis lâcheurs », sans réfléchir que le 19 mars et en l'état des choses, c'était le seul parti à prendre pour nos gouvernants.

Le parti pris réitéré de repousser toute proposition d'intervention amiable même de la part des municipalités, avait augmenté l'indignation publique.

Mais tous ces sentiments, qui les 18 et 19 mars pouvaient être fort légitimes, n'avaient plus de motifs de prévaloir plus tard, en présence des agissements révolutionnaires et désorganisateurs de ceux qu'on avait laissé triompher.

Les lois sur les échéances et sur les loyers seraient rapportées; d'autres projets de lois avaient été déposés sur le bureau de l'Assemblée.

Le gouvernement n'était plus seulement en cause, mais bien l'existence commerciale, prépondérante, de Paris. Les intérêts généraux du commerce et de l'industrie exigeaient le prompt rétablissement de l'ordre.

Puisque Paris avait été abandonné à lui-même, il était de son devoir et de son intérêt, le premier moment de stupeur passé, de pourvoir lui-même à sa défense et empêcher qu'il ne fût irrémédiablement soumis à un état de choses et à des personnages qui inspiraient des défiances trop bien justifiées !

Il ne l'a pas fait. Pourquoi?

Le premier jour, où il était temps encore, il ne pouvait pas se persuader que les choses ne finiraient pas par s'arranger entre l'hôtel de ville et Versailles; il en sortirait immanquablement la reconnaissance des droits de Paris à avoir immédiatement une municipalité de même que n'importe quelle autre cité de France, et aussi, l'assurance que le gouvernement républicain ne serait pas sapé dans sa base par ceux-là même qui l'avaient édifié ou qui avaient fait le serment solennel de le laisser s'épanouir en toute liberté.

Ces sentiments ne firent que s'accentuer davantage dans la plus grande portion de la population, qui se persuada de plus en plus que l'anéantissement, par la force, de l'insurrection, aurait pour effet immédiat le triomphe de la réaction et l'anéantissement de la république.

Une autre classe de la population, dans un tout autre but, avait également adopté le système de « laisser faire. »

La réaction, cléricale, légitimiste, orléaniste et les agents bonapartistes, — car nous ne pouvons supposer qu'il y ait actuellement à Paris d'autres bonapartistes, que les gens trop compromis par leurs attaches intéressées avec le dernier régime pour oser se produire ailleurs, — les réactionnaires réunis, disons-nous, avaient accueilli avec une satisfaction non déguisée, les événements du 18 mars.

Pour eux le triomphe du désordre était le signal avant-coureur de la guerre intestine, et, de même qu'en 1848, un sauveur à couronne royale ou impériale, avec lis, coq gaulois ou aigle à la hampe de son drapeau, surgirait certainement des ruines amoncelées de la guerre civile.

Il ne fallait donc pas briser le germe révolutionnaire dans son œuf ; il fallait au contraire le laisser grandir et se développer pour arriver aux fins prévues....

Ainsi le désir ardent de conserver la République et celui, non moins ardent, de la faire disparaître se coalisèrent fatalement pour laisser carte blanche à l'émeute.

La presque universalité des officiers de la garde nationale obéissait à l'un de ces deux sentiments.

Les Républicains, la grande majorité, s'étaient résolûment ralliés à l'amiral Saisset, qui avait saisi les rênes de l'ordre au nom de la République avec des collaborateurs ne pouvant laisser subsister aucun doute à cet égard.

Après la fugue de ce commandant supérieur, de vingt-quatre heures, et l'interprétation qui en fut donnée, même les plus résolus se découragèrent. L'émeute hérita de quelques-uns ; les autres ne purent que regretter la marche des événe-ments.... Bientôt ils furent sans qualité pour pouvoir y opposer une digue quelconque, puisque le pouvoir communal, aussitôt son installation, s'empressa de faire procéder à de nouvelles élections, auxquelles refusèrent naturellement de concourir les officiers résolus à ne pas servir efficacement la révolution.

On le voit. Les partisans de l'ordre, à quelque classe et à quelque caste politique qu'ils appartinssent, étaient cantonnés dans une impasse, ou pour mieux dire, ils évoluaient dans un cercle vicieux, dont aucun ne paraissait désireux de sortir, à la grande satisfaction de la révolution et pour la plus complète réalisation des actes déplorables qu'elle allait enfanter.

Les conséquences de ce déplorable état de choses n'allaient pas tarder à s'affirmer, au principal détriment de ceux qui, à un moment donné, auraient pu l'empêcher.

L'antagonisme entre l'Hôtel de ville et Versailles, était toujours aussi grand. Le gouvernement légal avait déjà résolu la lutte avec Paris, par tous les moyens possibles, sans doute espérant le dompter plus rapidement.

Sa première manifestation en ce genre, et il ne pouvait y en avoir de plus grave, fut l'interruption du service postal entre Paris et les départements.

Refus formel par le gouvernement de Versailles de laisser passer au delà des lignes d'investissement dont il commençait à entourer Paris, aucune correspondance, aucun journal en provenant, de même que correspondances et journaux du dehors ne pouvaient y pénétrer.

Depuis le 30, aucune levée de lettres n'avait été faite pour Paris, et le 31, seulement *quatre* lettres sans doute oubliées, de province, avaient été distribuées.

D'où, grandes rumeurs dans tout le monde industriel et commerçant pour lequel les relations avec le dehors sont un besoin journalier. Ni lettres ni journaux n'étaient à distribuer, et en outre, tous les bureaux de poste étaient hermétiquement clos. Les facteurs désœuvrés erraient par les rues sans leurs boîtes. Paris se trouvait de nouveau, comme à l'époque du siège, privé de toute communication écrite avec les départements et l'étranger. L'on se demandait déjà si cet isolement n'était pas le prélude d'un nouvel investissement avec toutes ses conséquences ; mais personne n'a-

joutait foi à ces craintes, tellement elles semblaient invraisemblables.

On racontait ainsi les causes probables de l'é-
vénement. La fermeture des bureaux de poste et
l'interruption du service, disait-on, avaient pour
origine la destitution de M. Rampont prononcée
par la Commune. C'était le seul service qui n'eût
pas encore été retiré des mains de l'administration
de Versailles; pourtant, depuis plusieurs jours,
sa destitution avait été signifiée à M. Rampont. Ce
dernier y aurait répondu par la menace de désorganiser entièrement la distribution et le départ
des messageries, en interdisant à tous ses employés, depuis le chef de bureau jusqu'au dernier
facteur, de prêter obéissance à tous autres supérieurs que ceux institués et reconnus par le gouvernement de Versailles.

Selon la même version, sans se laisser intimi-
der, la Commune a ordonné au citoyen Theisz
de prendre possession de la rue Jean-Jeacques-
Rousseau. En effet, le 31, après l'expédition des
courriers du soir, un bataillon de garde nationale
a pénétré dans la Cour de l'Horloge, et le délégué
de la Commune s'est rendu auprès de M. Rampont pour le sommer d'avoir à céder la place.

Le directeur général a obtempéré à cette injonction : mais la plupart des employés ont quitté
l'Hôtel en même temps que lui. Immédiatement,
paraît-il, les ordres ont été expédiés pour que les
lettres et paquets en destination de Paris fussent
dirigés sur Versailles, les facteurs et employés
recevant l'interdiction expresse de se présenter à
leurs bureaux; et voilà pourquoi nous avons été,
aujourd'hui, privés de nos correspondances.

Dans une affiche à la population, le citoyen
Theisz explique les faits autrement :

« .... Le service des postes, affirme-t-il, est depuis quelques jours systématiquement désorganisé par ceux qui avaient accepté le mandat de
le diriger.

« On a privé Paris de toute communication
avec la province, sans se soucier des intérêts
qu'une semblable résolution a compromis à la
veille de l'échéance d'avril.

« A qui incombe la responsabilité d'un pareil
acte? Nous en appelons à la conscience publique!
Dans une première entrevue, M. Rampont, ex-di-
recteur général des postes actuellement en fuite,
nous avait demandé l'envoi de deux délégués
choisis par le Comité central de la garde natio-

nale pour contrôler sa gestion jusqu'à ce que la
Commune, dont il reconnaissait l'autorité, fût
régulièrement constituée. Cette proposition, qui
nous parut de nature à écarter tout malentendu
entre républicains, devait être prochainement
soumise à la Commune. Sans tenir compte des
engagements pris, il ne voulut pas attendre, et,
le 30, dans la journée, la Commune fut instruite
que toutes les dispositions étaient prises pour in-
terrompre le service des postes à Paris.

« M. Rampont, engagé par sa parole, par sa
proposition, a abandonné furtivement son poste
et un ordre anonyme, affiché dans les cours de
l'hôtel, a imposé aux employés l'obligation de
quitter immédiatement leurs fonctions.

« Les faillites, la ruine que cet acte pouvait
provoquer, peu importe! Le peuple de Paris n'a
échappé aux malheurs d'un long siège que pour
se trouver investi brutalement par ceux-là mêmes
qui se proclament les mandataires de la France.

« Les faits que nous avançons défient tout démenti. Que la responsabilité retombe sur ceux
qui ont recours à ces manœuvres criminelles!

« Quant à nous, nous ferons tous nos efforts
pour réorganiser le service postal, et nous sommes convaincus qu'avec le concours de la population parisienne, il sera promptement rétabli
dans l'intérieur de Paris.

« Paris, le 31 mars 1871.

                              « *Le Directeur,*

                                  « A. THEISZ. »

Suivons la marche des événements.

Il est bien difficile de savoir exactement la vérité sur des prétentions contraires ne différen-
ciant à proprement dire que sur des nuances. Il importe peu du reste, en admettant que le pouvoir
communal ait quelque peu violenté M. Rampont
pour qu'il abandonnât la direction supérieure du
service aussi important des Postes; il est bien évident qu'avant peu le gouvernement de Versailles
eût rappelé son directeur.

On a dit, et probablement est-ce vrai, que
M. Rampont avait temporisé avec la Commune, à
seule fin de pouvoir plus librement diriger sur
Versailles le matériel indispensable pour la
prompte et complète organisation du service postal, dans cette ville.

Quoi qu'il en soit, le nouveau directeur des

postes, M. Theisz, dont la personnalité jusqu'ici complétement inconnue, ne se décourage pas ; tout d'abord fait « requérir » un certain nombre de facteurs en usant au besoin de la force.

Comme la plupart des employés du bureau s'étaient réfugiés à Versailles ou n'étaient point chez eux, M. Theisz a improvisé révolutionnairement un personnel ; des aspirants, des jeunes gens de bonne volonté, des pupilles de la République ont été revêtus d'uniformes tout battant neufs et installés derrière les guichets des bureaux ; cette improvisation a permis de pourvoir aux besoins de l'intérieur de Paris, et les lettres ont pu être distribuées le soir dans les différents quartiers.

Quant aux messages pour la province, on n'entrevoit pas de solution pour le moment, et il est à craindre que Paris ne soit exposé à subir encore l'isolement du reste du monde.

Une fois encore, on ne pouvait croire, à Paris, qu'au mépris des intérêts du commerce de l'industrie parisienne, qui déjà avaient tant souffert du siége et de la guerre, le gouvernement Versaillais resterait inflexible, et,on peut ici répéter le malheureux mot, d'un précédent ministre coupable, « le cœur léger » il sacrifierait à nouveau la fortune commerciale et industrielle de plusieurs milliers de personnes, dans le fugace espoir d'amener ainsi à composition cette population rebelle

Une députation de notables commerçants déléguée à Versailles et à l'hôtel de ville, afin d'obtenir du Gouvernement et de la Commune la facilité pour le commerce de Paris de librement correspondre avec ses commettants de la province et de l'étranger, fut poliment éconduite à Versailles.

A l'hôtel de ville, on affirma être complétement étranger à la mesure déterminée, et on répondit par cette résolution arrêtée en séance générale que :

« La Commune de Paris, sans reconnaître le pouvoir de Versailles, est disposée, dans l'intérêt général, à accepter toutes les propositions, qui, sans préjuger la question de principe, permettront le libre fonctionnement du service des postes. »

Le pouvoir communal avait trop intérêt à ne pas satisfaire les Parisiens, alors surtout que cela ne portait nul préjudice à ses aspirations révolutionnaires, pour qu'il ne fût pas de bonne foi.

Il est donc incontestable que c'est au gouvernement de Versailles, seul, que doit incomber le fait inqualifiable de la suppression du service postal.

Nous avons dit son seul motif avouable et plausible, à l'appui de sa détermination. Nous n'hésitons pas un seul instant à l'en blâmer énergiquement.

Il ne lui est point permis d'invoquer le prétendu prétexte, d'empêcher par là la propagande en province des idées révolutionnaires.

La circulation des personnes n'étant pas interdite, et alors qu'on avait la faculté d'aller mettre à la poste de Pantin, de Clichy, ou de n'importe quelle banlieue ou ville avoisinante, et en retirer toute espèce de correspondance, ce prétendu motif est dénué d'aucun fondement.

Les prévisions du gouvernement de Versailles, espérant amener par une rigueur coupable les Parisiens à facile composition, furent déçues. Loin de là, les sentiments de résistance d'une part, et de continuation d'abstention de l'autre, s'en accrurent.

Le 31, le citoyen Protot est délégué à la Justice.

Le même jour, le citoyen Raoul Rigault, délégué civil à l'ex-préfecture de police, rend un arrêté, par lequel :

« Il ne sera délivré de laissez-passer qu'à la préfecture de police, bureau des passe-ports.

Ce fut bientôt une queue interminable commençant rue du Harlay, et s'étendant par la place Dauphine, jusqu'aux abords du Pont-Neuf, tellement était grand nombre des citoyens qui s'éloignaient de Paris.

Tout commerce, toute industrie avaient en effet cessé, par suite de l'interruption des communications avec le dehors.

Le 1er avril, la Commune de Paris convoque à nouveau les électeurs pa le décret suivant :

Considérant que les citoyens Adam, Méline, Rochart, Barré, Brelay, Loiseau, Tirard, Chéron, Leroy, Robinet, Desmarest, Ferry, Nast, Fruneau, Marmottan, de Bouteiller, élus le 26 mars, se sont démis des fonctions de membres de la Commune ;

Que, d'un autre côté, des options ont dû être exercées par les citoyens A. Arnould, Varlin,

Delescluze, Theisz et Blanqui, élus dans plusieurs arrondissements ;

Qu'un certain nombre de vacances se sont ainsi produites, et qu'il importe, pour compléter le nombre légal, de procéder à de nouvelles élections dans les arrondissements et pour le nombre de membres de la Commune indiqués au tableau ci-après; suit le tableau.

DÉCRÈTE :

Art. 1er. Les électeurs des 1er, 2e, 6e, 8e, 9e, 12e, 16e, 17e, 18e et 19e arrondissements, sont convoqués pour le mercredi prochain 5 avril, à l'effet d'élire le nombre des membres de la Commune, etc. »

A cause des événements les élections auront lieu seulement le 16 avril.

Le même jour, décret organisant les forces militaires :

1° Le titre et les fonctions de général en chef sont supprimés;

2° Le citoyen Brunel est mis en disponibilité ;

3° Le citoyen Eudes est délégué à la guerre, Bergeret à l'état-major de la garde nationale, et Duval au commandement militaire de l'ex-préfecture de police.

Paris, le 1er avril 1871.

La commission exécutive,

Général EUDES, FÉLIX PYAT, G. TRIDON, général JULES BERGERET, LEFRANÇAIS, E. DUVAL, ED. VAILLANT.

Malgré cette organisation officielle des commandants en chef de l'émeute, et malgré les chuchotements.... personne ne croyait sérieusement à l'ouverture imminente d'hostilités.

Elles étaient cependant à la veille de se produire.

Pourquoi notre tâche n'est-elle pas terminée ?

Pourquoi la *Commune,* qui n'était légalement et ne pouvait être que le *conseil municipal,* librement élu, de la cité, n'a-t-elle pas compris la grandeur du rôle que les événements lui avaient préparé ?

Avec la majorité élue, il ne fallait s'attendre à quoi que ce soit de sensé.

Mais, au lieu de gens sans principes, sans hon-

nêteté politique, bavards, incapables, supposons une majorité franchement républicaine, — cinquante à cinquante-cinq membres, contre trente-cinq à quarante radicaux, et ultra-radicaux; résultat fort possible si les abstentions coupables que nous avons dénoncées ne s'étaient pas produites?

Que serait-il advenu si le conseil, ainsi constitué, se faisant l'écho de Paris, avait dit respectueusement au gouvernement et à l'Assemblée de Versailles :

— Nous avons obtenu de la révolution ce que nous en désirions, et ce qui était légitime; notre autonomie municipale est constituée; elle existe, elle fonctionne, de même que dans toutes les autres villes de la France.

Les portes de Paris vous sont librement ouvertes; les ministères, les administrations, attendent leurs titulaires.

Le négoce, les transactions reprennent avec un essor inconnu avant nos malheurs.

Le peuple est prêt à déposer les armes et ne demande que du travail.

Puisque nous avons été unis devant le danger et dans la détresse, il y a folie à ne plus l'être alors qu'il s'agit de réparer revers patriotiques et ruines privées. Gouvernement et Assemblée de la France, la capitale de la France vous attend ! Venez, elle s'apprête à fêter votre retour.

Quelle leçon ! et en même temps quels immenses résultats politiques en auraient forcément découlé !

Mais la légalité outragée ! Le gouvernement aurait-il pu ainsi se courber sous la férule et rentrer dans la capitale, aussi piteusement qu'il l'avait abandonnée ? Puisqu'il avait annoncé à la tribune et au monde qu'il en avait été chassé par la force, il ne pouvait y rentrer que par la force. Il faut qu'un gouvernement ait de la dignité et sache inspirer le respect. Ah! mais!...

Nous avons entendu ces objections.

Certes, la position du ministère était fausse, et à moins d'agir immédiatement avec grand esprit, il était exposé à périr sous le ridicule.

Il serait rentré à Paris, et le ridicule ne l'aurait même pas effleuré. Une phrase sensée de M. Thiers et une boutade spirituelle de M. Ernest Picard auraient sauvé la situation.

Quelle solution autre ?

Employer la force? Envoyer une armée pour s'emparer de Paris?

Mais on n'enfonce pas une porte ouverte, et quel

soldat, quel officier eût osé commander le feu et commencer les hostilités, contre une population inoffensive ?

Employer la force ? contre qui ? à propos de quoi ? Puisque palais, ministères, casernes, étaient à la disposition du pouvoir.

Arrêter, emprisonner les conseillers municipaux élus, les autorités municipales qui avaient procédé aux élections?

Personne ne l'eût osé — au besoin Paris entier se fût soulevé pour défendre ses élus et ses édiles.

Il faut bien qu'on le sache, et nous devons le répéter avec insistance, puisque à six mois à peine de date tout le monde paraît l'avoir oublié : au mois de mars, *la grande et très-grande majorité de Paris* était ralliée au mouvement, et tel journaliste qui, aujourd'hui, fulmine contre les élections et les électeurs du 26 mars, les a conseillées, et a probablement voté.

Afin qu'à cet égard il n'y ait doute pour personne, voyons ce que pensaient et écrivaient certains journaux, non pas ceux radicaux, non pas même ceux qualifiés républicains, mais bien ceux réputés monarchistes et avant tout défenseurs de l'ordre.

Que disait le *Journal des Débats* à l'adresse de l'Assemblée nationale ?

« .....Tout le monde sent, et comprend qu'il y a autre chose en jeu et sous jeu. Il y a dans l'Assemblée de Versailles autant d'arrière-pensée que dans le Comité de l'hôtel de ville. Nous ferons *plus ou moins respectueusement* observer à l'Assemblée Nationale qu'elle manque de logique. Les *fanatiques de provincialisme* ne veulent point que Paris jouisse des franchises municipales qui sont accordées à n'importe quel village dont ils sont maires ou suzerains, parce que Paris est une ville exceptionnelle, parce que Paris est le centre de toutes les administrations, parce que Paris, en un mot, est Paris. Et en voulant isoler Paris comme siège et centre du gouvernement de la France, ils refusent d'y venir siéger. Dans ce cas s'ils ne veulent pas que Paris soit la capitale, *qu'ils la laissent se gouverner et s'administrer comme une ville de province.* »

Et le *Français*, feuille absolument monarchique et d'un cléricalisme demi-libéral, organe de M. Cochin et autres, ennemis de M. Veuillot :

« .....Du moment où l'Assemblée laisse Paris à lui-même, où elle nous laisse, nous Parisiens, *lutter seuls* contre un mal dans lequel le *gouvernement nommé par l'Assemblée a certainement sa part*

de responsabilité, nous avons titre et qualité pour lui demander de ne pas rendre notre tâche plus difficile, peut-être même impossible. »

Même le *Soir !* déjà reputé semi-officiel, se croit obligé de dire son fait à l'Assemblée :

« .....Par son inertie, par son manque de tact politique, par son aversion peu dissimulée pour Paris, par son indifférence pour tout ce qui ne touche pas à sa sécurité personnelle, l'Assemblée nationale a fait un miracle, *elle a presque rallié un comité issu de l'émeute, les hommes d'ordre et de légalité.* »

Le *Constitutionnel* lui-même !

« .....Il est certain, dit-il, *qu'indépendamment de toute pression du Comité, la situation elle-même obligeait les députés et les maires à agir.* L'Assemblée, en ajournant la proposition Arnaud sans rien substituer à sa place, laissait ouverte une question qui réclamait une solution immédiate. »

Enfin, jusqu'à l'*Électeur libre !* journal des frères Picard, dont l'un est ministre de l'intérieur, qui est obligé (le journal), par la force des choses, de rejeter la responsabilité sur le côté clérical de l'Assemblée. En demander plus aux frères Picard était chose impossible. Impossible, en effet, au ministre de l'intérieur de se donner les verges, lui-même.

« ...Les 100 à 110 députés légitimistes de l'Assemblée qui se sont laissés aller, dit l'*Électeur libre*, dans la séance du 23, à l'emportement de leur passion politique, devraient réfléchir au tort que de pareils excès de forme et de langage font à la considération de toute l'Assemblée, et au prétexte qu'ils fournissent aux partisans du désordre. La crainte d'un système de gouvernement clérical et réactionnaire *retient ou fait hésiter certains conservateurs libéraux, un nombre infini de personnes qui, dévouées à l'ordre et à l'Assemblée, traduiraient ce dévouement par une action énergique, s'ils se sentaient plus rassurés du côté de l'Assemblée.* »

Pour une cause ou pour une autre, Paris au 30 mars était absolument hostile à l'Assemblée et au gouvernement qui paraissait en être l'émanation. Avec d'autres hommes à la Commune, que la majorité élue, — on sait pourquoi et comment, — Paris eût été entièrement dévoué à ses mandataires, en conseil, qu'il s'appellât conseil municipal ou commune, pourvu qu'il respectât l'Assemblée nationale et le Pouvoir exécutif. Toutes

104   PARIS-COMMUNE ET LE SIÉGE VERSAILLAIS.

les bravades et au besoin les coups de force du gouvernement se seraient émoussés contre le fait accompli.

Et en admettant que le parti démagogique, déçu dans ses espérances, eût fait rébellion, il en serait advenu comme des essais de commune révolutionnaire à Lyon, à Limoges, à Marseille, au Creuzot, à Toulouse et dans quelques autres villes du Midi : le flot des honnêtes républicains eût noyé la tourbe des agitateurs.

CHAPITRE V.

Journée du 2 avril. — Les hostilités commencées à Courbevoie. — Les fédérés repoussés repassent le pont de Neuilly. — On arme les remparts. — On se prépare à la lutte. — Les bataillons s'organisent et s'apprêtent à suivre leurs chefs. — Journée du 3 avril. — Les généraux de la Commune : Bergeret, Duval, Eudes. — Insensé était leur plan d'opérations. — Partout les fédérés sont culbutés et obligés de fuir. — Au Petit-Bicêtre seulement, il y a lutte sérieuse. — Mort de Flourens et *exécution du général* Duval, faits regrettables qui exaspèrent Paris et lui font excuser les représailles de la Commune. — Châtillon et Courbevoie sont définitivement occupés par les Versaillais. — La Commune de Paris, à cause de ses agissements n'est plus défendable par aucun parti, surtout par les Républicains.... — Les députés de Paris qui croient devoir donner leur démission. — Les décrets de la Commune. — Arrestations des prélats, des prêtres et d'autres personnages. — Perquisitions et visites domiciliaires. — L'heure sérieuse de la conciliation a sonné. — Les députés de la Seine. — La ligue d'union républicaine des droits de Paris. — La province. — Efforts infructueux. — La guerre fratricide continue. — Comment se battent les gardes nationaux que Trochu a méprisés!... — L'hôtel de ville. — Profanation des églises. — La terreur existe moralement. — Lettre de Mgr Darboy et de M. le curé Deguerry à M. Thiers. — Arrestation de Chaudey. — Les élections du 16 avril. — Déclaration de principes de la Commune aux départements. — Les malheurs des habitants de Neuilly. — Les efforts des conciliateurs font décider un armistice. — L'armistice.

JOURNÉE DU 2 AVRIL.

Le dimanche 2 avril, la journée est splendi- | dement belle, un véritable dimanche printanier. Chacun cherche à oublier dans les délassements permis et dans les honnêtes distractions domini-

BERGERET, *lui-même.*

cales, les préoccupations des événements qui se sont succédé avec une telle rapidité. Les nécessités de chaque heure ont tellement contraint les | volontés et fait obstacle aux déterminations réfléchies que nul n'a gardé son sang-froid.

Les uns se meuvent au hasard, comme des

êtres affolés, donnant à droite ou à gauche, selon les faibles lueurs qu'ils entrevoient; les autres demeurent plongés dans l'immobilité, semblables à ces fatalistes d'Orient, qui, résignés à leur sort, attendent le coup mortel sans tenter un effort pour le prévenir. Depuis douze jours, il y a un affaissement général, aussi bien chez ceux qui font le plus de bruit que chez ceux qui ne disent rien. Les premiers s'agitent dans le vide, les seconds ne s'agitent pas. Voilà toute la différence, simple différence de pur tempérament; mais l'état mental est le même chez tous, et se traduit par ces deux mots : incertitude et lassitude.

Soit qu'elle fût en villégiature aux environs de Paris, soit qu'elle se promenât sur les boulevards, une grande partie de la population, à l'exception des promeneurs du bois de Boulogne et des Champs-Élysées, était encore ignorante, dans la soirée, des hostilités qui avaient commencé entre les troupes du gouvernement légal, — les Versaillais, — et les soldats aux ordres de la Commune, — les fédérés.

Le canon avait cependant retenti dès le matin; douloureux signal de la guerre civile!

A huit heures, des troupes parties de Versailles se sont avancées jusqu'à Courbevoie, environ 4 à 5 000 hommes, troupes de ligne, gardiens de la paix, gardes républicains à pied et à cheval.

Les troupes avaient avec elles des mitrailleuses et des canons qui, plus tard, ont été placés en batterie au rond-point de Courbevoie.

A cent mètres environ du rond-point, en avant des postes fédérés, l'avant-garde des troupes de Versailles, composée de troupes de lignes, s'est arrêtée. — Les gardes républicains et les gardiens de la paix formaient le centre et l'arrière-garde. On comprend pourquoi : en avant, ils rendaient toute tentative de conciliation impossible; derrière les fantassins de la ligne, ils les maintenaient dans le devoir, et au besoin, les chargeraient.

Quatre ou cinq bataillons fédérés, parmi lesquels le 155ᵉ et le 118ᵉ, s'étaient rassemblés faisant face aux troupes de Versailles.

L'officier qui commandait ces derniers, s'avança vers le commandant du 118ᵉ bataillon, dont les hommes tenaient la crosse en l'air, et l'a engagé à rendre ses armes.

Sur le refus de celui-ci, la ligne s'est repliée,

— on craignait qu'elle refusât de tirer — et plusieurs compagnies de gendarmes ont marché sur les gardes nationaux jusqu'au point occupé précédemment par la ligne.

Là, quelques pourparlers ont encore eu lieu entre le commandant des gendarmes et le commandant des gardes nationaux.

Que s'est-il passé?...

Dix minutes s'étaient à peine écoulées que de part et d'autre on se tirait des coups de fusil.

Le commandant des gendarmes est tombé un des premiers, mortellement blessé, et son cheval a été pris et ramené à Paris. A ce moment les troupes de Versailles démasquèrent leurs mitrailleuses, qui jetèrent la confusion dans les rangs des fédérés. Ces derniers, auxquels s'étaient joints les 500 hommes qui occupaient la caserne de Courbevoie, ayant épuisé leurs munitions, lâchèrent pied et battirent en retraite vers le pont de Courbevoie, poursuivis par des gendarmes.

Pendant ce temps, les pièces d'artillerie établies sur le rond-point de Courbevoie, envoyèrent des obus qui achevèrent de porter le désordre dans les rangs des gardes nationaux qui avaient gagné l'avenue de Neuilly.

De son côté, le Mont-Valérien lança quelques projectiles; trente à quarante coups de canon furent tirés.

De onze heures à midi, deux obus sont tombés dans l'avenue de la Grande-Armée. La maison portant le n° 79, et la cinquième en deçà des fortifications, ont été atteintes.

Vers une heure, le drapeau blanc, arboré sur la lanterne construite sur le piédestal d'où 1 statue de Napoléon Iᵉʳ a été renversée, indique une suspension d'armes pour l'enlèvement des morts et des blessés, qui sont ramassés; ceux des gardes nationaux blessés ont été rapportés à Paris, sur des brancards, par des habitants de Courbevoie.

Des bataillons arrivent successivement à la porte de Neuilly, et sont envoyés vers divers bastions.

Les portes de la rive droite et de la rive gauche sont fermées, depuis Montrouge jusqu'aux Ternes, où une foule de voitures de déménagement attendent bien inutilement qu'on baisse les ponts.

Le rappel est battu dans plusieurs quartiers. Le 208ᵉ, qui occupe la gare Saint-Lazare, reçoit l'ordre de partir.

On arme les remparts de canons, des embrasures sont pratiquées ; on travaille activement sur toute la ligne de l'Ouest.

Le commandant Flourens arrive à la tête de son bataillon et sort par la porte des Ternes. Les bataillons se succèdent. L'avenue de la Grande-Armée est remplie de gardes nationaux et de curieux.

Quelques soldats de la ligne, appartenant aux troupes de Versailles, rentrent à Paris.

A quatre heures, plusieurs batteries descendent l'avenue. Les gardes nationaux aident les chevaux à les monter sur les remparts ; on les place dans les embrasures. Les munitions sont déchargées et remisées dans les poudrières.

Dans la soirée un grand nombre de bataillons de la garde nationale montent l'avenue des Champs-Élysées. Des voitures de vivres suivent ces colonnes.

Où tout cela va-t-il ! Si on le demande, grand nombre répondent, à Versailles ! et ils paraissent convaincus d'y arriver....

Des voitures d'ambulances, des tapissières ramenant de Neuilly des morts et des blessés, croisent ceux qui, eux aussi, vont au-devant de la mort.

Des femmes, en grand nombre, les suivent ; elles sont plus exaltées que les hommes : elles maudissent et elles menacent.

Nous le répétons, une partie de Paris ignorait les événements.

Les bois de Clamart et de Meudon qui, le lendemain, seront fouillés par les obus, au milieu des clairières desquels on se tirera à bout portant, avaient leur clientèle habituelle de promeneurs, visitant les batteries prussiennes ou cueillant la pâquerette naissante.

Nul ne se doutait que le lendemain ces mêmes bois et les rues de Clamart seraient souillés de sang français, versé par des Français.

Cette première journée du 2 est ainsi appréciée et exposée par le gouvernement de Versailles aux autorités de la province :

« Depuis deux jours, des mouvements s'étant produits du côté de Rueil, Courbevoie, Puteaux, et le pont de Neuilly ayant été barricadé par les insurgés, le Gouvernement n'a pas laissé ces tentatives impunies, et il a ordonné de les réprimer sur-le-champ.

Le général Vinoy, après s'être assuré qu'une démonstration qui était faite par les insurgés du côté de Châtillon n'avait rien de sérieux, est parti à 4 heures du matin avec la brigade Daudel, de la division Faron, la brigade Bernard, de la division Bruat, éclairé à gauche par la brigade de chasseurs du général de Galiffet, à droite par deux escadrons de la garde républicaine. Les troupes se sont avancées sur deux colonnes : l'une par Rueil et Nanterre, l'autre par Vaucresson et Montretout. Elles ont opéré leur jonction au rond-point des Bergères.

Quatre bataillons des insurgés occupaient les positions de Courbevoie, telles que la caserne et le grand rond-point de la Statue. Les troupes ont enlevé ces positions barricadées avec un élan remarquable. La caserne a été prise par les troupes de marine, et la grande barricade de Courbevoie par le 113°. Les troupes se sont ensuite jetées sur la descente qui aboutit au pont de Neuilly, et elles ont enlevé la barricade qui fermait le pont. Les insurgés se sont enfuis précipitamment, laissant un certain nombre de morts, de blessés et de prisonniers. L'entrain des troupes hâtant le résultat, nos pertes ont été nulles. L'exaspération des soldats était extrême, et s'est surtout manifestée contre les déserteurs qui ont été reconnus.... »

JOURNÉE DU 3 AVRIL.

La journée du lendemain devait être encore plus meurtrière et plus fatale aux fédérés.

Un projet insensé avait surgi des imaginations des généraux improvisés de la Commune ; quels généraux !...

Bergeret, ancien caporal de voltigeurs, devenu ouvrier typographe en sortant du régiment, il y a environ 15 ans, et qui allait faire télégraphier que, *lui-même*, était à Neuilly.

Duval, ancien comparse d'un infime théâtre du boulevard.

Eudes, personnage de vingt-six à vingt-sept ans, ancien élève en pharmacie, bohème des lettres et dont le seul exploit militaire connu est d'avoir tué à bout portant un malheureux pompier lors de l'échauffourée du 14 août 1870, à la Villette.

Le citoyen Eudes en était le chef, et beaucoup ont prétendu à la solde de la Prusse ; ce qui n'est nullement impossible.

Eudes est sans contredit une des personnalités les plus néfastes de nos troubles civils. C'est à lui que doivent être imputés le commandement et l'exécution des ordres les plus sanguinaires et les plus révoltants.

Ce trio de généraux assistés du colonel Flourens, nature intelligente, honnête, mais exaltée jusqu'à la folie, avaient projeté de s'emparer de Versailles et de son contenu : Gouvernement et Assemblée nationale. Projet insensé! avons-nous dit, qui aurait pu avoir quelque chance de succès le 19 mars, alors que la troupe était démoralisée et qu'il n'y avait ni chefs, ni commandement. Et encore que serait-il advenu?

M. Thiers, son ministère et l'Assemblée se seraient repliés à Orléans, Blois ou Tours; au point de vue politique la situation n'eût pas changé.

Mais ce qui était possible le 19 et 20 mars, était insensé le 3 avril, alors qu'un noyau de troupes avait pu être formé, et qu'il fallait passer sous le feu du Mont-Valérien. Même à défaut des troupes de ligne, sur lesquelles le Gouvernement comptait très-peu du reste, le corps des anciens sergents de ville et des gardes républicains à pied et à cheval était suffisant pour sauvegarder Versailles contre un coup de main, à l'encontre surtout de gardes nationaux mal équipés, mal commandés, venus par bandes, en gens convaincus qu'ils ne se heurteront à aucune résistance.

Il devait en être tout autrement, ainsi que M. Thiers l'annonce à la province dès le 3, dans la soirée :

« Ce matin, dès la première heure, une forte colonne d'insurgés s'était portée par Courbevoie et Nanterre sur Rueil, et s'y était établie avec quelques pièces d'artillerie. Après avoir occupé la caserne, leur premier soin fut de construire des barricades. Un certain nombre s'avancèrent jusqu'à Bougival, se répandirent jusqu'à la Seine et jusqu'à Chatou.

Mais le feu du Mont-Valérien les chassa de la plaine; l'annonce des mouvements des troupes, qui se tenaient prêtes depuis le matin dans leurs positions au-dessus de Rueil et de Bougival, acheva de jeter l'incertitude et le trouble dans leurs rangs, et chefs et soldats commencèrent à se retirer isolément ou par groupes.

Les troupes, à leur approche, ont été cependant accueillies par la fusillade; mais leur élan a jeté le désordre parmi les insurgés, qui se sont dispersés en grande hâte.

A cinq heures, Rueil, Nanterre et Courbevoie étaient délivrés, les barricades étaient détruites,

et des insurgés, saisis sous différents costumes, étaient ramenés prisonniers.

Les troupes, artillerie et gendarmerie, cuirassiers, bataillons de ligne et infanterie de marine, regagnaient leurs positions et leurs quartiers; accueillies partout, sur leur route, par des marques de chaleureuse sympathie. Leur attitude énergique et calme montrent assez le sentiment qu'elles ont du devoir pénible, mais impérieux, qu'elles remplissent.

Un des chefs de l'insurrection, M. Flourens, a été tué, et son corps ramené dans la soirée.

Dès le matin aussi, de nombreux bataillons d'insurgés avaient occupé les hauteurs de Meudon, la grande avenue qui du château descend à Bellevue, et un certain nombre de maisons du village.

L'action s'est engagée vers six heures du matin.

Le régiment des gendarmes à pied cantonné à Sèvres et quelques gardiens de la paix ont combattu pendant quatre heures avec une intrépidité admirable. Un millier d'hommes a tenu tête à des masses infiniment supérieures. Le colonel Grénelin s'est élancé à la tête du régiment, et les insurgés ont été délogés du village par une charge à la baïonnette.

Un instant après, trois pièces d'artillerie placées sur la plate-forme du château de Meudon achevaient de jeter le désordre parmi les troupes de la rébellion, qui fuyaient en pleine déroute. »

Le Chef du pouvoir exécutif terminait en annonçant que les insurgés ne tenaient plus que la position de Châtillon dont quelques coups de canon suffiraient pour les déloger.

Les événements de la journée avaient été tels qu'on le disait officiellement.

L'état-major de la Commune avait ainsi dressé son plan d'opérations :

Deux colonnes commandées l'une par Flourens, l'autre par Bergeret devaient faire leur jonction au delà de Rueil, contournant le Mont-Valérien que l'on affirmait neutre.

Une autre colonne marcherait sur Versailles par le Bas-Meudon, Chaville et Viroflay.

Une troisième prendrait par Clamart et traverserait Villa-Coubley et Velisy.

Dès la soirée du 2, un très-grand nombre de bataillons fédérés, au milieu desquels se trouvaient mêlées beaucoup de femmes, quitte Paris par les diverses portes de l'enceinte conduisant à Versailles : d'un côté par la route de Saint-Germain, de l'autre par celle de Sèvres, d'un troisième par celle de Chevreuse.

Trois attaques simultanées étaient aussi dans le plan des généraux de la Commune.

La première a eu lieu dans la nuit même vers Sèvres. La fusillade était si vive à sept heures du matin, au moment où arrivait le train de Versailles, que les voyageurs ont dû se garantir au moyen des coussins des wagons. Le train parti de Paris a dû rebrousser chemin devant la pluie de balles, et aucun autre n'a quitté la gare depuis huit heures.

Le combat vers dix heures devint un duel d'artillerie entre les canons culasse de 7 du fort d'Issy et les batteries de la terrasse de Meudon.

Toutefois aux Moulineaux la lutte est acharnée presque corps à corps, entre les gendarmes et les fédérés ; les derniers finissent par se maintenir dans les maisons crénelées d'où ils dirigent un feu incessant sur les troupes versaillaises.

La seconde attaque avait pour objectif de prendre possession du mont Valérien ; — de là à Versailles. De bonne foi, ou non, les chefs des fédérés affirmaient que la Commune y avait des intelligences, et qu'on s'en emparerait facilement, répondant dans tous les cas de la défection des marins-canonniers qui ne tireraient pas.

A moins d'être bien certain de la neutralité de la forteresse, l'entreprise tentée était une stupide folie ; l'événement le prouva.

Le corps de fédérés chargé de cette opération, était partagé en deux sections. L'une devait tourner le mont Valérien, en prenant la route de Saint-Germain par Nanterre. L'autre partie des assaillants se dirigeait vers Saint-Cloud et Montretout.

A la pointe du jour, le commandant Flourens, à la tête de plusieurs bataillons, passait la Seine sur un pont établi sur l'île faisant face à Puteaux, endroit à l'abri des projectiles du mont Valérien ; mais, arrivé au lieu dit le rond-point des Bergères sur les hauteurs de Puteaux, le mont Valérien envoie plusieurs bordées ; les obus pleuvent, et quelques-uns en éclatant causent un grand désordre.

La colonne est coupée ; trois ou quatre bataillons se replient et repassent la Seine, pendant que le gros de la troupe continue son mouvement dans la direction de Nanterre, où la débandade va commencer.

Ces mouvements s'étaient effectués à marches forcées, car le mont Valérien faisait feu de toutes ses batteries et la mitraille pleuvait sur les colonnes en vue.

La colonne d'expédition avait été séparée en deux. Le tronçon de tête est enveloppé et fait prisonnier presque en entier. La portion en deçà du fort fuit à la débandade vers Paris en criant à la trahison ! Ainsi que nous l'avons dit, ces malheureux pensaient que le mont Valérien ne tirerait pas.

Flourens qui commandait la colonne de tête, se réfugie dans une maison au bord de l'eau à Chatou, chez un sieur Ducoq, pêcheur de sable, marchand de vins. Il y est surpris par un détachement de gendarmes commandés par le capitaine Desmarets. D'un coup de sabre ce dernier fracasse le crâne du chef des fédérés.

La troisième attaque avait lieu par Clamart et Châtillon.

Le matin à la première heure, plusieurs bataillons fédérés, à travers Clamart et Châtillon, gagnent les hauteurs pour s'emparer des bois, de là, gagner la route de Versailles pour faire leur jonction avec les autres corps, vers le Petit-Bicêtre.

Des embuscades leur étaient tendues. Au moment où ils débouchaient sur ces hauteurs prêts à pénétrer sous bois, ils sont soudainement arrêtés par des décharges furieuses et réitérées de mitrailleuses. La panique les prend, ils fuient à la débandade ; les gendarmes les chargent alors, au pas de course, à la baïonnette.

Cela se passait au-dessus de Clamart.

L'attaque du plateau de Châtillon est l'occasion d'une panique non moins terrible, qui cause plus de mal aux gardes nationaux que les balles mêmes de leurs adversaires.

Dès que les gendarmes et les sergents de ville, avec les mobiles bretons, se sont avancés sur la redoute, le désordre s'est emparé des gardes nationaux qui étaient là près de quarante mille, mal distribués, s'encombrant eux-mêmes de leurs masses qui s'entrechoquaient en désordre.

Les obus tombés çà et là, au milieu de ce chaos mouvant, ont provoqué la fuite d'au moins la moitié des hommes présents. Fous de terreur, ces hommes se sont rejetés de tous côtés vers Clamart et Bagneux, surtout vers Paris.

Poussés les uns contre les autres, ne se reconnaissant plus, croyant n'avoir affaire qu'à des ennemis, convaincus qu'ils étaient trahis, ils couraient effarés, se heurtant, s'appelant, s'injuriant à travers les fossés, les champs, les bois, les jardins ; à chaque instant, ils s'arrêtaient, chargeaient leurs fusils et tiraient au hasard. C'est ainsi qu'ils ont dépensé le peu de munitions dont ils disposaient.

L'autre moitié des gardes nationaux restés sur le plateau de Châtillon et les abords, ainsi débarrassés de tout ce qui manquait de l'audace nécessaire, s'est rassemblée et a décidé de marcher en avant.

Cette armée, — ils étaient de dix-huit à vingt mille, — s'est dirigée sur Versailles, chacun se ralliant, selon ses goûts et ses instincts, aux bandes qui l'entraînaient. Ils ont opéré en tirailleurs et sont arrivés vers le soir à trois kilomètres de Versailles, à l'endroit que l'on appelle la *Ferme*, dans les environs de Chaville.

Là, se trouvant sans munitions, sans appareils de campement, sans nourriture, exposés à chaque instant à quelque attaque imprévue, ils ont dû se replier sur Paris.

C'est ce qu'attendaient les détachements qui les guettaient aux abords de Versailles.

On les a donc ramenés, mais sans trop les harceler, jusque dans leurs retranchements à Clamart et à Châtillon, dont la redoute avait été reprise par les troupes de la Commune, et l'on jugera de la grande quantité de gardes nationaux qui s'étaient avancés jusque sur Versailles en observant que la distance entre Chaville et le Petit-Bicêtre était occupée par les gardes nationaux rentrant vers Paris, et dispersés sur une étendue de plusieurs lieues.

Au petit Bicêtre, le combat, pendant près d'une heure, fut acharné. Quoique mal commandés, quelques bataillons se battirent non-seulement avec courage, mais encore avec une intelligence remarquable de la guerre de tirailleurs ; mais abandonnés par le plus grand nombre de leurs compagnons, ils furent obligés de battre en retraite.

Les résultats de la journée pour les fédérés furent ceux-ci : cinq à six mille prisonniers et un nombre très-considérable de morts et de blessés.

Les survivants étaient exténués, mourant de soif et de faim.

Le pain, la viande, le vin avaient manqué, ainsi que les munitions. Après être restés aux grand' gardes, aux avant-postes, plus de trente heures occupés le plus souvent à des reconnaissances, rencontres fort périlleuses et même meurtrières,

le plus grand nombre des gardes nationaux se laissaient choir accablés de fatigue, de faim et de soif.

Du biscuit, il y en avait à peine un pour chaque homme. Du vin, point, pas même de l'eau en certains endroits, notamment sur le plateau de Châtillon, qui est nu et aride, tout poussiéreux, surtout depuis le siége, les Prussiens ayant criblé ce point d'obus et de mitraille. L'eau manquait à ces pauvres gens. Le café, en très-petite quantité, n'aurait pas suffi au vingtième des hommes présents.

Le soir, ils se couchaient le long de la route. Ceux arrivés aux portes n'avaient pas la force d'insister pour être accueillis ; beaucoup sont restés dans les fossés, sur les talus extérieurs. Les moins affaiblis se sont traînés jusqu'aux embrasures non refermées, destinées au passage des chemins de fer, et ont pu rentrer et rendre la sécurité à leurs familles alarmées.

En outre de la mort de Gustave Flourens, tué dans la maison où il s'était réfugié, un fâcheux incident se produisit dans le cours de cette triste journée.

Le *général* Duval, ainsi que deux de ses aides de camp avaient été faits prisonniers à Châtillon. Ils sont conduits à Versailles pêle-mêle avec une centaine de leurs soldats. En route le détachement est rencontré par le général Vinoy qui, après avoir reçu des renseignements sur les prisonniers ainsi conduits, dit en s'adressant au groupe :

« N'y a-t-il pas parmi vous un *monsieur* Duval se disant général ?

— Je suis le général Duval, fait celui-ci en quittant les rangs.

— Ah ! ah ! reprend le général Vinoy. Eh bien, vous savez ce qui vous attend à Versailles ; vous serez fusillé.

— S'il en est ainsi, répond Duval, il est inutile d'aller plus loin ; on peut me fusiller ici.

— Soit ! » et le général Vinoy commanda un peloton d'exécution.

Les deux aides de camp de Duval, l'un d'eux le *colonel* Henry, avaient également quitté le groupe des fédérés prisonniers pour se mettre aux côtés de leur chef.

Le même peloton les fusille tous les trois.

La vérité n'est pas catégoriquement démontrée en ce qui concerne les incidents de la mort de Flourens. Les uns ont prétendu que, surpris au moment où il se débarrassait de son costume militaire pour endosser des habits de *pékin*, il avait fait feu de son révolver sur les gendarmes, et que le capitaine Desmarets l'avait frappé après avoir été légèrement atteint par lui. D'autres, au contraire, affirment qu'avant même d'avoir pu songer à faire usage d'une arme quelconque, Flourens avait été sabré et terrassé.

Quant au *général* Duval et à ses aides de camp, le fait n'est pas douteux; il n'a même jamais été sérieusement contesté. Non-seulement des gardes nationaux, mais encore des soldats qui ont assisté à l'exécution, ont raconté la scène telle que nous le rapportons : faits prisonniers, ils ont été fusillés sur place sur l'ordre du général Vinoy.

Nous ne le contestons pas, ces citoyens égarés étaient coupables et méritaient peut-être la mort. Mais c'était affaire aux conseils de guerre et non œuvre de soldats qu'ils avaient combattus face à face.

D'autres exécutions sommaires eurent lieu — non pas seulement de soldats de l'armée active surpris dans les rangs fédérés. — Pour ceux-ci c'était justice militaire, inexorable, terrible, mais légitime : ils avaient déserté leur drapeau et le combattaient.

Des officiers fédérés, de simples gardes, furent fusillés, séance ténante, aussitôt leurs armes rendues.

Encore un fait qui n'a pas été contesté, et qui ne pouvait pas l'être :

Ce même jour, 3 avril, vers huit heures, des gardes nationaux occupaient la gare de Rueil, où ils étaient en force considérable. A huit heures et demie, ils se dirigèrent sur Chatou, au nombre de quinze cents environ. Le pont ayant été coupé, le mouvement en avant se trouva arrêté, quelques hommes seulement passèrent la Seine en bateau et entrèrent dans Chatou en annonçant que les autres allaient les suivre.

Peu après, le général Galifet, à la tête de deux escadrons de chasseurs et d'une batterie d'artillerie, descendait de Saint-Germain, et, en arrivant dans le village, il surprenait trois des gardes insurgés : un capitaine du 175ᵉ bataillon, un sergent et un garde, *qui furent sur-le-champ passés par les armes.*

Le général se rendit alors à la mairie et y rédigea la proclamation suivante, qui fut immédiatement tambourinée à son de caisse dans la commune :

« La guerre a été déclarée par *les bandits* de Paris.

« Hier, avant-hier, aujourd'hui, ils m'ont assassiné mes soldats.

« C'est une guerre sans trêve ni pitié que je déclare à ces assassins. *J'ai dû faire un exemple* ce matin; qu'il soit salutaire; je désire ne pas en être réduit de nouveau à une pareille extrémité.

« N'oubliez pas que le pays, que la loi, que le droit, par conséquent, sont à Versailles et à l'Assemblée nationale, et non pas avec la grotesque assemblée de Paris, qui s'intitule la Commune.

« 3 avril 1871.

« *Le général commandant la brigade,*

« GALIFET. »

A la suite de cette lecture, le crieur ajoutait :

« Le président de la commission municipale de Chatou prévient les habitants, dans l'intérêt de leur sécurité, que ceux qui donneraient asile aux ennemis de l'Assemblée se rendraient passibles des lois de la guerre.

« *Le président de la Commission,*

« LAUBEUF. »

Il serait injuste de faire remonter jusqu'au pouvoir la responsabilité d'actes aussi regrettables. Néanmoins, sinon excusables, tout au moins compréhensibles, de la part de combattants en fureur et dans la frénésie de la lutte, ils sont monstrueux quand ils sont commandés, de sang-froid, par des généraux.

Si nous nous appesantissons quelque peu sur ces tristes épisodes de la guerre civile, c'est qu'ils excitèrent parmi la population de Paris, même non *communeuse*, une profonde émotion contre Versailles, qui, ne manquait-on pas de dire, n'avait plus rien à reprocher aux criminels auteurs de l'exécution des généraux Lecomte et Clément Thomas.

Il y avait pourtant une nuance; mais au milieu de l'athmosphère de surexcitation dans laquelle on vivait, on était presque tenté d'affirmer qu'un général de soixante-dix ans passés, ordonnant froidement l'exécution de prisonniers, était plus coupable que les misérables du 18 mars.

Ces faits, aussi inhumains qu'impolitiques, eurent cette conséquence, que l'arrestation de vénérables prélats et la loi barbare, dite des otages, décrétée par la Commune, ne soulevèrent que très-peu l'indignation publique. Beaucoup, tout en blâmant ces redoutables extrémités, convenaient que puisqu'on fusillait à Versailles les gens de la Commune, la Commune était strictement dans son droit en prenant ses précautions et en disant à Versailles : « Si vous fusillez nos généraux, ou même nos simples soldats, nous fusillerons les otages. »

Menace de talion barbare, inique et souverainement injuste, puisque les vénérables prélats et les autres personnages arrêtés n'étaient point des soldats de Versailles.

Ils n'étaient d'aucun parti, et pour la plupart, incapables de porter les armes. Il n'importe. Ces arrestations qui, en tous autres temps, eussent soulevé la réprobation générale, furent considérées comme de simples représailles.

Les journées suivantes, les troupes de Versailles s'emparèrent presque sans coup férir du plateau de Châtillon, de Courbevoie et de la tête du pont quelles avaient abandonné momentanément.

Des combats de tous les jours et de toutes les heures vont désormais se livrer dans tous le périmètres des environs de Paris, excepté ceux — ô honte ! — occupés par les troupes allemandes

Qui a tiré le premier coup de feu de cette guerre fratricide ?

Versailles dit que c'est Paris ; Paris dit que c'est Versailles.

Il importe peu : dès l'instant où les troupes en présence étaient résolues d'en venir aux mains, ce sont les circonstances et probablement le hasard seul qui en a décidé.

La Commune a crié bien haut :

« Les conspirateurs royalistes ont *attaqué*.

« Malgré la modération de notre attitude, ils ont *attaqué*. »

Il n'en est pas moins vrai que ce sont ses généraux qui, dès le 2, avaient fait occuper Courbevoie pour préparer leur marche sur Versailles du lendemain.

Il est certain que M. Thiers qui, autant que possible, en fait de guerre, ne sacrifie rien au hasard, n'avait pas l'intention de s'emparer de vive force de Paris, à cette date.

Il n'avait pas encore d'armée.

L'armée destinée à faire le siège de Paris n'a été créée par décret que le 6 avril.

Elle ne put commencer ses opérations que le 11 avril.

M. Thiers et son état-major, le 2 avril, loin de vouloir la bataille, la redoutaient : ils n'étaient rien moins que certains des dispositions de l'armée.

Ce n'est du reste un mystère pour personne, les soldats l'ont dit, et leurs officiers en ont convenu, l'armée ne voulait pas se battre ; et si les fédérés n'avaient pas été entraînés par le désir de faire parler la poudre ; s'ils n'avaient pas, les premiers, tiré sur la troupe, celle-ci avait résolu de ne pas attaquer.

A Versailles on ne l'ignorait pas, aussi les gendarmes étaient-ils en avant.

Mais, quand la ligne se vit assaillie de coups de fusils par les fédérés, quand elle put compter ses morts et ses blessés, elle ne songea qu'à se défendre et à riposter. Désormais elle se battrait sans trêve ni merci.

Nous avons raconté avec quelques détails le commencement des hostilités.

Il serait fastidieux et sans intérêt historique aucun, de relater, au jour le jour, les mille détails, les mille incidents et pour tout dire, les mille faussetés que rapportaient journellement les bulletins de Paris et de Versailles, sur les opérations.

Si les généraux de la Commune ont effrontément menti, il faut également, en bonne justice, en appeler à M. Thiers, historien, de la rédaction de certains télégrammes à la Province, du Chef du pouvoir exécutif.

Nous suivrons donc les événements militaires, le rapport officiel du maréchal Mac-Mahon sous les yeux, n'y ajoutant que les détails et les éclaircissements explicatifs, convenables.

De ces faits nous ne mentionnerons que ceux accomplis et officiels.

De même nous ne ferons point de notre œuvre un procès-verbal détaillé de toutes les folies, des projets et des décisions insensées des gens de la Commune.

On n'a pas à discuter ni même à blâmer ce qui, folie ou ineptie, est condamné à l'avance.

Du jour où la Commune abandonnant le seul terrain qui fût le sien, les intérêts municipaux de

la cité pour s'ériger en gouvernement révolutionnaire;

Du jour où elle a arboré le drapeau rouge, arrêté, emprisonné arbitrairement des citoyens;

Du jour où sachant, à n'en pouvoir douter, que
l'armée de Versailles se battait et refusait de
fraterniser avec les gardes nationaux fédérés, la
Commune n'a pas fait tous ses efforts en vue d'arrêter l'effusion de sang désormais inutile, car
pour les esprits même les plus prévenus, il était
inévitable qu'à un moment donné, soit de force,
soit par la complicité de ses habitants, Paris serait occupé par le gouvernement régulier:

— Nous dirons ce qui aurait pu être fait par les
gens de la Commune, s'ils avaient eu le sentiment
national, l'amour vrai du peuple et le moindre
sentiment d'intelligence politique;

De ce jour, disons-nous, en tant que gouvernement la Commune de Paris s'est mise hors la loi,
et ses membres ont été seulement justiciables
de l'opinion publique et des tribunaux compé-
tents.

L'histoire ne peut que flétrir leurs actes et leurs
noms.

Si encore ils avaient eu la dignité du pouvoir
dont ils abusaient, et le courage de leurs excitations et de leurs convoitises!

Mais nous les verrons tous, excepté Delescluze,
mort, et Vermorel blessé sur une barricade, fuir
lâchement, à travers les lignes prussiennes les
dangers de la bataille fratricide qu'ils ont déchaînée; nous les verrons, faisant brûler Paris pour
assouvir leurs instincts destructeurs, et aussi
pour assurer leur fuite.

Et ceux qui, n'ayant même pas eu le courage
de la fuite, s'étaient prudemment cachés, quelle
tenue piteuse au conseil de guerre!... Tous, excepté Trinquet, un simple ouvrier, feront assaut
de platitude. Les ordonnateurs d'exécutions,
Ferré, Urbain, Billioray; les vaniteux, Courbet,
Régère, etc., tous, reniant leur passé et ce qu'ils
disaient être leurs convictions. Ils anathématise-
ront leurs propres actes et ils en seront réduits
à se parer, devant leurs juges, du mal qu'ils n'auront pas fait!

Pour les Républicains sincères, de tels personnages, sans foi politique, sans dignité, sans
courage, doivent être l'objet d'une réprobation
implacable : ils ont mis la jeune République à
deux doigts de sa perte.

Et si jamais une réaction était possible! si de
nuit, avec effraction de domicile et de volonté nationale, dans un nouveau guet-apens, elle repre-
nait le pouvoir, quelles armes terribles ne lui
auront-ils pas données?

Liberté de la presse, liberté individuelle, liberté de conscience, de vote; suffrages insuffi-
sants, radicalement nuls; candidats élus incapables civilement, validés, etc., etc.: tous ces ac-
crocs au bon sens, à la légalité et à la dignité
hautement avoués, parce qu'il s'agissait, disait-on
effrontément, « d'agir révolutionnairement et
non légalement. »

Quel est l'échappé de Toulon, de Boulogne, de
Cayenne ou de Chislehurst, qui ne pourra invoquer semblable nécessité ou toute autre de même
valeur, s'il a la force en mains?

A partir de ce jour, pour toute personne honnête, à quelque opinion qu'elle appartînt, la
Commune telle qu'elle était constituée à l'hôtel
de ville, devait disparaître devant le gouvernement légal, au besoin par la force, mais surtout
grâce à l'habileté opportune de moyens, qui à
défaut de la soumission sans réserves de l'insurrection, l'eût jetée en un tel discrédit parmi
la population honnête de Paris, qu'elle-même
aurait fait prompte justice des énergumènes
qui la violentaient, ainsi que de quelques milliers de séides aveugles qui auraient peut-être
essayé de la défendre.

Sans nul doute le résultat par les attaques de
vive force était certain, mais à quel prix!... On
le sait maintenant.

— A quels hommes, à quelles situations, à
quelles causes faut-il faire remonter la responsabilité de cette immense revendication parisienne?

— « Quels en sont les auteurs? »

— Sont-ils les seuls coupables?

« — Toutes ces horreurs commises n'auraient-
elles pu être évitées? »

Avons-nous dit dans notre *Avant-propos*.

Nous avons établi de la façon la plus pertinente,
pensons-nous, les véritables origines de la Commune.

Ses actes, sa fin, ne méritent une page d'histoire que par les horreurs et les désastres que
son règne de deux mois à peine a accumulés. Nous
les raconterons donc succinctement en recherchant, en toute loyauté, si tant de sang répandu,

d'incendies allumés et de ruines n'auraient pas pu être évités, et comment. Ainsi sera achevée la tâche que nous avons entreprise.

Après les funestes résultats de la lutte sanglante des 2 et 3 avril, la Commune déclare « adopter les familles des citoyens qui ont succombé ou succomberont en repoussant l'agression criminelle des royalistes conjurés contre Paris et la République française. »

Mais en même temps elle rendait le décret suivant :

« Art. 1er. MM. Thiers, Favre, Picard, Dufaure, Simon et Pothuau, sont mis en accusation.

« Art. 2. Leurs biens sont saisis et mis sous séquestre, jusqu'à ce qu'ils aient comparu devant la justice du peuple. »

Et cet autre :

« La Commune de Paris,

« Considérant que le premier des principes de la République française est la liberté;

« Considérant que la liberté de conscience est la première des libertés;

« Considérant que le budget des cultes est contraire au principe, puisqu'il impose les citoyens contre leur propre foi;

« Considérant, en fait, que le clergé a été le complice des crimes de la monarchie contre la liberté;

« Décrète :

« Art. 1er. — L'Église est séparée de l'État.

« Art. 2. — Le budget des cultes est supprimé.

« Art. 3. — Les biens dits de mainmorte, appartenant aux congrégations religieuses, meubles et immeubles, sont déclarés propriétés nationales.

« Art. 4. — Une enquête sera faite immédiatement sur ces biens, pour en constater la nature et les mettre à la disposition de la nation.

« La Commune de Paris. »

Le citoyen Assi, président du Comité central, un des membres les plus en vogue de la Commune, est arrêté par ordre de ses collègues.

MM. Ch. Floquet et Éd. Lockroy, députés de la Seine, ont cru devoir donner leur démission de députés en ces termes :

« Monsieur le président;

« Nous avons la conscience d'avoir fait tout ce que nous pouvions pour conjurer la guerre civile, en face des Prussiens encore armés sur notre sol. Nous jurons devant la nation que nous n'avons aucune responsabilité dans le sang qui coule en ce moment. Mais puisque, malgré nos efforts passés, malgré ceux que nous tentions encore pour arriver à une conciliation, la bataille est engagée et une attaque dirigée sur Paris, nous, représentants de Paris, croyons que notre place n'est plus à Versailles. Elle est au milieu de nos concitoyens, avec lesquels nous voulons partager, comme pendant le siège prussien, les souffrances et les périls qui leur sont réservés. Nous n'avons plus d'autre devoir que de défendre, comme citoyens, et selon les inspirations de notre conscience, la République menacée. Nous remettons entre les mains de nos électeurs le mandat qu'ils nous avaient confié, et dont nous sommes prêts à leur rendre compte.

« Les représentants du peuple présents à Paris,

« Ch. Floquet, Éd. Lockroy. »

Bien auparavant les membres de l'extrême gauche, les citoyens Malon, Razoua, Cournet, Tridon, Delescluze avaient donné leur démission de députés.

De la part de ces citoyens, acteurs agissants de la Révolution, c'était chose obligatoire.

Le devoir de MM. Ch. Floquet et Éd. Lockroy les obligeait-il absolument à donner ce demi-gage à l'insurrection?...

Delescluze, Cournet et Vermorel sont devenus la partie intelligente et méritante de la commission exécutive de la Commune.

Cluseret dirige les opérations militaires.

5 Avril. — « ¡Tous les citoyens mariés ou non seront inscrits dans les compagnies de guerre, » suivant décret.

Même jour : autre décret que nous transcrivons avec les « considérants » vu son importance.

« La Commune de Paris,

« Considérant que le gouvernement de Versailles foule ouvertement aux pieds les droits de l'humanité comme ceux de la guerre ; qu'il s'est rendu coupable d'horreurs dont ne se sont même pas souillés les envahisseurs du sol français ;

« Considérant que les représentants de la Commune de Paris ont le devoir impérieux de défendre l'honneur et la vie des deux millions d'habitants qui ont remis entre leurs mains le soin de leurs destinées ; qu'il importe de prendre sur l'heure toutes les mesures nécessitées par la situation ;

« Considérant que des hommes politiques et des magistrats de la cité doivent concilier le salut commun avec le respect des libertés publiques,

« Décrète :

« Art. 1er. — Toute personne prévenue de complicité avec le gouvernement de Versailles sera immédiatement décrétée d'accusation et incarcérée.

« Art. 2. — Un jury d'accusation sera institué dans les vingt-quatre heures pour connaître des crimes qui lui seront déférés.

« Art. 3. — Le jury statuera dans les quarante-huit heures.

« Art. 4. — Tous accusés retenus par le verdict du jury d'accusation seront les otages du peuple de Paris.

« Art. 5. — Toute exécution d'un prisonnier de guerre ou d'un partisan du gouvernement régulier de la Commune de Paris sera, sur-le-champ, suivie de l'exécution d'un nombre triple des otages retenus en vertu de l'article 4 et qui seront désignés par le sort.

« Art. 6. — Tout prisonnier de guerre sera traduit devant le jury d'accusation, qui décidera s'il sera immédiatement mis en liberté ou retenu comme otage. »

C'était une véritable loi « des suspects. »

Sans doute, en vertu du décret précité, l'archevêque de Paris, Mgr Darboy est arrêté ainsi que l'abbé Deguerry, curé de la Madeleine.

On les incrimine de connivence avec Versailles. En réalité ce sont des otages dont la Commune s'empare.

Aussitôt arrêté, l'archevêque de Paris est amené devant le citoyen Raoul Rigault, membre de la Commune, délégué à la Préfecture de police ; c'est alors que l'émérite habitué des bals *Bullier* et du *Château-Rouge*, a l'audacieux aplomb de répli-

quer « sévèrement » au prélat qui lui avait paternellement dit « mon enfant : »

— Citoyen, il n'y a pas d'enfants ici, il n'y a que des magistrats !

Le président Bonjean, le seul de tous les sénateurs de l'empire qui eût témoigné de sentiments libéraux et indépendants, avait été arrêté dès le lendemain de l'insurrection.

Des visites domiciliaires, des perquisitions et d'autres arrestations d'ecclésiastiques, même jusque dans les églises, sont faites.

Les établissements religieux, les couvents sont également l'objet de perquisitions.

Depuis le commencement des hostilités un cri général : la conciliation ! il faut une conciliation ! était parti de toutes les poitrines.

C'est à préciser les bases d'une conciliation possible que s'appliquaient un grand nombre de citoyens.

Un programme venait d'être adopté par une réunion composée de députés et de maires de Paris et de plusieurs personnes connues par leur profond attachement à la République et constituée sous le titre de : LIGUE D'UNION RÉPUBLICAINE DES DROITS DE PARIS.

Ainsi qu'on la verra, la signature des députés de Paris non-démissionnaires ne figure point au bas de ce programme, malgré l'adhésion donnée à *la ligue* par ceux de ces députés présents à Paris. On avait justement pensé que le but des membres de la ligue étant de constituer un parti médiateur, il convenait que les députés non-démissionnaires réservassent pleinement leur action, afin, le cas échéant, d'intervenir, libres de tout engagement, auprès de l'Assemblée et de la Commune. Les députés, qui partageaient cette opinion, se sont abstenus, en conséquence, de signer la déclaration de *la ligue*.

LIGUE D'UNION RÉPUBLICAINE DES DROITS DE PARIS.

—

Déclaration et Programme.

La guerre civile n'a pu être évitée ;

L'obstination de l'Assemblée de Versailles à ne pas reconnaître les droits légitimes de Paris a amené fatalement l'effusion du sang ;

Il faut maintenant aviser à ce que la lutte qui jette la consternation dans le cœur de tous les citoyens, n'ait point pour résultat la perte de la République et de nos libertés.

A cet effet, il importe qu'un programme nettement déterminé, ralliant dans une même pensée commune l'immense majorité des citoyens de Paris, mette fin à la confusion des esprits et à la divergence des efforts.

Les citoyens soussignés, sous la dénomination de LIGUE DE L'UNION RÉPUBLICAINE DES DROITS DE PARIS, ont adopté le programme suivant, qui leur paraît exprimer les vœux de la population parisienne:

Reconnaissance de la République;

Reconnaissance des droits de Paris à se gouverner, à régler par un conseil librement élu et souverain, dans la limite de ses attributions, sa police, ses finances, son assistance publique, son enseignement et l'exercice de la liberté de conscience;

La garde de Paris exclusivement confiée à la garde nationale composée de tous les électeurs valides.

C'est à la défense de ce programme que les membres de la ligue veulent consacrer tous leurs efforts, et ils engagent tous les citoyens à les aider dans cette tâche, en faisant connaître leur adhésion, afin que les membres de la ligue, forts de cette adhésion, puissent exercer une énergique action médiatrice, capable d'amener le rétablissement de la paix et de maintenir la République.

Paris, le 6 avril 1871.

Parmi les signataires, ceux connus: Bonvalot, Jobbé-Duval, peintre, Desonnaz, publiciste, A. Murat, ouvrier mécanicien, Ed. Lockroy, député démissionnaire, Corbon, ex-représentant, Laurent Pichat, publiciste, Clémenceau, Jules Méline, Alain-Targé, J.-A. Lafont, Loiseau-Pinson, Floquet, député démissionnaire.

Le programme de la Ligue d'union Républicaine des droits de Paris était l'expression sincère des vœux de l'immense majorité de Paris, la Ligue rallia donc autour d'elle les sympathies des conseils municipaux et de municipalités de petites villes, cantons et hameaux aussi bien que des grands centres qui suppléeront le gouverne-

L'Archevêque de Paris Mgr Darboy.

comme nous, à ce drapeau de conciliation, Paris et Versailles réunis auraient eu promptement raison des agitateurs.

Ce qu'à Versailles on s'obstina à ne pas comprendre, trouva un écho général en province.

Avant peu et de toutes parts, vont affluer des adresses, suppliques et professions, émanant de conseils municipaux et de municipalités de petites villes, cantons et hameaux aussi bien que des grands centres qui suppléeront le gouverne-

ment légal d'adopter le programme de la Ligue d'union Républicaine.

La Province et Paris devaient malheureusement échouer contre un parti irrévocablement pris.

La guerre fratricide continuait tous les jours,

adressaient, suppliques et professions, émanant toutes les heures, sans autre résultat que d'avoir de tués et des blessés des deux bords, qui opéraient universelles; nous sentions tous indistinctement tions adverses l'armée de Versailles n'ayant pas encore commencé; elle s'abornait à repousser les attaques mal combinées des bataillons de la Commune toujours aussi mal commandés que possible. Néanmoins ces soldats improvisés de l'insurrection se battaient avec un courage, une énergie incroyables.

La pensée que cette bravoure et ce mépris du danger auraient pu être si utilement employés six mois auparavant contre les Prussiens, apparaissait à nos douleurs de toutes sortes en ces sombres moments de discordes intestines.

Prétendre que les fédérés qui luttaient avec tant d'acharnement contre des Français, ne se seraient pas mieux battus encore aux prises avec les Prussiens, serait être dénué de tout bon sens; soutenir que les gardes nationaux non partisans de la Commune ne se seraient pas aussi patriotiquement battus que des derniers, personne ne l'oserait.

Les combats autour de Paris, du 2 avril au 25 mai, la journée du 19 janvier à Montretout, affirment assez haut ce que des chefs intelligents et patriotes auraient pu demander à la garde nationale parisienne, pour que le remords de n'avoir dédaigné s'ajoute à bien d'autres, chez ceux que le peuple a justement qualifiés généraux de la défaite nationale....

L'état-major de la garde nationale fédérée était un peu partout; à la place Vendôme, au ministère de la guerre, dans les municipalités, et surtout à l'Hôtel de ville, sorte de camp retranché au centre duquel tout convergeait: administration civile et ordres militaires.

Inutile de dépeindre le brouhaha et le désordre qui apparaissent, qui y régnait. Nous disons désordre apparent, parce qu'en réalité, et en bien des choses, la Commune et ses auxiliaires savaient mieux et plus diligemment se faire obéir de eurs subordonnés que les gouvernements réguliers antérieurs.

Les mesures de police, de voierie, de salubrité, les édictions diverses de nos gouvernants du jour, étaient exécutées avec une ponctualité et une activité auxquelles on n'était pas habitué.

Ceci dit, revenons à l'hôtel de ville.

Naturellement on y rencontrait seulement des uniformes de toutes les formes et de toutes les nuances, depuis les tuniques d'avant 1870 et les schakos tromblons d'avant 1848, jusqu'aux costumes bariolés de vert et de rouge des volontaires, dits de Garibaldi, Polonais, et autres corps étrangers, composés, quoi qu'on ait voulu en dire, en grande majorité de Français.

Nous ne savons s'il est vrai, ainsi que l'a prétendu Lullier dans ses explications devant le conseil de guerre, que les membres du Comité central et de la Commune, ainsi que les gros galons des états-majors des bataillons, ménaient fastueuse et joyeuse existence, toujours à table, servis par des escouades de jeunes et jolies cantinières ; mais nous sommes en mesure d'affirmer que si, pour les officiers subalternes, il y avait table ouverte dans l'immense salle Saint-Jean, elle était peu fastueuse. D'abord tout officier, pour y avoir accès, devait être porteur d'un *bon* spécial pour un déjeuner ou un dîner, qui lui était délivré par son chef de bataillon. Ce *bon* donnait droit à une demi-bouteille de vin, — pas davantage, — et à une place à l'immense table.

Le service était peu luxueux : pas de nappes, des couverts en étain ou en fer battu, pas de couteaux ; chacun était tenu d'apporter le sien ou d'emprunter celui du voisin. Pour tout siége, des bancs semblables à ceux en usage dans les écoles.

Le menu se composait invariablement, le matin : un poisson et un ragout quelconque, un peu de fromage, café et petit verre d'eau-de-vie. C'était tout. Au dîner : potage, bœuf bouilli, un plat de ragout et un rôti, avec fromage, demi-bouteille de vin, café, cognac. C'était encore tout. Pas de cantinière, ni laide ni jolie.

Si on rencontrait par les rues quelques officiers quelque peu avinés, ce n'était point au sortir des agapes de l'hôtel de ville ; on y était très-ordonné et très-méthodique sur l'article vin et cognac.

Nous sommes au 10 avril.

Les faits de guerre se sont continués sans interruption.

Les gouvernants de la Commune deviennent de jour en jour plus despotes ; les mesures arbitraires se multiplient. Mettant en oubli que la liberté de conscience comporte évidemment le droit et la liberté de remplir et pratiquer ses *devoirs religieux*, la Commune laisse profaner les *églises* par des troupes armées venant réquisitionner et perquisitionner à toutes heures.

Toutefois, Paris n'offrait point ce tableau imaginaire, bien fait pour étonner les Parisiens, qui ne s'étaient pas réfugiés en province ; que le *Gaulois*, imprimé à Versailles, se faisait adresser :

« Un étranger, qui arrive à l'instant de Paris, nous informe que l'aspect de la capitale se revêt, par moment, des teintes les plus funèbres.

C'est bien la terreur, la terreur dans ce qu'elle a de plus hideux, qui règne à Paris.

Les malheureux habitants en sont arrivés à se méfier les uns des autres, par suite des dénonciations. La plupart des hommes valides fuient leurs domiciles, par crainte des enrôlements par force. Les femmes affolées courent les rues à la recherche de cachettes pour leurs bijoux, de protections diplomatiques pour quitter Paris ou faire parvenir leurs lettres.

. . . .

Enfin les rues sont sillonnées, pendant le jour, par des escouades de gardes nationaux à l'aspect féroce, qui arrêtent les passants et, sous des menaces atroces, les forcent à s'incorporer dans les bataillons de marche. Ni l'âge, ni la nationalité ne sont respectés.

Une fois la nuit venue, ces patrouilles sont remplacées par des bandes de pillards où les femmes figurent en nombre, et qui envahissent les appartements et les dévalisent.

En un mot, nous dit une personne digne de foi, qui nous fournit ces tristes renseignements, Paris est devenu *un enfer qui rappelle les cavernes des brigands légendaires.* »

De toute la presse vénale et réactionnaire, c'est, sans contredit, le *Gaulois* qui, sciemment, a le plus outrageusement calomnié et dénaturé les événements de Paris. Il y trouvait double et grand avantage : d'abord il emplissait sa caisse de *quinze centimes*, et il obéissait au mot d'ordre des bonapartistes, qui, après n'avoir pas été étrangers à l'insurrection du 18 mars, tâchaient de pousser les partis aux extrémités, espérant en tirer profit.

Nul n'ignore qu'aujourd'hui le *Gaulois* a levé le masque. Avec l'*Ordre*, de M. Clément Duvernois, il compte au nombre des soutenaurs avoués et des plus autorisés de Napoléon III. Malgré tout son savoir-faire, nous doutons qu'il parvienne jamais à aduler l'ex-empereur autant qu'il l'a précédemment bafoué.

Si Paris n'était pas devenu « un enfer qui rappelle les cavernes de brigands légendaires, » si l'heure de la *terreur* réelle, effective ne devait sonner que beaucoup plus tard, le 20 mai, il est vrai cependant que chacun, à son insu, y subissait une certaine terreur morale qui faisait parfaitement l'affaire de la Commune, qui en cela, il faut en convenir, se montra excessivement habile.

Si elle décréta à tort et à travers, la plupart de ses décrets restèrent à l'état de lettre morte, et il a fallu la frénésie de la lutte surexcitée à son paroxysme pour qu'il fût procédé aux sanglants assassinats du 24 mai.

La Commune, en effrayant, avait atteint son but, évidemment celui-ci : faire abandonner Paris par tous les hommes valides qui, n'étant pas de son parti, auraient pu la combattre. Elle décrétait l'enrôlement de 19 à 40 ans; elle décidait qu'on ne sortirait de l'enceinte que muni d'un passe-port parfaitement en règle; mais en définitive, et cela est de toute évidence, sortait de Paris qui voulait, et à n'importe quel âge, si ce n'était pas par une porte, c'était par une autre, et sous n'importe quel prétexte. Cela est si vrai que nous ne pensons pas nous avancer beaucoup en affirmant qu'on ne trouverait pas un seul citoyen de 19 à 40 ans à qui il ait été impossible de quitter Paris, s'il l'avait désiré.

MM. Ulysse Parent, Ranc et Lefèvre ont donné leur démission de membres de la Commune. Encore quelques jours, M. Goupil en fera autant.

Depuis quelques jours on parle de missives de l'archevêque de Paris et du curé de la Madeleine adressées de Mazas et de la Conciergerie, au gouvernement de Versailles. Le fait était réel. Nous les donnons sans commentaires :

Prison de Mazas, le 8 avril 1871.

Monsieur le président,

Hier vendredi, après un interrogatoire que j'ai subi à Mazas, où je suis détenu en ce moment, les personnes qui venaient m'interroger m'ont assuré que des actes barbares avaient été commis contre des gardes nationaux par divers corps de l'armée dans les derniers combats : on aurait fusillé les prisonniers et achevé les blessés sur le champ de bataille. Ces personnes voyant combien j'hésitais à croire que de tels actes pussent être exercés par des Français contre des Français, m'ont dit ne parler que d'après des renseignements certains.

Je pars de là, monsieur le président, pour appeler votre attention sur un fait aussi grave, qui peut-être ne vous est pas connu, et pour vous prier instamment de voir ce qu'il y aurait à faire dans des conjonctures si douloureuses. Si une enquête forçait à dire qu'en effet d'atroces excès ont ajouté à l'horreur de nos discordes fratricides, ils ne seraient certainement que le résultat d'emportements particuliers et tout individuels. Néanmoins il est possible peut-être d'en prévenir le retour, et j'ai pensé que vous pouvez plus que personne prendre à ce sujet des mesures efficaces.

Personne ne trouvera mauvais qu'au milieu de la lutte actuelle, étant donné le caractère qu'elle a revêtu dans ces derniers jours, j'intervienne auprès de tous ceux qui peuvent la modérer ou la faire finir.

L'humanité, la religion me le conseillent et me l'ordonnent. Je n'ai que des supplications; je vous les adresse avec confiance.

Elles partent d'un cœur d'homme qui compatit, depuis plusieurs mois, à bien des misères; elles partent d'un cœur français que les déchirements de la patrie font douloureusement saigner. Elles partent d'un cœur religieux et épiscopal qui est prêt à tous les sacrifices, même à celui de la vie, en faveur de ceux que Dieu lui a donnés pour compatriotes et pour diocésains.

Je vous en conjure donc, monsieur le président, usez de tout votre ascendant pour amener promptement la fin de notre guerre civile et en tout cas, pour en adoucir le caractère, autant que cela peut dépendre de vous.

Veuillez, monsieur le président, agréer l'hommage de nos sentiments très-respectueux.

† G. DARBOY,
Archevêque de Paris.

P. S. — La teneur de ma lettre prouve assez que je l'ai écrite d'après la communication qui m'a été faite; je n'ai pas besoin d'ajouter que je l'ai écrite non-seulement en dehors de toute pression, mais spontanément et de grand cœur.

† G.

Paris, le 7 avril 1871.

A Messieurs les membres du gouvernement,
à Versailles.

Messieurs,

De mon libre mouvement et sous l'inspiration de ma conscience, je viens vous demander avec insistance d'empêcher toutes les exécutions soit de blessés, soit de prisonniers.

Ces exécutions soulèvent de grandes colères à Paris et peuvent y produire de terribles représailles.

Ainsi l'on est résolu à chaque nouvelle exécution d'en ordonner deux des nombreux otages que l'on a entre les mains.

Jugez à quel point ce que je vous demande comme prêtre est d'une rigoureuse et absolue nécessité.

J'ai l'honneur d'être respectueusement votre très-humble serviteur.

H. DEGUERRY,
Curé de la Madeleine, au dépôt
de la Conciergerie.

Je crois devoir vous déclarer que j'ai conçu et écrit cette lettre sans aucune pression, mais comme je l'ai dit au commencement, de mon libre mouvement.

H. DEGUERRY.

Disons tout de suite que M. Thiers ne jugea pas inopportun de répondre à Mgr Darboy et de protester énergiquement :

Versailles, 14 avril 1871.

Monseigneur,

J'ai reçu la lettre que M. le curé de Montmartre m'a remise de votre part, et je me hâte de vous répondre avec la sincérité de laquelle je ne m'écarterai jamais.

Les faits sur lesquels vous appelez mon attention sont *absolument faux*, et je suis véritablement surpris qu'un prélat aussi éclairé que vous, monseigneur, ait admis un instant qu'ils pussent avoir quelque degré de vérité. Jamais l'armée n'a commis ni ne commettra les crimes odieux que lui imputent des hommes, ou volontairement calomniateurs, ou égarés par le mensonge au sein duquel on les fait vivre.

Jamais nos soldats n'ont fusillé les prisonniers ni cherché à achever les blessés. Que dans la chaleur du combat ils aient usé de leurs armes contre des hommes qui assassinent leurs généraux et ne craignent pas de faire succéder les

horreurs de la guerre civile aux horreurs de la guerre étrangère, c'est possible ; mais, le combat terminé, ils rentrent dans la générosité du caractère national, et nous en avons ici la preuve matérielle exposée à tous les regards.

Ou M. Thiers avait ignoré *l'exécution* de Duval et de ses deux aides de camp et *l'exemple* fait par le général de Galiffet, ou on lui avait nié ces faits, ce qui est possible, les vilains cas étant toujours niables par leurs auteurs, ou il les considérait comme faits résultant de « la chaleur du combat. »

12 avil. Décret ordonnant la démolition de la colonne Vendôme.

13 avril. Arrestation de Chaudey, l'un des rédacteurs du *Siècle*, ancien adjoint municipal du IX⁰ arrondissement, puis l'un des adjoints à la municipalité de Paris.

Les suppressions de journaux qui ont commencé dès le lendemain de l'établissement du gouvernement qui siège à l'Hôtel-de-Ville continuent. Bientôt ce sera le tour de la *Cloche*, du *Soir*, de l'*Opinion Nationale* et du *Bien Public*.

La députation des membres de la *Ligue républicaine des droits de Paris* publie le rapport suivant de sa mission auprès du gouvernement de Versailles.

Aux membres de la Ligue d'union républicaine
des droits de Paris.

Citoyens,

Les soussignés, chargés par vous d'aller présenter au gouvernement de Versailles votre programme et d'offrir les bons offices de la *Ligue* pour arriver à la conclusion d'un armistice, ont l'honneur de vous rendre le compte suivant de leur mission :

Les délégués, ayant donné connaissance à M. Thiers du programme de la *Ligue*, celui-ci a répondu que, comme chef du seul gouvernement légal existant en France, il n'avait pas à discuter les bases d'un traité, mais que cependant il était tout disposé à s'entretenir avec des personnes qu'il considérait comme représentant le principe républicain, et à leur faire connaître les intentions du chef du pouvoir exécutif.

C'est sous le bénéfice de ces observations, qui constataient d'ailleurs le véritable caractère de notre mission, que M. Thiers nous a fait sur les divers points du programme les déclarations suivantes :

La flottille des canonnières dans l'îlot du Pont-Neuf.

En ce qui touche la reconnaissance de la République, M. Thiers en garantit l'existence, tant qu'il demeurera à la tête du pouvoir. Il a reçu un État républicain, il met son honneur à conserver cet État.

En ce qui touche les franchises municipales de Paris, M. Thiers expose que Paris jouira de ses franchises dans les conditions où en jouiront toutes les villes, d'après la loi commune, telle qu'elle sera élaborée par l'Assemblée des représentants de la France. Paris aura le droit commun, rien de moins, rien de plus.

En ce qui touche la garde de Paris, exclusivement confiée à la garde nationale, M. Thiers déclare qu'il sera procédé à une organisation de la garde nationale, mais qu'il ne saurait admettre le principe de l'exclusion absolue de l'armée.

En ce qui concerne la situation actuelle et les moyens de mettre fin à l'effusion du sang, M. Thiers déclare que, ne reconnaissant point la qualité de belligérants aux personnes engagées dans la lutte contre l'Assemblée nationale, il ne peut ni veut traiter d'un armistice; mais il dit que si les gardes nationaux de Paris ne tirent ni un coup de fusil, ni un coup de canon, les troupes de Versailles ne tireront ni un coup de fusil, ni un coup de canon, jusqu'au moment indéterminé où le pouvoir exécutif se résoudra à une action et commencera la guerre.

M. Thiers ajoute : Quiconque renoncera à la lutte armée, c'est-à-dire quiconque rentrera dans ses foyers en quittant toute attitude hostile, sera à l'abri de toute recherche.

M. Thiers excepte seulement les assassins des généraux Lecomte et Clément Thomas, qui seront jugés, si on les trouve.

M. Thiers, reconnaissant l'impossibilité pour une partie de la population actuellement privée de travail de vivre sans la solde allouée, continuera le service de cette solde pendant quelques semaines.

Tel est, citoyens, le résumé succinct mais fidèle de la conversation de vos délégués avec M. Thiers. Il n'appartient pas à vos délégués d'apprécier d'une façon quelconque, jusqu'à quel point les intentions manifestées par M. Thiers

16ᵉ Liv.

répondent ou ne répondent pas aux vœux de la population parisienne. Le devoir de vos délégués consiste seulement à vous rapporter les faits sans commentaire, et le présent exposé n'a et ne peut avoir d'autre objet que l'accomplissement strict de ce devoir.

> A. DESONNAZ.
> BONVALLET.
> A. ADAM. »

M. Thiers ne variera pas dans ses déclarations. Il répondra dans des termes absolument identiques à toutes les députations qui, de tous les points de la France, vont affluer à Versailles.

Quant au gouvernement Communal, il se borne à équivoquer et à répondre par des fins de non-recevoir aux démarches du comité de la *Ligue républicaine*, témoignant par là, de sa ferme volonté de ne pas consentir à des pourparlers de transaction qui, aboutissant, auraient pour résultat de mettre un terme à son existence.

Les élections complémentaires plusieurs fois remises ont eu lieu le 16 avril.

Le nombre dérisoire des votants prouve combien sont devenus rares les adhérents à la Commune : pas même l'effectif des gardes nationaux qu'elle appelle « ses soldats. »

PREMIER ARRONDISSEMENT.

4 conseillers à élire ; votants, 3271, dont la moitié plus 1 est 1636.

Sont élus, les citoyens :

Vésinier,	2626
Cluseret,	1968
Pillot,	1748
Andrieux,	1736

DEUXIÈME ARRONDISSEMENT.

4 conseillers à élire ; votants, 3601 ; moitié plus 1, 1801.

Sont élus :

Pothier,	3352
Serailler,	3141
Durand,	2874
Johannard,	2804

SIXIÈME ARRONDISSEMENT.

3 conseillers à élire ; votants, 3469 ; moitié plus 1, 1735.

Courbet,	2418
Rogeard,	2292

SEPTIÈME ARRONDISSEMENT.

1 conseiller à élire ; votants, 1939 ; moitié plus 1, 970.

Sicard,	1699

NEUVIÈME ARRONDISSEMENT.

5 conseillers à élire ; votants, 3176 ; moitié plus 1, 1589.

Briosne,	2456

DOUZIÈME ARRONDISSEMENT.

2 conseillers à élire ; votants, 5423 ; moitié plus 1, 1589.

Philippe,	3483
Lonclas,	2810

SEIZIÈME ARRONDISSEMENT.

2 conseillers à élire ; votants, 1590 ; moitié plus 1, 796.

Ch. Longuet,	1058

DIX-SEPTIÈME ARRONDISSEMENT.

2 conseillers à élire ; votants, 4848 ; moitié plus 1, 2425.

Dupont,	3450

DIX-HUITIÈME ARRONDISSEMENT.

2 conseillers ; votants, 10 068 ; moitié plus 1, 5035.

Cluseret,	8480
Arnold,	5402

DIX-NEUVIÈME ARRONDISSEMENT.

1 conseiller à élire ; votants, 7090 ; moitié plus 1, 3546.

Menotti Garibaldi,	6076

VINGTIÈME ARRONDISSEMENT.

2 conseillers à élire ; votants, 9204 ; moitié plus 1, 4603.

Viard,	6968
Trinquet,	6771

De telles élections sont néanmoins validées avec ce « considérant » vainqueur de toutes les difficultés possibles :

« Considérant que dans certains arrondissements un grand nombre d'électeurs se sont soustraits par la fuite à leur devoir de citoyens et de soldats, et que dans les graves circonstances que nous traversons, nous ne saurions tenir compte pour la validité des élections du nombre des électeurs inscrits, nous déclarons qu'il est du devoir de la Commune de valider toutes élections ayant obtenù la majorité absolue sur le nombre des votants. »

Les citoyens Briosne et Rogeard donnent un excellent exemple en refusant d'accepter un mandat voté par une minorité dérisoire.

La Commune étant « au complet » ou à peu près, croit devoir pour la cinquième ou sixième fois exposer « la nature, la raison, le but de la Révolution qui s'accomplit. » Cette fois-ci c'est un programme complet :

DÉCLARATION DE PRINCIPES
de la Commune au Peuple Français.

« Dans le conflit douloureux et terrible qui impose une fois encore à Paris les horreurs du siége et du bombardement, qui fait couler le sang français, qui fait périr nos frères, nos femmes, nos enfants écrasés sous les obus et la mitraille, il est nécessaire que l'opinion publique ne soit pas divisée, que la conscience nationale ne soit point troublée.

« Il faut que Paris et le pays tout entier sachent quelle est la nature, la raison, le but de la révolution qui s'accomplit. Il faut enfin que la responsabilité des deuils, des souffrances et des malheurs dont nous sommes les victimes retombe sur ceux qui, après avoir trahi la France et livré Paris à l'étranger, poursuivent avec une aveugle et cruelle obstination la ruine de la capitale, afin d'enterrer, dans le désastre de la République et de la liberté, le double témoignage de leur trahison et de leur crime.

« La Commune a le devoir d'affirmer et de déterminer les aspirations et les vœux de la population de Paris ; de préciser le caractère du mouvement du 18 mars, incompris, inconnu et calomnié par les hommes politiques qui siégent à Versailles.

« Cette fois encore, Paris travaille et souffre pour la France entière, dont il prépare, par ses combats et ses sacrifices, la régénération intellectuelle, morale, administrative et économique, la gloire et la prospérité.

« Que demande-t-il ?

« La reconnaissance et la consolidation de la République, seule forme de gouvernement compatible avec les droits du peuple et le développement régulier et libre de la société.

« L'autonomie absolue de la Commune étendue à toutes les localités de la France, et assurant à chacune l'intégralité de ses droits, et à tout Français le plein exercice de ses facultés et de ses aptitudes, comme homme, citoyen et travailleur.

« L'autonomie de la Commune n'aura pour limites que le droit d'autonomie égal pour toutes les autres communes adhérentes au contrat, dont l'association doit assurer l'unité française.

« Les droits inhérents à la Commune sont :

« Le vote du budget communal, recettes et dépenses ; la fixation et la répartition de l'impôt ; la direction des services locaux ; l'organisation de la magistrature, de la police intérieure et de l'enseignement ; l'administration des biens appartenant à la Commune ;

« Le choix par l'élection ou le concours, avec la responsabilité, et le droit permanent de contrôle et de révocation des magistrats ou fonctionnaires communaux de tous ordres ;

« La garantie absolue de la liberté individuelle, de la liberté de conscience et la liberté du travail ;

« L'intervention permanente des citoyens dans les affaires communales par la libre manifestation de leurs idées, la libre défense de leurs intérêts : garanties données à ces manifestations par la Commune, seule chargée de surveiller et d'assurer le libre et juste exercice du droit de réunion et de publicité.

« L'organisation de la défense urbaine et de la garde nationale, qui élit ses chefs et veille seule au maintien de l'ordre dans la cité.

« Paris ne veut rien de plus à titre de garanties locales, à condition, bien entendu, de retrouver dans l'administration centrale, délégation des communes fédérées, la réalisation et la pratique des mêmes principes.

« Mais, à la faveur de son autonomie et profitant de sa liberté d'action, Paris se réserve d'opérer comme il l'entendra, chez lui, les réformes administratives et économiques que réclame sa population ; de créer des institutions propres à développer et propager l'instruction, la production, l'échange et le crédit ; à universaliser le pouvoir et la propriété, suivant les nécessités du moment, le vœu des intéressés et les données fournies par l'expérience.

« Nos ennemis se trompent ou trompent le pays quand ils accusent Paris de vouloir imposer sa volonté ou sa suprématie au reste de la nation, et de prétendre à une dictature qui serait un véritable attentat contre l'indépendance et la souveraineté des autres communes.

« Ils se trompent ou trompent le pays quand ils accusent Paris de poursuivre la destruction de l'unité française constituée par la Révolution, aux acclamations de nos pères, accourus à la fête de la Fédération de tous les points de la vieille France.

« L'unité, telle qu'elle nous a été imposée par l'empire, la monarchie et le parlementarisme, n'est que la centralisation despotique, inintelligente, arbitraire ou onéreuse.

« L'unité politique, telle que la veut Paris, c'est l'association volontaire de toutes les initiatives locales, le concours spontané et libre de toutes les énergies individuelles en vue d'un but commun, le bien-être, la liberté et la sécurité de tous.

« La révolution communale, commencée par l'initiative populaire du 18 mars, inaugure une ère nouvelle de politique expérimentale, positive, scientifique.

« C'est la fin du vieux monde gouvernemental et clérical, du militarisme, du fonctionnarisme, de l'exploitation, de l'agiotage, des monopoles, des priviléges, auxquels le prolétariat doit son servage, la patrie ses malheurs et ses désastres.

« Que cette chère et grande patrie, trompée par les mensonges et les calomnies, se rassure donc !

« La lutte engagée entre Paris et Versailles est de celles qui ne peuvent se terminer par des compromis illusoires ; l'issue n'en saurait être douteuse. La victoire, poursuivie avec une indomptable énergie par la garde nationale, restera à l'idée et au droit.

« Nous en appelons à la France !

« Avertie que Paris en armes possède autant de calme et de bravoure ; qu'il soutient l'ordre avec autant d'énergie que d'enthousiasme ; qu'il se sacrifie avec autant de raison que d'héroïsme ; qu'il ne s'est armé que par dévouement pour la liberté et la gloire de tous, que la France fasse cesser ce sanglant conflit !

« C'est à la France à désarmer Versailles par la manifestation solennelle de son irrésistible volonté.

« Appelée à bénéficier de nos conquêtes, qu'elle se déclare solidaire de nos efforts ; qu'elle soit notre alliée dans ce combat qui ne peut finir que par l'idée communale ou pour la ruine de Paris !

« Quant à nous, citoyens de Paris, nous avons la mission d'accomplir la révolution moderne, la plus large et la plus féconde de toutes celles qui ont illuminé l'histoire.

« Nous avons le devoir de lutter et de vaincre !

« Paris, le 19 avril 1871.

« *La Commune de Paris.* »

Le programme de la Commune serait très-difficile à discuter, tellement il est complexe, à la fois, unitaire, fédéraliste, communaliste, individualiste et socialiste ; à cet égard, il représente exactement la confusion et la contradiction des idées entre lesquelles se divisent les membres de la Commune.

Quel en est l'auteur ? C'est évidemment l'œuvre de plusieurs rédacteurs s'étant fait des concessions mutuelles. Pierre Denis, écrivain de l'école Proudhonnienne, rédacteur du *Cri du Peuple*, aurait été, assure-t-on, chargé de coordonner le tout.

Tels sont les principaux agissements « civils » de la Commune jusqu'au 25 avril.

Les opérations militaires n'avaient pas discontinué. Nous allons les résumer.

Nous connaissons la composition des troupes de la Commune : bataillons fédérés recrutés partout.

Nous devrions dire « compagnies, » car le plus souvent cent hommes et même moins de chacun des bataillons consentaient à *sortir*.

On avait également raccolé un corps de mariniers pour le service des canonnières que le gouvernement de Versailles avait imprudemment abandonnées, alors qu'il eût été si facile de les faire conduire en amont ou en aval de la Seine, hors de l'atteinte des gens de la Commune.

D'abord, un sieur Durassier, puis Latapie, puis on ne sait qui, furent délégués au commandement de la flottille improvisée, dont le quartier général était dans l'écluse de la Monnaie près du Pont-Neuf.

Les chefs militaires de la Commune possédaient un matériel d'artillerie immense et un stock de munitions inépuisable, puisqu'il en existait encore une grande quantité, le 26 mai.

Ils n'avaient pas de cavalerie, à peine de quoi suffire au service des estafettes.

Le *général* Cluseret est toujours délégué à la guerre.

Le *général* Dombrowsky est chargé de la direction des affaires militaires.

Le *colonel* La Cécilia vient d'être tout récemment nommé général commandant la Place de Paris.

CRÉATION DE L'ARMÉE DE VERSAILLES.

·6 AVRIL. — L'armée destinée à faire le siége de Paris a été créée par décret du chef du pouvoir exécutif, du 6 avril.

Lors de sa formation, elle comprenait l'armée de Versailles proprement dite, composée de trois corps d'armée, sous les ordres du maréchal de Mac-Mahon, et l'armée de réserve, sous les ordres du général Vinoy.

Les 1er et 2e corps, ainsi que l'armée de réserve, comptaient chacun trois divisions d'infanterie et une brigade de cavalerie légère; deux batteries d'artillerie et une compagnie du génie étaient attachées à chaque division; deux batteries à balles et deux batteries de 12 formaient la réserve d'artillerie de chacun de ces corps.

Le 3e corps, entièrement composé de cavalerie, comprenait trois divisions, à chacune desquelles était attachée une batterie à cheval.

Le réserve générale de l'armée comprenait dix batteries et deux compagnies du génie.

COMMENCEMENT DES OPÉRATIONS.
POSITIONS RESPECTIVES.

L'armée, ainsi constituée, est placée, pour les opérations de siége, sous le commandement en chef du maréchal; elle commence ses opérations le 11 avril.

A ce moment, Paris et les forts du Sud étaient au pouvoir de l'insurrection; seul, le Mont-Valérien restait entre nos mains. Les troupes réunies à Versailles, sous les ordres du général Vinoy, avaient occupé, dans les premiers jours d'avril, les positions de Châtillon, Clamart, Meudon, Sèvres et Saint-Cloud, ainsi que celle de Courbevoie et de la tête du pont de Neuilly, sur la rive droite.

11 AVRIL. Telles étaient les positions respectives, lorsque le 11 avril, le maréchal de Mac-Mahon, commandant en chef, indique à chacun des corps les emplacements à occuper et les dispositions à prendre.

Le 2e corps, sous les ordres du général de Cissey, est chargé des attaques de droite; il s'établit à Châtillon, Plessis-Piquet, Villa-Coublay et dans les villages en arrière sur la Bièvre.

Le 1er corps, sous le commandement du général Ladmirault, est chargé des attaques de gauche. La division de Maud'huy occupe Courbevoie et la tête du pont de Neuilly; la division Montaudon, Rueil et Nanterre; la division Grenier campe à Villeneuve-l'Etang.

La division occupant Courbevoie et la tête du pont de Neuilly devait être relevée tous les quatre jours par l'une des deux autres divisions du corps.

L'armée de réserve, commandée par le général Vinoy, fournit deux divisions en première ligne: l'une d'elles occupe Clamart, Meudon et Bellevue; l'autre, Sèvres et Saint-Cloud; une troisième reste en réserve à Versailles.

Le 3e corps, sous les ordres du général du Barail, est chargé de couvrir l'armée sur la droite, il doit occuper Juvisy, Longjumeau, Palaiseau et Verrières, poussant les avant-postes en avant de la route de Versailles, à Choisy-le-Roy.

PLAN D'ATTAQUE.

Le plan d'attaque consistait à s'emparer du Point-du-Jour. L'enceinte bastionnée du sud de Paris, depuis la porte Maillot jusqu'à la porte de Gentilly, se développe sur deux longues lignes droites et n'offre, en réalité, qu'un saillant abordable, le Point-du-Jour; mais couvert en avant par le fort d'Issy, il était nécessaire de s'emparer de ce fort avant de commencer les travaux d'approche vers l'enceinte.

Par suite, le 2e corps (général de Cissey) doit s'avancer en cheminant vers le fort d'Issy, pendant que le 1er corps (général Ladmirault) s'établira fortement à gauche et s'emparera de toute la rive gauche de la Seine jusqu'à Asnières.

12 AVRIL. — Dès le 12 avril, le corps de Cissey commence les travaux de tranchée et l'établissement de nouvelles batteries sur le plateau de Châtillon; le général Charlemagne, commandant la brigade de cavalerie du 2e corps, fait couper à hauteur de Juvisy, le chemin de fer d'Orléans et la ligne télégraphique, et intercepte ainsi toute communication entre Paris et le Sud.

Le corps Ladmirault gagne, dès le premier jour, du terrain en avant de Neuilly, et s'empare du village de Colombes. Le 14 avril, les maisons occupées par les insurgés au nord de Courbevoie sont attaquées, la redoute de Gennevilliers est enlevée et une reconnaissance est poussée jusque devant le château de Bécon dont la possession est importante, afin de permettre l'établissement de batteries destinées à combattre celles de Clichy et d'Asnières.

PRISE DU CHATEAU DE BÉCON.

17 AVRIL. — Le 17, le château de Bécon est brillamment enlevé par le 36ᵉ de marche (brigade Lefèbᵢe), le parc est mis en état de défense et les batteries sont immédiatement construites. Le lendemain, le 36ᵉ continuant son mouvement en avant, déloge les insurgés et s'empare de la gare où il s'établit solidement.

Le village de Bois-Colombes est en même temps enlevé par le 1ᵉʳ régiment de gendarmerie (colonel Grémelin), secondé par un bataillon du 72ᵉ de marche (brigade Pradier).

Par suite de ces coups de main, l'insurrection se trouve définitivement confinée sur la rive droite dans cette partie de nos attaques et le corps Ladmirault reste, dès lors, sur la défensive, sans chercher à gagner du terrain en avant, si ce n'est pour s'emparer, dans Neuilly, de quelque flots de maisons nécessaires à la protection de notre ligne de défense.

A la droite, le corps de Cissey s'avance vers le fort d'Issy, en établissant des parallèles entre Clamart et Châtillon. Les insurgés prononcent journellement contre nos tranchées des mouvements offensifs qui sont vigoureusement repoussés.

OCCUPATION DE BAGNEUX.

20 AVRIL.—Les travaux de tranchée, et de construction d'une série de batteries établies sur les crêtes de Châtillon, Meudon et Bellevue absorbent la période du 12 au 25 avril, signalée seulement par l'occupation de Bagneux, enlevé aux insurgés le 20, et mis en état de défense.

Pendant ce temps, les 4ᵉ et 5ᵉ corps d'armée sont créés par décision du 23 avril, et comprennent chacun deux divisions formées principalement d'éléments rentrant des prisons de l'ennemi. Ils sont placés sous le commandement des généraux Douay et Clinchant et doivent prochainement prendre part aux travaux de siège.

23 AVRIL.— Le 25, les batteries des attaques de droite ouvrent leur feu ; les batteries de Breteuil, de Brimborion, de Meudon, de Châtillon et du Moulin de Pierre couvrent le fort d'Issy de leurs obus, et la batterie entre Bagneux et Châtillon tire sur le fort de Vanves. Ces deux forts, puissamment armés, répondent vigoureusement, ainsi que l'enceinte et le Point-du-Jour. Une carrière, près du cimetière d'Issy, est enlevée aux insurgés, et une tranchée creusée le long de la route de Clamart aux Moulineaux, pour dominer ce dernier village.

L'ARMISTICE.

C'était principalement entre Asnières et Courbevoie, et dans le périmètre des Ternes et de Neuilly que la lutte était le plus acharnée. Sur l'espace compris entre ces points, la canonnade ne discontinue pas, les feux de pelotons, les décharges de mitrailleuses se succèdent avec une rapidité effrayante. A peine les profondeurs de la nuit opèrent-elles une trêve. Les malheureux habitants de ces localités qui n'ont pas eu le temps ou qui n'ont pas voulu abandonner leur domicile, alors qu'ils le pouvaient encore, sont obligés de se réfugier dans les caves. A peine peuvent-ils se procurer les vivres absolument indispensables. Les malades meurent faute de soins ; les morts sont privés des cérémonies dernières....

La situation devient intolérable.

Depuis une semaine les membres de la *Ligue d'union républicaine* sont en instance tant auprès du Gouvernement que de la Commune pour obtenir tout au moins une suspension d'armes qui permette aux malheureux habitants des localités bombardées de les quitter et de se réfugier soit à Paris, soit de l'autre côté de la Seine.

Enfin, après mille difficultés dont les plus sérieuses n'étaient que de ridicules questions de forme, l'humanité finit par l'emporter. Un arrangement intervient entre le gouvernement de Versailles et le comité de la *Ligue d'union républicaine*. La Commune y souscrit et dès la matinée du 25 avril, les affiches suivantes sont placardées sur les murs de Paris et des banlieues que l'armistice concernait spécialement :

Suspension d'armes pour l'évacuation de Neuilly par les non-combattants, le mardi 25 avril 1871, de neuf heures du matin à cinq heures du soir.

Un armistice, en faveur de Neuilly, pour le mardi 25 avril 1871, de neuf heures du matin à cinq heures du soir, est consenti dans les conditions suivantes :

Les troupes de Versailles et de Paris conserveront leurs positions respectives.

D'avance et en temps utile, les populations de Neuilly seront informées qu'il y aura une suspension d'armes pendant laquelle elles pourront abandonner le terrain de la lutte commune pour aller résider où bon leur semblera, sans toutefois passer par le pont de Neuilly et l'intérieur des lignes des troupes de Versailles.

Les personnes résidant dans lesdites lignes et qui ne seraient pas admises à entrer dans Paris, se dirigeront vers Saint-Ouen et Saint-Denis. La route leur sera rendue praticable par la cessation du feu sur toute la ligne, depuis Neuilly jusqu'à Saint-Ouen.

Il est entendu que, pendant l'armistice, aucun mouvement de troupes ne se fera, soit du côté de Paris, soit du côté de Versailles.

Si, par impossible, il en était autrement, si des mouvements où reconnaissances se produisaient, la retraite serait battue par les troupes de Versailles, et, réciproquement, à Paris.

Les citoyens Loiseau-Pinson et Armand Adam, présents sur la limite occupée par les troupes de Versailles et de Paris, et qui y resteront pendant tout le temps de l'armistice, seraient dans ce cas prévenus que tout mouvement d'émigration est suspendu et que les hostilités vont recommencer.

Les citoyens Bonvalet et Hippolyte Stupuy, présents sur la même limite occupée par les troupes de Paris et de Versailles, et qui seront venus de Paris, seraient à leur tour immédiatement prévenus par les citoyens Loiseau-Pinson et Adam.

Ces conditions sont approuvées et acceptées par le général commandant le 1ᵉʳ corps d'armée et la Commune de Paris.

24 avril 1871.

Les délégués près l'armée de Paris:

J. BONVALET, ex-maire du 3ᵉ arrondissement.

H. STUPUY, homme de lettres.

Les délégués près l'armée de Versailles:

A. ADAM.

LOISEAU-PINSON, ex-adjoint au 2ᵉ arrondissement.

26 AVRIL. — Pour la première fois, le printemps de cette épouvantable année 1871 s'est montré aux yeux des Parisiens, et, chose curieuse, il leur est apparu au moment où on leur parlait d'armistice, où le canon avait cessé de tonner, de tuer et de brûler.

Par ce splendide et chaud soleil printanier l'affluence de promeneurs et de curieux est immense aux Champs-Élysées et sur tous les parcours aboutissant à l'Arc-de-l'Étoile. — On allait voir les désastres de Neuilly! — A considérer l'allure et la physionomie des curieux on avait peine à s'imaginer que tel était le motif d'une curiosité si vive.

Cependant les rencontres faites en route auraient dû rendre plus sérieuse et plus convenable l'allure des promeneurs.

De la Seine jusqu'à Montmartre, par toutes les rues et les boulevards, on voyait arriver de longues files de voitures de déménagements, non-seulement chargées de meubles, mais encore de vieillards, de malades et de blessés. Plus on se rapprochait des Ternes ou de la porte Maillot, plus ces rencontres étaient fréquentes. En effet, des milliers de voitures à bras, omnibus, charrettes, fiacres, etc., revenaient de Sablonville ou de Neuilly emportant les mobiliers des malheureux habitants qui, depuis plus de vingt jours ont supporté les horreurs de cette guerre affreuse.

Des déménagements s'opéraient aussi, et avec une rapidité extraordinaire, dans toutes les rues et avenues voisines des fortifications.

Rien de sinistre et de navrant comme le spectacle offert par cette population fuyant les bombes et les obus, — la mort.

La foule enfin, rendue attristée, les regardait passer, et essayait de reconnaître jusqu'à quel point ils portaient des traces de souffrances; ces traces n'étaient que trop visibles; elles n'échappaient à personne.

La porte des Ternes, comme la porte Maillot, est le but de ce douloureux pèlerinage, après l'Arc-de-Triomphe. Là, les maisons portent des traces terribles, là aussi se trouvent des batteries qui retentissent si lugubrement, nuit et jour, et depuis si longtemps....

La foule était compacte. C'est à peine si les gardes nationaux de faction pouvaient empêcher de gravir les talus ou d'envahir les portes. Quelques curieux intrépides grimpaient sur les barricades; d'autres, plus intrépides encore, plus téméraires surtout, se sont aventurés jusqu'au dernier étage d'une maison restée debout par miracle.

Cette maison a été littéralement criblée d'obus. Les pierres se détachaient sous le poids des imprudents visiteurs, et des pans de muraille menaçaient sans cesse de s'écrouler.

Mais la curiosité était plus forte que le danger.

Chacun voulait voir au delà des fortifications. On avait beau leur crier que leur imprudence pourrait leur coûter la vie, — rien, nul ne bougeait.

Vers les quatre heures, on entendit très-distinctement des coups de feu dans le lointain. La foule se replia vivement sur toutes les avenues. Ces coups de feu produisirent une émotion des plus vives parmi les malheureux habitants du quartier qui n'avaient pu encore opérer leur déménagement.

Cependant, peu à peu on se rassura en se rappelant que l'armistice ne se terminerait qu'à cinq heures, et même on prétendait qu'une prolongation serait obtenue.

Au moment de cette panique, de graves accidents ont failli arriver sur les côtés de la nouvelle barricade, élevée au haut de l'avenue de la Grande-Armée. Cette barricade formidable, mais qui n'est pas encore armée, n'a que deux passages très-étroits, sur lesquels la foule se précipitait. Des femmes et des enfants ont été renversés; néanmoins il y a eu plus de peur que de mal.

A cinq heures, les voitures remontaient encore les avenues, mais les curieux se tenaient prudemment à l'écart, du côté de l'arc de l'Étoile.

Quoique l'armistice eût été stipulé terminé à cinq heures, les hostilités ne reprirent que dans la nuit, dans les localités où il y avait eu suspension d'armes.

Les travaux de consolidation et de réparation des points battus par la canonnade n'avaient sans doute pas été interdits par les conventions d'armistice, puisque pendant sa durée les fédérés travaillèrent constamment à réparer les brèches faites aux portes des Ternes et de la Porte-Maillot. Les gardes nationaux de garde avaient même trouvé un ingénieux moyen pour activer leurs travaux : chaque citoyen valide, revenant de Neuilly ou des Ternes, était tenu d'emplir ou de porter un sac de terre à l'endroit désigné, pour pouvoir entrer dans Paris. Les officiers seuls de la garde nationale, en uniforme, étaient dispensés de cette corvée, en somme peu pénible et que chacun accomplissait en riant. C'était ce qu'il y avait de mieux à faire.

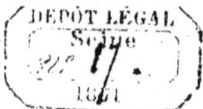

CHAPITRE VI.

A aucun prix on ne veut de conciliation à Versailles. — Pourtant le gouvernement a bien à se reprocher.... — La circulaire de M. Dufaure et son appréciation par le *Temps*. — Ce qui était possible et aurait réussi. — La vérité sur l'intervention de la Franc-Maçonnerie. — Les églises transformées en clubs. — Abandon momentané du fort d'Issy et sa réoccupation. — Le 249ᵉ bataillon et son commandant. — Les moyens de la Commune pour faire *marcher* les bataillons. — Le comité de Salut public. — Rossel, démissionnaire. — La maison de M. Thiers est démolie. — La colonne de la place Vendôme tombe. — Suite des opérations militaires du 26 avril au 28 mai. — Fin de la lutte. — Les pertes subies. — Les incendies. — L'exécution des otages. — Les prédictions du *Temps* accomplies. — Les chefs de la Commune et du Comité central fuient lâchement. — Après la lutte. — Les conseils de guerre. — Conclusion.

L'armistice du 26 — une demi-journée — avait ravivé les désirs et les espérances d'une suspension des hostilités de plusieurs jours, symptôme avant-coureur d'une transaction quelconque qui mettrait fin aux horreurs de la guerre civile. Espérances vaines! Dès le soir, la bataille

MAC-MAHON.

avait recommencé dans Neuilly; sur les autres points et notamment sur la rive gauche, elle n'avait même pas été suspendue.

A Versailles, on avait résolu la lutte à outrance, et, quelles qu'en dussent être les conséquences, de triompher par la force, seul moyen, pensait-on sans doute, d'anéantir radicalement la révolution et de reprendre à la garde nationale, canons, mitrailleuses et fusils. Certes, il ne pouvait y avoir le moindre doute, l'anarchie serait vaincue; la force resterait au gouvernement représentant la légalité depuis que la Commune avait élevé drapeau contre drapeau et prétendu s'ériger en gouvernement national.

Ce grand amour de la légalité avait en lui-même quelque chose de respectable ; ce refus absolu de traiter avec la révolution, de la part surtout de personnages qui tous plus ou moins avaient renversé ou aidé à renverser plusieurs gouvernements légitimes, avait un certain côté méritoire : — il l'est toujours de chercher à faire excuser ses péchés passés ; — mais se trouvait-on dans une situation ordinaire ?

Le Gouvernement n'avait-il rien à se reprocher lui-même ?

La fatale incurie de la direction militaire chargée de l'enlèvement, de vive force, des canons le 18 mars, n'était-elle pas la principale cause du succès de l'insurrection, et, la première, responsable de l'assassinat des généraux Lecomte et Clément Thomas ?

A cet égard, il ne saurait y avoir le moindre doute. Écoutons ce qu'a dit M. le Commissaire de la République à l'audience du 6ᵉ conseil de guerre chargé de juger les assassins des généraux Lecomte et Clément Thomas [1].

« Le 18 mars, le général Lecomte fut chargé de reprendre les pièces d'artillerie que des comités occultes de la garde nationale détenaient arbitrairement aux buttes Montmartre.

« L'opération devait avoir lieu avant le jour, et avant le jour en effet les troupes étaient maîtresses du terrain et tenaient en leur pouvoir 171 pièces d'artillerie. Mais une capture plus importante avait été faite, car douze délégués de comités étaient fait prisonniers. — Quelques factionnaires gardant les pièces avaient fait feu et les premières compagnies de troupes avaient riposté.

« Le général attendait pour enlever les pièces des chevaux d'attelage qui tardaient à venir. *Il est absolument démontré aujourd'hui que si ces chevaux d'attelage eussent été rendus assez tôt en nombre suffisant aux buttes, l'expédition eût été complètement terminée et avec le plus grand succès, avant six heures du matin.*

« *Mais ils ne vinrent pas. On les attendit vainement de 5 à 8 heures et demie.*

« Pendant ce temps la population du faubourg s'éveillait et apprenait l'expédition du matin. »

Ainsi l'autorité militaire en convient elle-même,

avant six heures du matin l'expédition eût pu être terminée avec le plus grand succès.

Les débats établissent qu'à 7 heures et demie le général Lecomte conférait librement avec M. le maire Clémenceau !

C'est après 8 heures que le général Lecomte a été arrêté, et avant 6 heures les canons auraient pu être enlevés et douze délégués des comités emmenés prisonniers !...

Même après le 18 mars, le gouvernement et l'Assemblée n'avaient-ils pas à regretter d'avoir mis à même Paris de voter légalement pour l'élection des conseillers municipaux, et assurer ainsi la nomination d'une majorité honnête, patriote et intelligente des besoins réels de la cité ?

Le gouvernement avait-il donné des chefs, un point de ralliement, la possibilité enfin à la garde nationale d'agir utilement contre l'anarchie ?

Ignorait-il que cent mille de ces gardes nationaux, pour ne pas mourir de faim eux et leurs enfants, étaient obligés d'accepter un fusil de la Commune ?

Ce que Versailles affectait d'ignorer ou d'oublier, la population honnête de Paris, les populations suburbaines, la plus grande partie de la France ne l'ignoraient pas. On savait que la République était en danger, on savait que des Français tiraient à mitraille sur des Français ; on savait que si d'une part, il y avait crime, de l'autre il y avait entêtement à la fois sénile et puéril. Alors, ô miracle ! La province tant affirmée monarchique nomme des conseillers municipaux républicains, et tant par ses conseils municipaux que par ses députations, elle se joint à Paris et à sa banlieue pour supplier Versailles de ne pas opposer plus longtemps une fin de non-recevoir inexorable aux mille et mille voix qui lui crient Paix ! Conciliation !

Vaines supplications, inutiles, et sans doute devenues plus qu'importunes au gouvernement, puisque dans une circulaire aux procureurs généraux, qui restera célèbre, M. Dufaure, ministre de la justice, qualifie de « criminelles » les tentatives de conciliation.

M. Dufaure interpellé à la séance du 26, par M. Louis Blanc, sur le passage si regrettable de cette circulaire, répond en un style plus académique que politique :

« Tous vous savez que la conciliation est au fond de notre cœur comme au fond des vôtres. La conciliation, c'est l'ange qui plane dans le ciel après l'orage. La conciliation, mais je la demande,

1. *Audience du 3 novembre 1871.*

je l'appelle de tous mes vœux, et nul plus que nous ne sera sincèrement disposé à en faire, mais à une condition, c'est que l'ordre soit rétabli, entendez-le bien. »

Malgré le côté angélique de la forme, le ministre de la justice s'était borné à répondre : « Le gouvernement ne consentira à entendre parler de conciliation que lorsque l'œuvre de la force sera terminée. »

Ce fier et réitéré refus de toute transaction, était-il d'une bonne politique ? Était-il prudent ? N'était-ce pas livrer de sang-froid Paris à toutes les horreurs de la dévastation, du pillage, de l'incendie ? N'y avait-il pas assez de maisons éventrées par les obus, de femmes, d'enfants, de gens inoffensifs tués ?

Le *Temps*, journal dont la modération impartiale ne peut être contestée par personne, a apprécié la circulaire de M. Dufaure en des termes si sensés et représentant si bien l'opinion générale, que le lecteur préférera de beaucoup, et avec grande raison, cette appréciation à ce que nous pourrions personnellement dire :

« Les paroles ministérielles, dit-il, ont encore un double inconvénient qui ne peut échapper à personne. D'abord elles provoquent involontairement à un rapprochement très-fâcheux entre les actes de la Commune et le langage du ministre de la justice. La Commune fait fermer les réunions conciliatrices et menace de mettre les conciliateurs en prison, sous prétexte que les conciliateurs sont des gendarmes déguisés ; M. Dufaure recommande à l'activité des procureurs généraux les journaux qui se font les apôtres de la conciliation à laquelle, dit-il, ils ne croient pas eux-mêmes. On le voit, des deux parts, l'accusation est à peu près la même. A Versailles comme à Paris, on dit à ceux qui se récrient contre la fusillade et les égorgements : Vous nous trahissez !

Ce rapprochement est assez fâcheux assurément, pour que nous n'insistions pas davantage. Mais comment M. Dufaure n'a-t-il pas pris garde qu'à côté des journaux ou plutôt au-dessus d'eux, il y avait les représentants légitimes de l'opinion, les conseils municipaux qui, la plupart, depuis quelques jours, se prononcent hautement, comme nous, pour la conciliation ? M. le ministre de la justice va-t-il aussi accuser les délégués du conseil municipal du Havre, etc., etc., de recommander une solution à laquelle ils ne croient pas eux-mêmes ? Nous ne pensons pas qu'il veuille aller jusque-là, au risque d'entamer

une sorte de conflit avec les représentants des principales villes de France. Mais alors que reste-t-il de sa philippique contre les journaux conciliateurs ?

La vérité est que la conciliation est difficile, et que ceux qui la prêchent et la désirent sont exposés aux injustices des deux partis. Mais si nous craignons de pressentir ce que des fous ou des hommes malintentionnés peuvent chercher en dehors de la conciliation, nous ne pouvons pas concevoir quelle autre solution un esprit libéral et honnête comme M. Dufaure peut raisonnablement souhaiter. Car enfin, il faut préciser. Si vous repoussez la conciliation, vous voulez la victoire par la lutte armée, c'est-à-dire Paris pris d'assaut. A quel prix ? Vous le verrez. Les barricades prises d'assaut. A quel prix ? Vous le verrez encore. Vous voulez les maisons envahies d'abord par les insurgés, puis par la troupe, et les habitants livrés aux fureurs aveugles des uns et des autres. Vous voulez l'incendie dans les rues, vous voulez reporter à l'intérieur de Paris cette guerre [1] à outrance qu'on n'a pas su faire aux Prussiens. Voilà ce que vous voulez quand vous dites : pas de transaction ! »

Ainsi que l'exposait le *Temps*, la conciliation était difficile ; nous disons plus, elle était probablement impossible avec la Commune et le Comité central de la garde nationale, toujours tout-puissant, puisque le premier article de tout projet de conciliation devait être leur disparition : pas un seul membre de la Commune pas plus que du Comité n'avait assez de patriotisme pour faire abnégation de son ambition ou de sa vanité personnelle.

Une chose seule était possible, et nous en avons la conviction, elle était réalisable.

Versailles, en satisfaisant aux revendications légitimes de Paris et aux vœux pacifiques de la province, n'aurait pas satisfait la Commune, qui, nous n'en doutons pas, se serait refusée à abandonner le pouvoir. Mais alors un parti puissant se serait formé dans Paris ; il se serait organisé, et vu les circonstances, il serait parvenu sans grande effusion de sang à dominer et vaincre rapidement l'insurrection.

Cinq ou six mille hommes résolus, et même moins, alors que la plupart des bataillons fédérés étaient hors de l'enceinte, auraient plus que suffi pour s'emparer des portes et des bastions des

---

1. Prophéties trop bien réalisées, hélas !!!

remparts, qui, tout le monde le sait, étaient à peine gardés. Les portes fermées et surveillées avec vigilance, les bataillons fédérés, sans vivres, sans munitions auraient été forcés de mettre bas les armes soit entre les mains des Versaillais soit entre les mains des gardes nationaux de l'ordre. Les forts eux-mêmes auraient été forcés de se rendre, puisque les munitions de guerre et les vivres leur parvenaient journellement de Paris.

Quant aux « *forteresses* » de l'hôtel de ville, de la préfecture de police, et de la place Vendôme, les quelques centaines d'hommes qui les gardaient, en admettant qu'ils l'eussent essayé, n'auraient pu opposer de défense sérieuse ; ils ne se seraient même pas défendus. Ces positions étaient occupées par des bataillons qui tout en ne *méconnaissant* pas absolument l'autorité de la Commune, n'en étaient pas assez les partisans, pour aller, au dehors, se battre pour elle. En réalité, ces bataillons appartenaient à l'ordre, et au premier signal d'un mouvement sérieux, ils se seraient prononcés contre la Commune.

Mais à tort ou à raison Paris républicain croyait que Versailles vainqueur, c'était la République enterrée. De parti pris, il restait neutre, ainsi que le parti réactionnaire et monarchiste qui redoutait surtout la conciliation et le triomphe de Paris modéré ; toutes choses qui, pensait-il, ne pouvaient que consolider la forme républicaine du gouvernement.

Cette suggestion dernière a-t-elle influé sur les déterminations de la majorité de l'Assemblée et du gouvernement ? nous l'ignorons. Quoi qu'il en soit, on peut affirmer que de Versailles, il n'a été absolument tenté quoi que ce soit pour arrêter ou même chercher à atténuer l'effusion du sang.

On ne saurait appeler tentative sérieuse, le fait d'avoir soudoyé quelques officiers supérieurs de la garde nationale fédérée qui avaient réussi à capter la confiance des deux partis. Il paraît même avéré que le gouvernement de Versailles avait à son entière dévotion un des membres de la Commune. Que pensait-on pouvoir obtenir de personnages que ce seul fait d'accepter un tel rôle devait faire tenir en légitime suspicion ? Qu'ont-ils fait ? Qu'ont-ils même tenté au profit de l'ordre ? Rien. Les débats devant le conseil de guerre ont au contraire démontré que l'un de ces tristes personnages, un sieur de Monteau ou Monteau, on ne sait au juste, chef militaire du 7ᵉ arrondissement, et soudoyé de Versailles, a été le plus ardent promoteur d'une lutte à outrance.

Afin de n'avoir plus à revenir sur ces tentatives de conciliation préconisées, exposons immédiatement ce qu'a fait et ce que n'a pas fait la Franc-Maçonnerie, en ces tristes circonstances, et disons la stricte vérité à cet égard.

Il y a deux phases tout à fait distinctes dans l'initiative prise par différents membres de cette société.

La première, toute à sa louange et conforme du reste au but tout philanthropique de cette institution, a été une députation de membres du conseil de l'ordre et de *vénérables* (présidents) de loges, auprès du gouvernement de Versailles, pour y porter, ainsi que les autres députations, des paroles de paix, de conciliation et de concorde.

Cette initiative au nom de l'association, tous les francs-maçons la revendiquent et ils y ont applaudi.

Plus tard, quelques membres du Comité central et de la Commune, francs-maçons, ont provoqué des manifestations maçonniques ; des réunions ont eu lieu, notamment au théâtre du Châtelet, et là francs-maçons et *profanes* décident qu'une manifestation solennelle aurait lieu, et que les bannières des loges seraient triomphalement arborées sur les remparts de la cité, et trois fois malheur ! aux Versaillais s'ils avaient l'audace de ne pas cesser le feu à l'apparition de ces emblèmes vénérés. Tout ceci était parfaitement ridicule, et Dieu sait si les ennemis de la Franc-Maçonnerie en ont fait gorges-chaudes ! Et, conséquence autrement regrettable, aux yeux de certains conseils de guerre, le fait d'appartenir à l'association maçonnique a été une charge très-aggravante.

En réalité la Franc-Maçonnerie, en tant que société, ne saurait être en aucune façon responsable des agissements peu réfléchis ou blâmables de quelques-uns de ses membres ou de gens se prétendant francs-maçons. La Franc-Maçonnerie est régie par une administration et par les chefs réguliers qu'elle se donne ; en eux réside absolument, tout entière, l'autorité maçonnique.

Cette autorité, — *le Conseil de l'ordre*, — qui émane directement de l'assemblée générale des délégués de la maçonnerie entière, réunis en *convent* a protesté, dès le 29 avril, et de la seule façon qu'il lui était possible, par une communication aux journaux :

GRAND ORIENT DE FRANCE.

Une réunion maçonnique nombreuse, tenue au

théâtre du Châtelet, a pris une détermination dans les termes suivants :

« Les francs-maçons réunis en *Assemblée générale* protestent.... »

En l'absence du grand maître et du plus grand nombre de nos collègues, nous, membres du conseil de l'ordre du Grand Orient de France, croyons devoir déclarer publiquement : — Que la réunion générale de tous les représentants des ateliers de l'Obédience, régulièrement convoqués, a seule le droit de prendre le titre d'*Assemblée générale de la maçonnerie française;* — qu'en *elle seule* réside la souveraineté maçonnique.

En conséquence nous déclarons également que la franc-maçonnerie du Grand Orient de France ne se trouve nullement liée par la résolution prise dans l'assemblée du Châtelet, et que cette résolution n'engage que les maçons qui y ont personnellement adhéré.

Paris, le 29 avril 1871.

Les membres du conseil de l'Ordre,

De Saint-Jean, Montanier, G. Bécourt, Galibert, Grain, Renaud.

Le 29 mai, nouvelle circulaire de protestation, à l'adresse de toutes les loges dépendant du Grand Orient :

AUX RR.·. ATELIERS DE L'OBÉDIENCE.

TT.·. CC.·. FF.·.,

Les criminels et douloureux événements dont Paris vient d'être le théâtre, ont donné lieu, de la part d'un certain nombre de Francs-Maçons à des actes qui ont ému à juste titre la Maçonnerie, non-seulement en France, mais à l'étranger. Ces actes, la conscience publique en a déjà fait justice. D'ailleurs les principes de notre Institution et ses lois interdisaient absolument les manifestations auxquelles s'est livré ce groupe de Francs-Maçons, ou soi-disant tels, recrutés pour la plupart on ne sait où et dont la majeure partie, nous sommes heureux de le constater, n'appartanait pas à l'Obédience du Grand Orient de France.

Il n'est pas dans les attributions du Conseil de l'Ordre de statuer sur des faits de cette nature, à moins d'en être régulièrement saisi ; l'Assemblée générale du Grand Orient a seule qualité

pour en connaître. Mais ce que nous tenons à déclarer bien haut, c'est que si le Grand Orient de France n'a pu, par suite de la dissémination de ses membres, empêcher de pareils actes, il les a réprouvés et n'y a participé en aucune manière,

Dès le 29 avril, le jour même où avaient lieu ces coupables manifestations, et avec l'immense regret de n'avoir pu agir plus vite, les membres présents du Conseil de l'Ordre adressaient à tous les présidents d'Ateliers et faisaient insérer dans divers journaux une protestation contre les résolutions prises dans une assemblée de Francs-Maçons, au Châtelet ; la veille une réunion nombreuse de vénérables des loges de Paris avait également protesté et tenté d'empêcher ces manifestations. Tous ces efforts ont été vains et sont venus échouer contre des passions soulevées par des influences intéressées et perverses.

Voilà, TT.·. CC.·. FF.·., ce qu'en l'absence du Grand Maître, les membres du Conseil de l'Ordre, présents à Paris, croient devoir, sans tarder, porter à la connaissance de tous les Francs-Maçons, afin que les actes qui vous ont émus restent tout entiers sous la responsabilité de ceux qui les ont commis, et qu'il soit bien constaté que la Maçonnerie française, en tant que corps constitué, ne s'est pas écartée un seul instant des principes qui font sa force et des sages lois qui la régissent.

Agréez, TT.·. CC.·. FF.·., l'assurance de nos sentiments fraternels.

Les membres du Conseil de l'Ordre :

De Saint-Jean, Montanier, Bécourt, Galibert, Grain, Renaud, Poulle, Viénot, Portallier.

Enfin, voici en quels termes, dans sa circulaire officielle du 1er août 1871, le Grand Maître de l'Ordre, l'honorable M. Babaud-Laribière, condamne les manifestations d'avril :

«.... Cette part honorable dans la défense du pays une fois établie au profit de la Maçonnerie, il ne lui sera pas difficile de prouver qu'elle est restée parfaitement étrangère à la criminelle sédition qui a épouvanté l'univers, en couvrant Paris de sang et de ruines, qu'il n'y a aucune solidarité possible entre ses doctrines et celles de la Commune, et que si quelques hommes indignes du nom de Maçons ont pu tenter de transformer notre bannière pacifique en drapeau de guerre civile, le Grand Orient les répudie comme ayant manqué à leurs devoirs les plus sacrés.

Ai-je besoin de rappeler que la souveraineté maçonnique réside essentiellement dans l'universalité des Maçons de la correspondance, qu'il n'appartient à aucun individu et à aucun groupe de s'attribuer cette souveraineté, et que l'autorité s'exerce seulement par l'organe du Grand Orient, composé du Grand Maître, du Conseil de l'Ordre et de tous les Présidents des Ateliers?

Ils n'avaient donc pas même l'apparence du droit, ceux qui ont tenté d'usurper l'autorité du Grand Orient, et leur révolte était tout aussi criminelle envers la Maçonnerie qu'envers la France. Ne nous laissons donc pas émouvoir plus qu'il ne convient par un acte individuel, qui ne saurait rejaillir sur notre institution, quoique nos adversaires se soient empressés d'en exagérer les conséquences, pour l'exploiter contre nous. Prouvons-leur que nous sommes les premiers à le condamner, et reprenons l'étude des questions qui sollicitent notre examen.... »

Nous avons cru devoir rapporter ces témoignages officiels des seules autorités maçonniques compétentes, afin qu'il soit bien établi à l'encontre des adversaires de cette Institution en de certains présidents des conseils de guerre qu'on peut être à la fois franc-maçon et excellent citoyen.

Puisque les paroles de paix, d'où qu'elles viennent, ne cesseront pas d'être rejetées et que la lutte se continuera terrible et sanglante jusqu'à l'anéantissement du parti vaincu, reprenons donc l'historique des actes de la Commune et des faits de guerre que nous achèverons sans digression aucune, bien inutile du reste en présence des événements accomplis....

Dans les derniers jours d'avril, quelques églises de Paris sont transformées en clubs, St-Nicolas-des-Champs et Notre-Dame des Champs sont les premières. Un peu plus tard presque tous les édifices religieux seront *requis* à cet effet. Réunions des clubistes le soir, les églises ne cessent pas d'être ouvertes aux fidèles dans la journée. La messe et les autres cérémonies religieuses sont célébrées comme à l'ordinaire; ce qui n'est pas une des moindres anomalies de cette époque, et ce qui peut être considéré comme un des « signes du temps. »

Par décrets du 26 avril, le citoyen Voncken, avocat, est nommé président du tribunal civil, chargé des referés,

Et le citoyen Raoul Rigault, procureur de la Commune.

Les compagnies de chemins de fer sont taxées à une contribution de 2 000 000 à valoir sur ce qu'elles doivent au trésor, et qu'elles devront verser dans les vingt-quatre heures.

28 AVRIL. Le travail de nuit est interdit dans les boulangeries; le travail ne pourra commencer avant cinq heures du matin.

29 AVRIL. Manifestation des prétendus Francs-Maçons. — Des notaires sont nommés. — Des huissiers le seront demain.

30 AVRIL. Le général Cluseret est arrêté par les ordres de la Commune.

Le citoyen Rossel est, en son lieu et place, délégué à la guerre.

L'abandon momentané du fort d'Issy avait été fatal au général Cluseret. Il ne le sera pas moins, dans huit jours, pour son successeur Rossel.

Dans la nuit du 29 au 30, le fort d'Issy avait été abandonné par ses défenseurs; on sait pourquoi et comment: bombardement à fond par les batteries Versaillaises, et pointe énergique des troupes de lignes sur le parc d'Issy; il s'en était suivi une débâcle; le citoyen Mégy, commandant du fort d'Issy, ayant craint d'être cerné, s'était empressé de fuir; ses hommes avaient fait comme lui.

Quelques heures plus tard le fort était réoccupé par les fédérés; la Commune a fait grand bruit de cette réoccupation; le brillant fait de guerre fut placardé partout, et la population invitée à y applaudir.

Le récit véritable de cette réoccupation est assez plaisant pour être conté, ainsi que l'histoire du bataillon qui en fut le héros — le 249ᵉ — histoire qui édifiera sur les procédés arbitraires mis en usage par la Commune pour *se faire* des soldats, et qui établira ce que nous énoncions quelques paragraphes plus haut, combien il eût été facile de trouver plusieurs milliers d'hommes à opposer au gouvernement de la Commune parmi les bataillons qu'elle se disait attachés.

Dès le début de l'insurrection, aussitôt qu'il fut connu que l'amiral Saisset était désigné comme commandant des bataillons de la garde nationale opposés en Comité central, les officiers du 249ᵉ bataillon, spontanément réunis, décident à la presque unanimité que le bataillon se mettra à la disposition de l'amiral. Le pacte est rédigé, signé et une députation est désignée pour aller remettre cet acte d'adhésion à l'état-major du commandant général, au Grand-Hôtel.

En même temps, « considérant que le commandant du bataillon, M. de Strada, quoique capable (ancien capitaine démissionnaire d'un régiment de ligne), n'était pas sympathique aux hommes du bataillon, dont il s'était si peu occupé que beaucoup d'entre eux le connaissaient à peine ; considérant en outre que l'indolence bien connue du commandant ne permettait pas de compter sur une impulsion énergique s'il en était besoin, les officiers du 249ᵉ décident qu'ils se rendront en corps chez le commandant de Strada pour le prier de donner sa démission.

On ne sait pas trop comment M. de Strada avait été prévenu de la visite de ses officiers, mais du moins il n'avait pas été instruit de leur acte d'adhésion à l'amiral Saisset.

Introduits dans le salon de leur commandant, ce dernier les reçoit on ne peut plus affectueusement, et avant que le lieutenant, élu pour porter la parole, ait pu la prendre, M. de Strada s'exprime ainsi :

« Messieurs, je m'attendais à votre visite ; je n'ai d'autre opinion et d'autre parti politique que celui du bataillon ; aussi avais-je déjà préparé l'*ordre du jour* de demain, dont voici la teneur : Chaque capitaine de compagnie fera voter son effectif : *pour Versailles* ou *pour la Commune ;* le recensement général des votes fait, nous devrons, je crois, messieurs, nous rallier au sentiment de la majorité. N'est-ce pas votre opinion, messieurs ?

— Pas absolument, commandant, ne put s'empêcher de répliquer vivement le capitaine Leurèle, de la 1ʳᵉ compagnie. Notre résolution est prise, et nous répondons de nos hommes : nous avons décidé de nous rallier à l'amiral Saisset, et comme nous désirons à notre tête un homme énergiquement et sincèrement sympathique à nos sentiments, puisque vous êtes indécis, votre démission nous sera agréable. »

C'était de si bonne guerre, que M. de Strada ne put que répondre :

« C'est bien, Messieurs, vous pouvez me donner un successeur. »

Il paraît que plusieurs commandants, *démissionnaires,* dans des circonstances analogues, après le triomphe de Versailles, ont effrontément prétendu avoir été remplacés à cause de leurs opinions conservatrices très-connues, et ont essayé de s'en faire un titre pour demander à être faits chevaliers de la Légion d'honneur.

M. de Strada en a-t-il agi ainsi ? Nous l'ignorons. Quoi qu'il en soit, M. Villain, un des capitaines du bataillon, qui n'assistait pas à la manifestation et qui l'ignorait même, puisqu'elle avait été spontanée, fut élu commandant.

Deux jours après, l'amiral Saisset retournait à Versailles.

Des bataillons du VIᵉ arrondissement, une partie s'était hautement ralliée à la Commune, les autres s'étaient désorganisés eux-mêmes ; seul le 249ᵉ était resté organisé et avait dit résolûment à la Commune : Je ne veux pas avoir à opter entre vous et Versailles ; quant à présent je ne veux me battre ni pour l'un ni pour l'autre parti. J'offre mon concours à l'arrondissement pour ses postes de police, mais il est bien entendu que je ne recevrai pas d'autre mission et que je ne *sortirai* pas du quartier.

Si beaucoup de bataillons soi-disant de l'ordre avaient dit et fait de même que le 249ᵉ !

Ce fut accepté par la municipalité du VIᵉ arrondissement, et en effet, pendant plusieurs jours, le bataillon fut exclusivement chargé de la police du quartier.

Survient le décret ordonnant la formation des compagnies de guerre dans tous les bataillons. La situation se compliquait. On convient, au 249ᵉ bataillon, de gagner autant que possible du temps, avec la conviction que « ce serait fini » avant que les compagnies de guerre soient organisées. Mais on comptait sans la façon réellement expéditive des officiers d'état-major de la Commune, qui à défaut de la diligence des chefs de compagnies et au moyen « des états d'effectifs » anciens, trouvés dans les mairies, organisaient eux-mêmes les bataillons de guerre, et faisaient procéder aux élections des officiers. Puis sous prétexte de promenade militaire, les bataillons à peine organisés étaient conduits au Champ-de-Mars ou au parc Monceaux, et là, sous un prétexte ou un autre, on les abritait dans des baraquements prêts à les recevoir, avec des vivres de campagne en quantité convenable.

Il advint pareil sort au 249ᵉ bataillon qui, un certain lundi, de la place Saint-Sulpice avait été emmené promener... au Champ-de-Mars, par le citoyen Lebeau, lieutenant-colonel de la 6ᵉ légion, malgré l'opposition trop passive des officiers et gardes, rendus plus que circonspects par l'arrestation faite la veille du commandant Villain, accusé de refus d'obéissance aux ordres de la Commune.

Une fois au Champ-de-Mars, ceux qui pouvaient obtenir des permissions de s'absenter ou qui avaient le bon esprit de se passer de permission ne revenaient plus ; mais ce qui restait, en moyenne 100 à 150, recevait l'ordre, la nuit, d'aller camper hors de l'enceinte. Un tiers des hommes parvenait encore à rester en arrière et disparaissait. Ce qui restait allait au feu le lendemain. Telle fut l'odyssée véridique du 249ᵉ. Un peu moins de cent hommes de ce bataillon, dans la soirée du 29 avril, étaient aux tranchées en avant d'Issy, lorsqu'ils sont vivement abordés par les colonnes de Versailles. Au premier coup de feu, les hommes du 249ᵉ lâchent naturellement pied et ne se retirent pas en bon ordre. Complétement désorientés et le fort d'Issy se trouvant sur leur passage, les gardes nationaux précédés d'un capitaine M. L.... s'y précipitent, pour se mettre à l'abri des Versaillais qu'ils croyaient sur leurs derrières. Voilà de quelle façon et par qui le fort d'Issy a été réoccupé.

On connut immédiatement cet épisode à la place Vendôme. Dans la journée du 30, le général La Cécilia vint avec éclat installer deux bataillons.... sérieux au fort.

Le fait d'armes du 249ᵉ eut les honneurs d'un article spécial du *Père Duchène*, qui, disait-il, comme conclusion « avait eu bougrement de plaisir à boire chopine avec le capitaine L...., au nez et à la barbe de ces J... F..... de Versaillais. »

Il résulte des faits ci-dessus que grand nombre de bataillons que la Commune appelait les siens, étaient comme le 249ᵉ, représentés par une centaine d'hommes incorporés par surprise ; et que si on l'eût sérieusement désiré, il eût été facile de recruter parmi eux des défenseurs de l'ordre ; que le 29 au soir et jusqu'au lendemain après midi, où le fort d'Issy a été réoccupé, on sait comment, il est resté à la complète disposition de l'armée de Versailles.

1ᵉʳ MAI. — « La Commune décrète :

« ART. 1ᵉʳ. — Un comité de Salut public sera immédiatement organisé.

« ART. 2. — Il sera composé de cinq membres nommés par la Commune, au scrutin individuel.

« ART. 3. — Les pouvoirs les plus étendus sur toutes les délégations et commissions sont donnés à ce comité, qui ne sera responsable qu'à la Commune. »

Sont nommés membres du comité de Salut public, les citoyens : Antoine Arnaud, Léo Meillet, Ranvier, Félix Pyat et Charles Gérardin.

Les jours suivants : Décret portant que la chapelle expiatoire de Louis XVI sera détruite.

Divers décrets sont rendus par les municipalités pour rechercher les réfractaires de 19 à 40 ans.

Le 8 mai, évacuation définitive du fort d'Issy, dont les Versaillais prennent possession.

Le 9 mai, le citoyen Rossel donne sa démission de délégué à la guerre ; il en expose les motifs dans cette lettre caractéristique adressée à la Commune :

« Paris, le 9 mai 1871.

« Citoyens membres de la Commune,

« Chargé par vous à titre provisoire de la délégation de la guerre, je me sens incapable de porter plus longtemps la responsabilité d'un commandement où tout le monde délibère et où personne n'obéit.

« Lorsqu'il fallut organiser l'artillerie, le comité central d'artillerie a délibéré et n'a rien prescrit. Après deux mois de révolution, tout le service de nos canons repose sur l'énergie de quelques volontaires, dont le nombre est insuffisant.

« A mon arrivée au ministère, lorsque j'ai voulu favoriser la concentration des armes, la réquisition des chevaux, la poursuite des réfractaires, j'ai demandé à la Commune de développer les municipalités d'arrondissement.

« La Commune a délibéré et n'a rien résolu.

« Plus tard, le comité central de la fédération est venu offrir presque impérieusement son concours à l'administration de la guerre. Consulté par le comité de salut public, j'ai accepté ce concours de la manière la plus nette, et je me suis dessaisi, en faveur des membres de ce comité, de tous les renseignements que j'avais sur l'organisation. Depuis ce temps-là, le comité central délibère et n'a pas encore su agir. Pendant ce délai, l'ennemi enveloppait le fort d'Issy d'attaques aventureuses et imprudentes dont je le punirais si j'avais la moindre force militaire disponible.

« La garnison, mal commandée, prenait peur, et les officiers délibéraient, chassaient du fort le capitaine Dumont, homme énergique qui arrivait pour les commander, et tout en délibérant évacuaient leur fort, après avoir sottement parlé de

Sainte Geneviève, patronne de Paris.

le faire sauter, chose plus impossible pour eux que de le défendre.

« Ce n'est pas assez. Hier, pendant que chacun devait être au travail ou au feu, les chefs de légion délibéraient pour substituer un nouveau système d'organisation à celui que j'avais adopté, afin de suppléer à l'imprévoyance de leur autorité toujours mobile et mal obéie. Il résulta de leur conciliabule un projet au moment où il fallait des hommes, et une déclaration de principes au moment où il fallait des actes.

« Mon indignation les ramena à d'autres pensées, et ils ne me promirent que pour aujourd'hui, comme le dernier terme de leurs efforts, une force organisée de 12 000 hommes, avec lesquels je m'engage à marcher contre l'ennemi. Ces hommes devaient être réunis à onze heures et demie : il est une heure, et ils ne sont pas prêts ; au lieu d'être 12 000, ils sont environ 7000. Ce n'est pas du tout la même chose.

« Ainsi, la nullité du comité d'artillerie empêchait l'organisation de l'artillerie ; les incertitudes du comité central de la fédération arrêtent l'administration ; les préoccupations mesquines des chefs de légion paralysent la mobilisation des troupes.

« Je ne suis pas homme à reculer devant la répression, et hier, pendant que les chefs de légion discutaient, le peloton d'exécution les attendait dans la cour. Mais je ne veux pas prendre seul l'initiative d'une mesure énergique, endosser seul l'odieux des exécutions qu'il faudrait faire pour tirer de ce chaos l'organisation, l'obéissance et la victoire. Encore, si j'étais protégé par la publicité de mes actes et de mon impuissance, je pourrais conserver mon mandat. Mais la Commune n'a pas eu le courage d'affronter la publicité. Deux fois déjà je vous ai donné des éclaircissements nécessaires, et deux fois, malgré moi, vous avez voulu avoir le comité secret.

« Mon prédécesseur a eu le tort de se débattre au milieu de cette situation absurde.

« Éclairé par son exemple, sachant que la force d'un révolutionnaire ne consiste que dans la netteté de cette situation, j'ai deux lignes à choisir : briser l'obstacle qui entrave mon action ou me retirer.

« Je ne briserai pas l'obstacle, car l'obstacle c'est vous et votre faiblesse : je ne veux pas attenter à la souveraineté publique.

« Je me retire et j'ai l'honneur de vous demander une cellule à Mazas. « *Signé :* ROSSEL. »

18ᵉ Liv.

Il paraît que malgré sa demande, le citoyen Rossel ambitionnait peu l'honneur d'une cellule à Mazas, puisqu'en compagnie du citoyen Gérardin, membre de la Commune chargé de l'arrêter, il sut se rendre introuvable.

Le citoyen Delescluze succède à Rossel, à la délégation de la guerre.

11 MAI. — Il est décrété « que la maison de Thiers, située place Georges, sera rasée.

« Tout citoyen devra être muni d'une carte d'identité contenant ses nom, prénoms, profession, âge et domicile, ses numéros de légion, de bataillon et de compagnie, ainsi que son signalement. »

17 MAI. — La colonne Vendôme tombe.

Le citoyen Raoul Rigault institue un tribunal révolutionnaire.

Revenons au 26 avril, date à laquelle nous nous sommes arrêté, et reprenons le récit complet des opérations militaires. (Rapport du maréchal Mac-Mahon.)

OCCUPATION DES MOULINEAUX.

26 AVRIL. — A ce moment, le projet est arrêté de poursuivre les travaux d'approche à droite et à gauche du fort d'Issy, afin de le déborder sur deux côtés et de l'isoler autant que possible. Dans ce but, il est nécessaire de s'emparer du village des Moulineaux, poste avancé des insurgés, qui inquiète nos approches. Cette opération est exécutée le 26 par des troupes du 35ᵉ et du 110ᵉ de ligne (division Faron), du corps Vinoy. Le village des Moulineaux, attaqué avec ardeur, est vaillamment enlevé. Les journées des 27 et 28 sont consacrées à s'y fortifier, en même temps qu'une parallèle est établie entre les Moulineaux et le chemin dit la Voie-Verte, à 300 mètres environ des glacis du fort. Des cheminements sont poussés en avant dans la direction de la gare de Clamart.

L'occupation des Moulineaux nous permet de déboucher sur les positions que les insurgés possèdent encore à l'ouest du fort, tant sur le plateau, au cimetière que sur les pentes, dans le parc, en avant du village d'Issy.

Ces positions sont fortement retranchées par l'ennemi qui s'abrite derrière des épaulements, des maisons et des murs crénelés, dirigeant sur nos troupes une fusillade incessante.

OCCUPATION DU CIMETIÈRE ET DU PARC D'ISSY.

29 AVRIL. — Le 29 dans la soirée, le cimetière, les tranchées et le parc d'Issy sont enlevés par le concours de trois colonnes composées de bataillons des brigades Derroja, Berthe et Paturel.

L'action préparée par une violente canonnade est menée avec vigueur ; le cimetière est enlevé à la baïonnette sans tirer un coup de fusil, les tranchées qui relient le cimetière au parc, abordées avec élan, tombent en notre pouvoir, pendant que les troupes de la brigade Paturel s'emparent vaillamment de formidables barricades armées de mitrailleuses, et pénètrent dans le parc d'Issy, où elles refoulent les insurgés.

Nos pertes sont minimes ; l'ennemi a un grand nombre de tués et laisse entre nos mains un certain nombre de prisonniers et 8 pièces d'artillerie.

A la même heure, une reconnaissance vigoureusement exécutée par deux compagnies du 70ᵉ de marche, s'empare de la ferme Ronamy, située à 500 mètres du fort de Vanves, tue 30 insurgés et fait 75 prisonniers.

Afin de profiter de la panique éprouvée par les insurgés dans la nuit du 29 avril, à la suite de la prise du cimetière et du parc d'Issy, un parlementaire est envoyé au fort d'Issy, dans la nuit du 30, pour sommer la garnison de se rendre. La promesse faite aux insurgés d'avoir la vie sauve semble les rendre accessibles aux propositions, mais la nuit arrivant, le parlementaire est obligé de rentrer dans nos lignes.

1ᵉʳ MAI. — Dans la matinée du 1ᵉʳ mai, la sommation de rendre le fort est renouvelée, mais, pendant la nuit, les insurgés avaient reçu du renfort avec le prétendu général Eudes, qui avait pris le commandement du fort et qui refuse toute proposition de se rendre.

Les travaux du siège et le tir des batteries un moment suspendus, sont immédiatement repris.

Afin d'aborder le fort par la droite et par la gauche, les troupes de la 1ʳᵉ division de l'armée de réserve (général Faron) exécutent deux attaques vigoureuses, l'une sur la gare de Clamart, et l'autre sur le château d'Issy. Ces deux mouvements, opérés avec beaucoup de sang-froid et d'entrain, par le 22ᵉ bataillon de chasseurs, le 35ᵉ et le 42ᵉ de ligne, réussissent complètement sans grandes pertes, relativement à celles des insurgés.

Les positions conquises donnent la possibilité d'inquiéter l'entrée du fort ; le château est immédiatement relié avec les travaux en arrière ; toutefois le feu convergent des forts d'Issy et de

Vanves et des maisons en avant empêche l'occupation définitive de la gare.

COUP DE MAIN SUR LE MOULIN SAQUET.

3 MAI. — Dans la même nuit, un coup de main
hardi était exécuté par 1 200 hommes de la 3ᵉ division (général Lacretelle), qui se portaient sur
les ouvrages en avant de Villejuif, tuaient 250 insurgés dans la redoute du Moulin Saquet, et ra-
menaient 300 prisonniers et 8 pièces de canon.

Cependant, ces attaques de jour et de nuit, et
les travaux de tranchées fatiguaient les troupes
commandées par le général de Cissey; afin de les
soulager, le 5ᵉ corps (général Clinchant), qui s'or-
ganisait au camp de Satory, reçoit l'ordre de
prendre part aux travaux de siège; il s'établit à
la droite et en arrière du 2ᵉ corps.

OCCUPATION DE LA GARE DE CLAMART.

5 MAI. — Le 5, une opération de nuit, menée
avec vigueur, par deux compagnies du 17ᵉ bataillon de chasseurs, 240 marins et le 3ᵉ régiment
provisoire, permet d'occuper la gare de Clamart,
le passage voûté du chemin de fer, ainsi qu'un
redan qui forme le point central de communications entre les forts d'Issy et de Vanves.

Les jours suivants sont employés à consolider
les positions conquises, à approfondir les tranchées, et à cheminer vers l'église d'Issy à travers
les rues du village.

A ce moment, les batteries destinées à protéger
les attaques de droite, étaient celles de Bellevue,
de Meudon, du Chalet de Fleury, des Moulineaux,
du phare du château d'Issy, du Moulin de Pierre,
du plateau de Châtillon et de Bagneux. Ces batteries, armées de 70 pièces de canon, écrasent de
leurs projectiles les forts d'Issy et de Vanves, et
communiquent le feu à leurs bâtiments.

OCCUPATION DE L'ÉGLISE D'ISSY.

8 MAI. — Pendant la nuit du 8 mai, l'église d'Issy
ainsi que l'extrémité du parc des aliénés sont occupés de manière à fermer les abords du fort. Une
reconnaissance est en même temps poussée dans
les fossés du fort de Vanves, et la tête de ses communications souterraines est occupée.

OCCUPATION DU FORT D'ISSY.

9 MAI. — Dans la matinée du 9, l'investissement
du fort d'Issy est complet; le fort est muet. Une

reconnaissance faite par une compagnie du 38ᵉ de
marche s'avance jusque sur le glacis, et, ne ren-
contrant aucun défenseur, pénètre dans l'intérieur. Le fort se trouvait évacué; il est immédiatement occupé.

Pendant qu'à la droite une suite de coups de
main avaient amené l'investissement et la reddition du fort d'Issy, au centre une grande batterie
de 70 pièces de marine, destinée à contre-battre
l'artillerie de la place du Point-du-Jour, à rendre
intenables les portes de Saint-Cloud et de Passy,
et à enfiler les premiers bastions de la rive gauche,
avait été construite sur les hauteurs de Montretout, et avait ouvert son feu sur le Point-du-Jour
dès le 8 mai.

OCCUPATION DE SÈVRES ET DE SAINT-CLOUD.

Le 4ᵉ corps (général Douay) avait pris son bivouac le 5 mai à Villeneuve-l'Étang, et se préparait à pousser ses attaques sur le Point-du-Jour;
la division Vergé de l'armée de réserve (général
Vinoy), placée sous les ordres du général Douay,
pour concourir aux travaux du siège, occupait
Sèvres et Saint-Cloud.

Dans la nuit du 8 au 9, huit bataillons des divisions Berthaud (corps Vinoy) franchissent la Seine
et entament une parallèle de 1 500 mètres de
longueur, depuis la Seine au pont Billancourt,
jusqu'au quartier des Princes, en avant du village
de Boulogne.

Les attaques de droite et de gauche marchent
alors parallèlement. L'attaque de droite est dirigée contre le fort de Vanves, vers lequel on che-
mine, pour investir le fort par la gorge. L'attaque
de gauche s'avance dans le bois de Boulogne, et
embrasse bientôt toute la partie d'enceinte comprise entre la Seine et la porte de la Muette.

PRISE DES BARRICADES EN AVANT DE BOURG-LA-REINE.

9 ET 10 MAI. — Sur la droite, une habile opération est exécutée dans la nuit du 9 au 10 mai
contre les barricades situées en avant de Bourg-
la-Reine, par cinq compagnies du 114ᵉ de ligne,
sous la direction du général Osmont.

Les deux colonnes chargées de faire ce coup
de main, parties de Bourg-la-Reine et de Bagneux,
s'avancent vers Cachan, de manière à prendre les
barricades à revers; aussitôt qu'elles ont fait leur
jonction, elles escaladent les tranchées et se précipitent sur les barricades qui sont successive-

ment enlevées avec un élan remarquable; nos pertes sont minimes, celle des insurgés sont d'une cinquantaine de morts et de 41 prisonniers.

OCCUPATION DU VILLAGE DE VANVES.

En même temps, le 35e de ligne (division Faron) occupait le village de Vanves, et les gardes de tranchée s'emparaient de l'embranchement du chemin de Vanves au fort avec la route stratégique; une place d'armes est établie aussitôt en ce point. Dans la même nuit, un pont est jeté sur la Seine à l'île Saint-Germain (Billancourt), pour permettre la construction d'une batterie destinée à contre-battre les canonnières des insurgés embossées sur le pont-viaduc du Point-du-Jour.

PRISE DU COUVENT DES OISEAUX ET DU CIMETIÈRE D'ISSY.

12 MAI. — Dans la journée du 12, les avant-postes du 2e corps continuent à gagner du terrain en avant.

A midi, les troupes du général Osmond occupent les maisons situées au point où la route stratégique rencontre la route de Châtillon à Montrouge, et empêchent ainsi toute communication entre les forts de Vanves et de Montrouge.

Quelques heures plus tard, un bataillon du 46e de marche (brigade Bocher), enlève à la baïonnette une forte barricade dans le village d'Issy, ainsi que le couvent des Oiseaux et le séminaire.

Cette attaque, brillamment exécutée, avait jeté un tel effroi parmi les insurgés, qu'ils abandonnent successivement, dans la soirée, toutes les parties du village qu'ils occupaient encore, et dans la nuit, nos troupes s'établissent dans l'hospice des Petits-Ménages et le lycée Louis-le-Grand.

Les travailleurs de tranchée ouvrent aussitôt une parallèle entre l'hospice et la Seine, ainsi qu'une tranchée pour envelopper la gorge du fort de Vanves.

La batterie établie dans l'île Saint-Germain est démasquée, et force, en deux heures, les canonnières à remonter la Seine.

Les reconnaissances faites le 12 et le 13 mai sur le fort de Vanves, avaient permis de constater qu'il était encore occupé.

OCCUPATION DU FORT DE VANVES.

13 MAI. — Dans la nuit du 13, le général Noël, renseigné par quelques insurgés, donne l'ordre de tenter l'entrée du fort.

Tandis que le génie fait ses préparatifs, le capitaine commandant la compagnie auxiliaire du 71e de marche, devançant les ordres, entre dans le fort qu'il trouve inoccupé. On en prend immédiatement possession, et toutes les précautions sont prises aussitôt pour empêcher les explosions préparées.

Tandis qu'à la suite de combats journaliers, les troupes de l'attaque de droite portaient leurs cheminements à quelques centaines de mètres de la place et se rendaient maîtresses du fort de Vanves, celles du corps Douay, à la gauche, prolongeaient leurs tranchées jusque derrière la butte Montmartre.

Le 5e corps (général Clinchant) franchissait la Seine, le 13 mai, s'établissait à Longchamp, et ouvrait une parallèle en arrière des lacs du bois de Boulogne jusqu'à hauteur de la porte de la Muette.

Dans la nuit du 13, des places d'armes étaient construites à 200 mètres de la contrescarpe des bastions, des batteries établies aux extrémités des lacs, et des embuscades dans leurs îles.

Pendant tout ce temps, le 1er corps reste sur la défensive à Neuilly et Asnières, où la canonnade et la fusillade sont journalières et continues.

A l'extrême droite, la cavalerie, qui occupe toujours par ses avant-postes, Fresnes, Rungis et la Belle-Epine, fouille les villages, tiraille avec les insurgés, et fait une série de démonstrations qui facilitent les opérations et les coups de main des troupes qui attaquent les forts d'Issy et de Vanves.

Après la prise du fort de Vanves, les travaux de siège sont poursuivis avec la plus grande activité.

Les attaques de droite, s'appuyant aux deux forts conquis, cheminent entre le Petit-Vanves et la Seine, menaçant les portes de Sèvres et d'Issy.

PRISE DU MOULIN DE CACHAN.

18 MAI. — Le principal fait d'armes est exécuté le 18, par deux colonnes composées de troupes du 82e de marche et du 114e de ligne, précédées de quelques éclaireurs du 113e de ligne.

Ces deux colonnes enlèvent brillamment, sous la conduite du général Osmont, deux barricades en avant de Bourg-la-Reine, ainsi que le moulin de Cachan, tuant une centaine d'insurgés et ramenant 48 prisonniers.

Les attaques de gauche, des corps Douay et

Clinchant, s'avancent sous la protection des batteries de Montretout et du Mont-Valérien, pour couronner le chemin couvert et construire les batteries en brèche.

À l'extrême gauche, des batteries destinées à contrebattre celles des insurgés étaient construites au château de Bécon, sur la voie ferrée, dans la redoute de Gennevilliers et dans l'île de la Grande-Jatte.

A l'extrême droite, la cavalerie fait des reconnaissances journalières et continue ses démonstrations.

Les insurgés, pressentant que tout se prépare pour l'assaut de l'enceinte, redoublent leur feu par intervalles. Dans la nuit du 18 au 19, il est très-actif sur les travaux de la rive gauche; et sur la rive droite, leur tir, guidé par la lumière électrique, rend impossible toute poursuite des couronnements du chemin couvert aux portes d'Auteuil et de Passy.

LES BATTERIES DE BRÈCHE OUVRENT LEUR FEU.

20 MAI. — Cependant les batteries de brèche sont établies et armées, et le 20, à une heure, elles ouvrent leur feu, tandis que toutes les batteries en arrière et les canons du Mont-Valérien écrasent l'enceinte de leurs projectiles. Les travaux sont en même temps poussés activement vers les glacis. Le feu de la place ne répond que faiblement sur le lycée de Vanves.

21 MAI. — Le feu des batteries de brèches qui avait cessé le 20, à huit heures du soir, reprend dès le matin, avec la même énergie. Les canons du Mont-Valérien, les batteries de Montretout et toutes les batteries de Boulogne, Issy et Vanves, dirigent sur la place un feu tellement violent que l'enceinte ne répond que faiblement.

Les travaux sont poussés avec la plus grande activité, on élargit les cheminements pour les colonnes d'attaque. Le commandant en chef a déjà prescrit les dispositions générales pour l'assaut, qui sera donné le 22 ou le 23. Tout se prépare pour ce grand acte, lorsque le maréchal est informé par le général Douay, commandant les attaques de droite de la rive droite (4e corps, divisions Berthaut et L'Hérillier, et division Vergé de l'armée de réserve), que les gardes de tranchée entraient dans Paris par la porte de Saint-Cloud.

En effet, M Ducatel, piqueur des ponts et chaussées, avait reconnu que les insurgés, exposés au feu de nos batteries, avaient abandonné le Point-du-Jour, et que la porte de Saint-Cloud était libre; il en avait donné avis aux gardes de tranchée.

SURPRISE DE LA PORTE DE SAINT-CLOUD.

21 MAI. — Deux compagnies du 37e de ligne (division Vergé), quelques sapeurs et quelques artilleurs portant des mortiers de 15 centimètres, pénétrèrent aussitôt, un par un dans la place. La fusillade s'engage, une pièce de 12 est retournée contre les insurgés, pendant qu'on établit une passerelle sur les débris du pont-levis. Les gardes de tranchée et les travailleurs sont amenés en grande hâte pour soutenir le combat.

Le maréchal commandant en chef, qui se trouvait en ce moment au Mont-Valérien, donne immédiatement connaissance à tous les commandants de corps d'armée de la surprise de la porte de Saint-Cloud, et prescrit au général Clinchant, commandant l'attaque de gauche de la rive gauche (5e corps), au général Ladmirault, commandant le 1er corps, et au général Vinoy, commandant l'armée de réserve, de faire les dispositions nécessaires pour entrer dans la place à la suite du corps du général Douay; il porte son quartier général à Boulogne.

Le général Berthaut, commandant la 1re division du 4e corps, suit les deux compagnies du 37e entrées les premières dans la place. La brigade Gandil, de cette division, y pénètre à six heures et demie, suivie de près par la brigade Carteret. Le général Berthaut avait pour mission de s'emparer du quadrilatère formé par les bastions 61 à 67, la Seine et le viaduc du chemin de fer de ceinture, position importante qui constitue dans l'intérieur des murs, une excellente place d'armes.

Cette opération s'exécute en longeant les fortifications par le boulevard Murat, de manière à tourner les défenses du pont-viaduc, qui font face au Point-du-Jour, et à s'emparer de la porte d'Auteuil, pour donner accès à d'autres colonnes.

PRISE DU TROCADÉRO.

La division Vergé entre dans Paris à sept heures et demie, et se dirige, par la route de Versailles, vers le pont de Grenelle.

Les divisions Berthaut et l'Hérillier (4e corps), après s'être emparées de la porte d'Auteuil et du viaduc du chemin de fer, se portent en avant pour attaquer la seconde ligne de défense des insurgés située entre la Muette et la rue Guillon. Elles s'emparent de l'asile Sainte-Périne, de l'église et de la place d'Auteuil.

La division Vergé, sur leur droite, enlève une formidable barricade, qui se trouvait sur le quai, à hauteur de la rue Guillon, puis se porte sur la orte position du Trocadéro qu'elle enlève, et y prend position, en y faisant 1,500 prisonniers.

De son côté, le général Clinchant entre dans la place vers neuf heures du soir, par la porte de Saint-Cloud, avec la brigade Blot, suivie de la brigade Braner, tourne à gauche, et suivant les boulevards Murat et Suchet, arrive à la hauteur de la porte d'Auteuil; il dégage cette porte et permet ainsi à la brigade Cotteret d'y pénétrer.

Le général Clinchant continue alors son mouvement le long des remparts par la route militaire, et s'empare de la porte de Passy. La brigade de Courcy entre dans la place par cette porte.

La position importante du château de la Muette, dont les défenses s'appuient aux remparts et se prolongent vers la Seine, devient l'objectif du général Clinchant.

PRISE DU CHATEAU DE LA MUETTE.

Défendue par des fossés, des murs, des grilles, des batteries, elle était presque inattaquable du côté des remparts. Le général se porte vers l'est, la tourne et l'enlève.

Pendant ce temps, les divisions Grenier et Leveaucoupet, du 1ʳ corps, se dirigent sur le bois de Boulogne et pénètrent dans la place, dès trois heures du matin, par les portes d'Auteuil et de Passy, la 3ᵉ division (général Montaudon), gardant ses positions de Neuilly et d'Asnières.

Les divisions Bruat et Fareu, de l'armée du général Vinoy, étaient entrées dans Paris à deux heures du matin. La division Faron s'établit en réserve à Passy, la division Bruat a pour mission de franchir la Seine et d'enlever la porte de Sèvres, pour faciliter l'entrée du 2ᵉ corps; la brigade Bernard de Seigneurens, de cette division, traverse à cet effet le pont-viaduc. Elle éprouve des difficultés à l'attaque du quartier de Grenelle, mais elle s'en empare au moment où les troupes du général de Cissey, qui ont forcé la porte de Sèvres, viennent la rejoindre.

La brigade Bocher, de la division Susbielle, formant la tête de colonne d'attaque du corps de Cissey, s'était massée, vers minuit, à 200 mètres de l'enceinte. Les sapeurs du génie s'approchent en silence de la porte de Sèvres, et établissent avec des madriers disposés en rampe un étroit passage, par lequel pénètre, homme par homme, une compagnie du 18ᵉ bataillon de chasseurs. Ce petit détachement s'élance sur le chemin de fer de ceinture et s'empare de cette deuxième enceinte avant que l'éveil soit donné.

Il était deux heures et demie; la double enceinte sur la rive gauche se trouvait forcée, et les troupes de la brigade Bocher pouvaient ouvrir la porte de Versailles.

LE QUARTIER GÉNÉRAL EST ÉTABLI AU TROCADÉRO.

22 MAI. — Les positions du Trocadéro et de la Muette, sur la rive droite, étant enlevées, la division Bruat, et la tête du corps du général de Cissey occupant déjà une partie du quartier de Grenelle sur la rive gauche, le maréchal, dont le quartier général venait d'être transporté au Trocadéro, avait à régler la suite à donner aux opérations.

Les insurgés, qui avaient établi de nombreuses barricades, dont plusieurs étaient armées d'artillerie, à tous les carrefours principaux et près des portes, se défendaient encore avec énergie. Les principaux points de résistance paraissaient être Montmartre, la place de la Concorde, les Tuileries, la place Vendôme et l'Hôtel-de-Ville.

DISPOSITIONS POUR LA JOURNÉE DU 22.

N'ayant pas l'espoir de pouvoir enlever ces positions dans la journée, le maréchal donne les instructions nécessaires pour occuper, s'il est possible, avant la nuit, des points qui lui permettent de les tourner dans la journée du lendemain.

Le corps du général Douay, à droite, doit occuper, le soir, le palais de l'Industrie, le palais de l'Elysée et le ministère de l'intérieur.

Le général Clinchant, sur sa gauche, cherche à se rendre maître de la gare de l'Ouest, de la caserne de la Pépinière et du collège Chaptal.

Le général Ladmirault, suivant le chemin de fer de ceinture, s'avancera jusqu'à la porte d'Asnières.

Sur la rive gauche, le général de Cissey doit chercher à s'emparer de l'École militaire et des Invalides, en les tournant par l'est, et, s'il est possible, de la gare du Montparnasse.

Le général Vinoy laissera la division Bruat sur la rive gauche pour appuyer le mouvement du général de Cissey, qui a été obligé de laisser six bataillons à la garde des forts et des batteries du sud.

A la fin de la journée, cette division occupera les Écuries de l'Empereur et la Manufacture des tabacs.

La division Faron, du général Vinoy, restera en réserve près du Trocadéro.

Telles étaient les principales dispositions adoptées pour la journée du 22.

Sur les six heures environ, après un instant de repos, les troupes, sur la rive droite, reprennent leur marche en avant. Les insurgés, revenus de leur première surprise, s'étaient portés aux batteries des buttes Montmartre, de la place de la Concorde et des Tuileries; ils balayent bientôt de leurs projectiles la place du Trocadéro et le quai de Billy.

PRISE DU ROND-POINT DE L'ÉTOILE.

Le général Douay commence le mouvement en avant; à droite, la division Vergé se dirige sur le Palais-de-l'Industrie et sur celui de l'Elysée, dont elle s'empare. Les divisions Berthaut et l'Hérillier tournent le rond-point de l'Étoile, dont les défenses tombent entre leurs mains.

Le général Clinchant, formant un échelon un peu en arrière de la gauche du général Douay, enlève la formidable barricade de la place d'Eylau et s'empare de la porte Dauphine.

Les généraux Douay et Clinchant continuent ensuite leur mouvement.

Les divisions Berthaut et l'Hérillier (corps Douay) s'engagent dans les rues Morny et Abbattucci, et se portent sur la caserne de la Pépinière et l'église Saint-Augustin, dont elles s'emparent après une vive résistance. Elles enlèvent ensuite une forte barricade construite au débouché des rues d'Anjou et de Suresnes, dont elles ne peuvent approcher qu'en cheminant à travers les maisons et les jardins.

PRISE DE LA GARE SAINT-LAZARE.

Le corps du général Clinchant enlève, par sa droite, la place Fontaine et le parc Monceau; puis le collége Chaptal, la place d'Europe et la gare Saint-Lazare; sa gauche s'empare des Places Saint-Ferdinand, de Courcelles, de Wagram, fortement défendues, et enfin son extrême gauche,

de la porte des Ternes, de la porte Bineau et de celle d'Asnières.

Le général Ladmirault appuie le mouvement de ces deux corps, et, avant la nuit, vient s'établir en arrière du chemin de fer de l'Ouest, sa gauche à la porte d'Asnières.

Le général Montaudon, qui était resté à la garde des positions de Neuilly et d'Asnières, apercevant le mouvement du 5e corps, se porte en avant avec la brigade Lefebvre, s'empare du rond-point d'Inkermann, du village de Valois-Perret, et de différentes batteries extérieures qu'il trouve armées de 105 pièces de canon; un de ses détachements occupe la porte Maillot.

Sur la rive gauche, la 2e brigade de la division Bruat, après avoir enlevé plusieurs barricades dans le quartier de Grenelle, doit appuyer le mouvement du général Vergé sur le Palais-de-l'Industrie. Elle s'avance en longeant les quais, et s'empare du ministère des affaires étrangères et du palais législatif.

Les trois divisions du 2e corps, après avoir pénétré dans l'enceinte par les portes de Sèvres et de Versailles, exécutent les mouvements prescrits.

OCCUPATION DU CHAMP-DE-MARS ET DE L'ÉCOLE MILITAIRE.

La division Susbielle, formant trois colonnes, se porte, sans rencontrer de résistance, sur le Champ-de-Mars, où elle débouche à sept heures du matin, après avoir enlevé la caserne Dupleix. L'École militaire, ainsi tournée, est bientôt occupée, presque sans coup férir. Un parc de 800 pièces de canon, d'énormes dépôts de poudre et des magasins considérables d'effets, de vivres et de munitions tombent entre nos mains.

Au centre, la division Lacretelle, après avoir enlevé brillamment les vastes bâtiments crénelés du collége des Jésuites, flanqué de fortes barricades, ainsi que les barricades qui protègent la mairie du 15e arrondissement, s'avance par les rues Lecourbe et Croix-Nivert jusqu'à la place Breteuil, où elle s'établit.

A la droite, la division Levassor-Sorval s'avance en trois colonnes vers le chemin de fer de l'Ouest.

Le général Osmont, longeant les fortifications, enlève la porte de Vanves et une forte barricade armée d'artillerie à l'intersection du chemin de fer de ceinture et de la voie ferrée de l'Ouest. Le colonel Boulanger, à la tête du 114e de ligne, se dirige par les rues Dombasle et Vouillé, et s'établit sur la voie ferrée, au sud de la gare des marchandises.

La brigade Lian, prenant la rue de Vaugirard, s'avance sans obstacle jusqu'au boulevard Vaugirard, et, de là, se porte rapidement, en deux colonnes, sur la gare Montparnasse, s'en empare et s'y fortifie.

Ainsi, à la fin de la journée, sur la rive gauche, la ligne des postes avancés s'appuie à la Seine, au Corps législatif, passe par les Invalides, la place Breteuil, forme saillant à la gare de l'Ouest, et vient, en suivant la voie ferrée, s'appuyer aux fortifications à la porte de Vanves.

ATTAQUE DES BUTTES MONTMARTRE.

23 MAI. — L'enlèvement des buttes Montmartre constitue la grande opération de la journée.

Les hauteurs de Montmartre ayant la plus grande partie de leurs barricades et de leurs batteries dirigées au sud vers l'intérieur de Paris, le plan d'attaque consiste à tourner les défenses et à les enlever en cherchant à s'élever sur ces hauteurs par les côtés opposés. Le général Ladmirault doit attaquer par le nord et l'est. Le général Clinchant par l'ouest.

Les troupes d'attaque se mettent en mouvement à quatre heures du matin. La division Grenier, longeant les fortifications, débusque l'ennemi des bastions et enlève, avec le plus grand entrain, tous les obstacles. Arrivée à hauteur de la rue Mercadet, la brigade Abbatucci poursuit sa marche sur les boulevards Bessières et Ney, enlève les barricades de la porte Clignancourt, le pont du chemin de fer du Nord, et atteint la gare des marchandises, où elle tourne à droite pour s'élever sur les buttes par les rues des Poissonniers et de Labat; elle atteint la rue Mercadet, et se trouve arrêtée dans un quartier hérissé de barricades entre le chemin de fer et le boulevard Ornano. La brigade Pradier, qui a suivi la rue Mercadet, avance lentement sous le feu plongeant des buttes et du cimetière Montmartre, où elle ne pénètre qu'après les plus grans efforts.

La division Leveaucoupet se prolonge le long des fortifications et atteint les rues des Saules et du Mont-Cenis, par lesquelles elle doit aborder les hauteurs de Montmartre.

De son côté, le 5e corps (Clinchant), suivant le boulevard des Batignolles et les rues parallèles, s'empare de la mairie du 17e arrondissement, de la grande barricade de la place Clichy, et, longeant le pied sud des buttes, franchit tous les obstacles et pénètre dans le cimetière par le sud, en même temps que les têtes de colonne du 1er corps y entrent par le nord.

A ce moment, les hauteurs de Montmartre se trouvaient entourées au nord et à l'ouest par les troupes du 1er et du 5e corps. Une attaque générale a lieu par toutes les rues qui, de ces deux côtés, gravissent les pentes.

Le corps Clinchant, s'élevant par la rue Lepic, s'empare de la mairie du 1er arrondissement.

La brigade Pradier, du 1er corps, à la tête de laquelle marchent les volontaires de la Seine, arrive la première à la batterie du Moulin de la galette; bientôt après, une compagnie du 10e bataillon de chasseurs, soutenue par les attaques vigoureuses du général Wolff, plante le drapeau tricolore sur la tour de Solférino. Il était une heure.

OCCUPATION DES BUTTES MONTMARTRE.

Nous étions maîtres de la grande forteresse de la Commune, du réduit de l'insurrection, position formidable, d'où les insurgés pouvaient couvrir tout Paris de leurs feux. Plus de 100 pièces de canon et des approvisionnements considérables en armes et en munitions tombent entre nos mains.

La division Montaudon, du 1er corps, qui n'a point concouru à l'enlèvement des Buttes, se dirige vers l'embarcadère du Nord, et conquiert les barricades armées d'artillerie du boulevard Ornano et de la rue Myrrha.

Le corps Clinchant, de son côté, descendant les pentes Montmartre, enlève la place Saint-Georges, Notre-Dame de Lorette, le collège Rollin.

OCCUPATION DE L'OPÉRA ET DE LA MADELEINE.

Pendant ce temps, le corps Douay, pivotant sur sa droite, se porte par sa gauche sur Notre-Dame-de-Lorette, enlève le carrefour de la rue Lafayette et de la rue du Faubourg-Montmartre, et, se rabattant par la rue Drouot sur le boulevard, prend la mairie du 9e arrondissement et l'Opéra.

Par sa droite, cheminant à travers les maisons et les jardins, il enlève avec de grandes difficultés la rue Royale et la place de la Madeleine.

Sur la rive gauche, le 2e corps exécute un grand

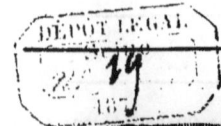

Dès lors les insurgés sont forcés de se rendre ou de se faire tuer. (Page 152.)

mouvement de conversion sur sa gauche, de manière à tourner et envelopper toutes les défenses du quartier de l'Observatoire.

Le général Levassor-Sorval, après s'être emparé de la forte barricade du boulevard du Maine, à la jonction de la rue de Vanves, ainsi que du cimetière Montparnasse, porte ses efforts sur la place Saint-Pierre, où les insurgés s'abritent derrière une forte barricade garnie d'artillerie. Tandis qu'un bataillon du 114e s'avance par la rue d'Alesia, un bataillon du 113e longeant les remparts, s'empare du bâtiment d'octroi du bastion 79, tournant ainsi les barricades de la rue de Châtillon. Les insurgés se voyant près d'être cernés, abandonnent leur formidable position et les 8 pièces de canon qui la défendent.

La place d'Enfer et le marché aux chevaux sont en même temps vigoureusement enlevés.

Pendant ce temps, les divisions Susbielle et Lacretelle ont gagné du terrain en avant.

OCCUPATION DU FAUBOURG SAINT-GERMAIN.

Les troupes du général Lacretelle s'emparent de la caserne de Babylone, de l'Abbaye-aux-Bois,

et attaquent le carrefour de la Croix-Rouge, où l'ennemi se défend avec des forces considérables. On ne peut s'en rendre maître que bien avant dans la nuit.

De son côté, le général Bocher (division Susbielle) enlève vigoureusement les barricades des rues Martignac et Bellechasse, se rend maître de la rue de Grenelle et de la caserne Bellechasse, où les insurgés éprouvent de grandes pertes.

Les fusiliers marins de la division Bruat et le 46e de ligne (brigade Bocher), se portent en avant en même temps par les rues de l'Université et de Grenelle, s'emparent du ministère de la guerre, de la direction du télégraphe, et de toutes les barricades jusqu'à la rue du Bac, et portent leurs têtes de colonnes à Saint-Thomas-d'Aquin.

Dans la soirée, deux barricades de la rue de Rennes, qui tenaient la gare Montparnasse en échec, sont tournées et prises par la division. Levassor-Sorval, qui s'empare de la Maternité, de la rue Vavin, et pousse ses têtes d'attaque jusqu'aux abords du Luxembourg.

La ligne de bataille de l'armée, le 23 au soir, débordant par ses ailes le centre de Paris, formait un immense angle rentrant, avec son som-

19e LIV.

met à la place de la Concorde et les côtés appuyés à gauche, à la gare des marchandises du Nord, et à droite au bastion 81, près de la porte d'Arcueil.

INCENDIES DE PARIS.

24 MAI. — La journée du 24 mai comptera parmi les plus sinistres dans l'histoire de Paris. C'est la journée des incendies et des explosions. Le ciel reste obscurci pendant tout le jour par la fumée et les cendres.

Déjà, la veille, un immense incendie dévorait le palais de la Légion-d'Honneur, la cour des Comptes et le conseil d'Etat ; les Tuileries avaient brûlé toute la nuit, et dès l'aube, l'incendie atteignait le Louvre et menaçait les galeries de tableaux.

Dans la matinée, de nouveaux incendies se déclarent au ministère des finances, au Palais-Royal, dans la rue de Rivoli, dans la rue du Bac, au carrefour de la Croix-Rouge.

Le Palais de Justice, le Théâtre-Lyrique, l'Hôtel de Ville sont livrés aux flammes quelques heures plus tard.

Tout le cours de la Seine, en amont du palais législatif, paraît en feu.

A l'horreur qu'inspirent ces immenses foyers, viennent s'ajouter des explosions considérables dans les quartiers de la Sorbonne et du Panthéon.

Le maréchal donne des ordres pour qu'un grand effort soit fait sur le centre, afin de conjurer l'incendie des monuments enflammés et préserver du feu et des explosions ceux qui ne sont pas encore atteints, et surtout le Louvre.

Dans ce but, le corps de Cissey a pour mission de s'emparer du Luxembourg et de la forte position du Panthéon, clef de tout le quartier des Écoles.

Dès le point du jour, la division Bruat se porte en avant, balaye tout ce qui est devant elle entre la Seine et la rue Taranne et s'empare successivement de l'École des Beaux-Arts, de l'Institut, de la Monnaie, des barricades de la rue Taranne et lance ses fusiliers marins vers le Luxembourg.

Pendant ce temps, les brigades Bocher et Paturel, du corps Cissey, se dirigent, par les rues d'Assas et Notre-Dame-des-Champs, de manière à tourner l'édifice par l'ouest et le sud.

PRISE DU LUXEMBOURG.

Au signal de la charge, ces troupes, formant trois colonnes, se précipitent sous une grêle de balles et s'emparent du Luxembourg, sous le feu des canons des barricades de la rue Soufflot.

Pour assurer la possession du palais, le 17ᵉ bataillon de chasseurs à pied traverse, en courant, le boulevard, enlève vaillamment la première barricade de la rue Soufflot, et débusque les insurgés des rues Cujas et Malebranche.

A la droite, la division Levassor-Sorval s'empare du parc de Montsouris, de l'asile des Aliénés, opère un changement de front en avant sur la gauche, et se dirige de manière à tourner le Panthéon par l'est. Elle enlève le Val-de-Grâce, atteint la rue Mouffetard et tourne à gauche pour marcher droit sur le Panthéon.

A l'aile gauche, la division Lacretelle, qui a pour mission de s'emparer du boulevard Saint-Germain et de déborder le Panthéon par le nord, enlève une barricade rue de Rennes, et poursuit sa marche à travers la rue et la place Saint-Sulpice, les rues Racine et de l'École-de-Médecine. Les colonnes atteignent le boulevard sans le dépasser. Vers quatre heures, notre artillerie ayant éteint le feu des batteries des insurgés établies au pont Saint-Michel, la division Lacretelle franchit le boulevard et s'empare de la place Maubert et du lycée Louis-le-Grand.

PRISE DU PANTHÉON.

Les trois divisions du corps Cissey marchent alors vigoureusement en avant sur le Panthéon ; les insurgés, menacés de tous les côtés, prennent la fuite, laissant sur le terrain un grand nombre des leurs.

OCCUPATION DU PALAIS-ROYAL ET DE LA BOURSE.

Sur la rive droite, la division Berthaut (corps Douay) se porte vers deux heures du matin sur la place Vendôme, s'en empare presque sans coup férir, enlève le Palais-Royal, et dirige ses efforts sur les Tuileries, afin d'arrêter les progrès de l'incendie, et sur le Louvre, pour préserver des flammes les richesses artistiques qu'il renferme.

La division l'Héritier s'élançait de son côté rapidement sur la Banque, s'y établissait solidement et poussait ses têtes de colonnes à la Bourse, à la direction des Postes et à l'église Saint-Eustache.

La division Vergé (corps Vinoy), après avoir porté ses efforts sur l'incendie du Louvre, dépassait l'église Saint-Germain-l'Auxerrois, et, vers neuf heures du soir, la brigade Daguerre atteignait la place de l'Hôtel-de-Ville et s'emparait de la caserne de Lobau.

Le corps Clinchant a l'ordre d'occuper par sa droite la place de la Bourse, et de se relier par sa gauche avec le 1er corps vers le Château-d'Eau.

La division Garnier, franchissant tous les obstacles, enlève le Conservatoire de musique, l'église de Saint-Eugène, le Comptoir d'escompte, traverse le boulevard Montmartre, touche à la Bourse, tourne à gauche, vient s'emparer du formidable ouvrage de la Porte Saint-Denis, et porte ses avant-postes jusqu'au boulevard de Strasbourg.

La division Duplessis, marchant droit devant elle, enlève le square Montholon, l'église de Saint-Vincent-de-Paul, la caserne de la Nouvelle-France et la barricade au carrefour du boulevard Magenta et de la rue de Chabrol.

Le corps Ladmirault a pour objectif l'occupation des gares du Nord et de l'Est.

ATTAQUES DES GARES DU NORD ET DE L'EST.

La division Montaudon, chargée de cette opération, quitte son bivouac de la porte Clignancourt à six heures et demie, et se met en marche sur deux colonnes; le 31e de ligne qui tient la tête de colonne achève la conquête du pâté de maisons qui domine la gare des marchandises, et après avoir tourné, par l'église Saint-Bernard, les barricades de la rue Stéphenson, il se trouve maître de la gare du Nord vers midi et demi. Le 36e de marche, qui doit occuper la gare du Nord, ne peut en approcher qu'en cheminant à travers les maisons et les jardins. Il arrive avec de grandes difficultés à la hauteur de la rue de Dunkerque, se jette sur la barricade qui protège l'accès de la gare, s'en empare ainsi que des mitrailleuses qui la défendent, et pénètre de vive force dans la gare.

Les troupes de la division Grenier, qui doivent appuyer celles de la division Montaudon, et les relier au corps Clinchant, viennent occuper, à l'intersection des boulevards Ornano et Rochechouart, un fort ouvrage sur lequel les insurgés font un retour offensif, qui est vigoureusement repoussé. La brigade Abbatucci gagne alors la gare du Nord, tandis que la brigade Pradier enlève une forte barricade dans la rue Lafayette,

près de Saint-Vincent-de-Paul, où elle s'établit.

La division Laveaucoupet occupe les hauteurs de Montmartre, et travaille aux batteries destinées à combattre celles des insurgés sur les buttes Chaumont.

POSITIONS A LA FIN DE LA JOURNÉE.

Dans la soirée du 24, nous sommes maîtres de plus de la moitié de Paris et des grandes forteresses de la Commune, telles que Montmartre, la place de la Concorde, l'Hôtel de Ville et le Panthéon. Le front de bataille forme une ligne à peu près droite, s'étendant depuis les gares des chemins de fer du Nord et de l'Est, jusqu'au parc de Montsouris.

Le maréchal avait porté dès le matin son quartier général au ministère des affaires étrangères.

PLAN DES OPÉRATIONS DANS LA JOURNÉE DU 25 MAI.

25 MAI. — Le but principal des opérations dans cette journée est de faire un mouvement en avant par l'aile droite, de s'emparer de la butte aux Cailles sur la rive gauche, et, sur la rive droite, de la place de la Bastile et du Château-d'Eau, de manière à refouler l'insurrection dans les quartiers de Ménilmontant et Belleville.

PRISE DES FORTS DE MONTROUGE, DE BICÊTRE ET D'IVRY.

A l'extérieur de Paris, le lieutenant colonel Leperche, avec quelques détachements du 2e corps, a continué l'investissement du fort de Montrouge; il s'en empare, ainsi que du fort de Bicêtre dans la matinée. En même temps une reconnaissance du corps du Barail occupe la redoute des Hautes-Bruyères et Villejuif.

Vers deux heures, à la suite du désordre produit dans le fort d'Ivry par l'explosion de la poudrière, un détachement du 4e dragons, vigoureusement appuyé par deux escadrons du 7e régiment de chasseurs, se lance rapidement à l'assaut du fort et s'en rend maître.

L'insurrection sur la rive gauche, dans l'intérieur de Paris, se trouve concentrée sur la place d'Italie, et à la butte aux Cailles, où elle semble disposée à opposer la plus vive résistance.

Le général de Cissey donne des ordres pour

prendre à revers ces positions en les tournant à droite et à gauche par les fortifications.

Pour favoriser cette attaque, des batteries destinées à battre ces positions avaient été établies dans la nuit au bastion 81, à l'Observatoire et sur la place d'Enfer.

Les colonnes se mettent en mouvement vers midi.

PRISE DE LA GARE AUX MARCHANDISES D'IVRY ET DE LA BUTTE AUX CAILLES.

A la droite, la brigade Lian quitte le parc de Montsouris, et se frayant un passage entre le chemin de fer de ceinture et les fortifications, enlève successivement toutes les portes qu'elle fait occuper, atteint le pont Napoléon, qu'elle masque, tourne à gauche, en suivant le remblai du chemin de fer d'Orléans et s'empare de la gare aux marchandises. La brigade Osmont se déploie à l'abri de l'asile Saint-Anne, franchit la Bièvre, se lance à l'assaut de la butte aux Cailles, à travers les enclos et les jardins, occupe l'avenue d'Italie et la route de Choisy.

Au centre, la brigade Bocher, formée en trois colonnes, débouche par la rue Corvisart, les boulevards Arago et de Port-Royal, enlève les Gobelins que les insurgés incendient en l'abandonnant, prend la barricade du boulevard Saint-Marcel, et arrive à la mairie du 13ᵉ arrondissement en même temps que le général Osmont. Les insurgés, attaqués de front et de flanc, s'enfuient en désordre, laissant en nos mains 20 canons, des mitrailleuses et des centaines de prisonniers. Le général Bocher continue sa marche par les boulevards de l'Hôpital et de la Gare, et atteint les insurgés dans leur dernier refuge, derrière une forte barricade, sur la place Jeanne-d'Arc. Ils se rendent tous à discrétion au nombre de sept cents.

A la gauche, le général Lacretelle se porte en avant, par le sud de la Halle aux Vins, franchit le Jardin des Plantes, et arrive à la gare d'Orléans, déjà occupée par la division Bruat. L'armée de réserve (général Vinoy) se met en mouvement à huit heures du matin, en trois masses principales. A droite, la division Bruat, quitte la rue Saint-André-des-Arts, et, longeant les quais, traverse la Halle aux Vins, pénètre dans le Jardin des Plantes et enlève avec beaucoup d'entrain la gare d'Orléans. Au centre, la brigade LaMariouse suit les quais de la rive droite, atteint, par le quai Morland, le Grenier d'abondance que les insurgés

incendient en l'abandonnant. Elle ne peut franchir le canal de l'Arsenal, dont la chaussée est balayée à la fois par une batterie du boulevard Bourdon et par les ouvrages du pont d'Austerlitz.

OCCUPATION DE LA GARE DE LYON ET DE LA PRISON MAZAS.

Alors le génie construit, sous la protection de la flottille, une passerelle sur le canal près du fleuve ; le 35ᵉ de ligne, franchissant le canal sur cette passerelle, passe sous le pont d'Austerlitz, monte sur le quai de la Râpée et s'empare des défenses du pont d'Austerlitz. Le pont de Bercy est en même temps enlevé, et, à la nuit, la gare du chemin de fer de Lyon et la prison de Mazas sont occupées.

A la gauche, la division Vergé, qui est rentrée sous le commandement du général Vinoy, doit tourner la place de la Bastille par le nord ; elle enlève brillamment les barricades des rues Castex, de la Cerisaie et de Saint-Antoine, s'empare de la place Royale, mais vu l'heure avancée, ne peut terminer son mouvement tournant et s'emparer de la Bastille.

Dans cette journée, la flottille prête un appui des plus efficaces aux colonnes de l'armée de réserve qui combattaient sur les deux rives de la Seine.

Dans la soirée du 24, les canonnières avaient tiré quelques coups de canon sur les barricades des quais. Le 25, elles remontent la Seine jusqu'à la hauteur des têtes d'attaque, battent le quai des Célestins et ceux de la Cité ; peu après, devançant les colonnes, elles marchent à toute vitesse en tirant à mitraille, et viennent s'établir à 100 mètres du musoir du canal Saint-Martin, prenant d'écharpe toute la ligne d'insurgés qui se pressent sur les quais, et contre-battant les défenses du canal. Aussitôt le pont d'Austerlitz enlevé, les canonnières précédant les colonnes, remontent jusqu'au delà du pont de Bercy dont elles facilitent l'occupation.

Le corps Douay appuie le mouvement du corps Clinchant sur le Château-d'Eau ; à cet effet il s'empare de l'Imprimerie nationale, enlève les barricades des rues Charlot et de Saintonge, et s'avance jusque sur le boulevard du Temple, près duquel il bivouaque, entretenant toute la nuit un feu des plus vifs avec les insurgés.

PRISE DE LA PLACE DU CHATEAU-D'EAU ET DE LA CASERNE DU PRINCE-EUGÈNE.

Le corps clinchant est chargé de l'attaque de la place du Château-d'Eau. Les vastes bâtiments de la caserne du Prince-Eugène et les Magasins-Réunis étaient reliés par une grande et solide barricade. Cette fortification couvrait, avec la Bastille, le quartier de Belleville et des buttes Chaumont, dernier refuge de l'insurrection. Toutes les forces du corps Clinchant concourent à son enlèvement.

La brigade de Courcy quitte la rue du faubourg Poissonnière à quatre heures du matin, s'avance entre le boulevard et la rue Paradis, établit des batteries près la rue Saint-Laurent et dans la rue du Château-d'Eau, pour combattre celles des insurgés, et conquiert successivement la mairie du 10ᵉ arrondissement, le théâtre des Folies-Dramatiques, les barricades du boulevard, celles de la rue du Château-d'Eau, franchit le boulevard Magenta, et s'établit dans les maisons de la rue Magnan; de là elle se précipite sur la porte de la caserne du Prince-Eugène, dans la rue de la Douane; la porte est enfoncée par le génie, et la tête de colonne (2ᵉ provisoire) s'élance dans l'intérieur, et s'en rend maître.

La brigade Blot, appuyant l'attaque de la brigade de Courcy, se porte d'abord droit devant elle, enlève brillamment la double barricade du carrefour des boulevards Magenta et de Strasbourg, s'empare de l'église Saint-Laurent, de l'hôpital Saint-Laurent, de l'hôpital Saint-Martin, de la barricade de la rue des Récollets, tourne alors à droite, et, après avoir délogé les insurgés des barricades de la rue de Valmy et de la rue Dieu, s'empare de l'entrepôt de la douane.

Pendant ce temps, la division Grenier, qui a bivouaqué à la Bourse et dans la rue des Jeûneurs, s'avance par les rues parallèles du boulevard, et se porte sur l'Eglise Saint-Nicolas-des-Champs, poste avancé du Château-d'Eau.

PRISE DU CONSERVATOIRE DES ARTS ET MÉTIERS ET DES MAGASINS-RÉUNIS.

Les troupes prennent d'assaut ou en les tournant toutes les barricades, dans les rues Montorgueil, des Deux-Portes-Saint-Sauveur, des Gravilliers, au carrefour des rues Turbigo et Réaumur, enlèvent les barricades des rues Meslay, de Nazareth et de Vertbois, entourent l'église de Notre-Dame-des-Champs, qui tombe en nos mains, en même temps que le Conservatoire des arts et métiers, entraînant dans leur chute le marché Saint-Martin et son parc d'artillerie, l'école Turgot, le marché et le square du Temple et de nombreuses barricades dans les rues voisines.

La tête de colonne de la brigade de Brauer pousse jusqu'au boulevard du Temple, et le 14ᵉ provisoire s'empare du passage Vendôme et du théâtre Déjazet. Dans la nuit, le 2ᵉ provisoire (brigade de Courcy) pénètre dans les Magasins-Réunis.

Le corps de Ladmirault, qui doit concourir à l'attaque des Buttes-Chaumont, prépare son mouvement en cherchant à occuper les principaux points de passage du canal Saint-Martin, et en se prolongeant par sa gauche le long des fortifications; il s'empare, dans ce but, à droite, de l'usine à gaz, de l'école professionnelle, et des bords de la rotonde de la Villette, et, à gauche, des bastions 36, 35, 34 et 33.

POSITIONS A LA FIN DE LA JOURNÉE.

Dans la soirée du 26 mai, toute la rive gauche était en notre pouvoir, ainsi que les ponts de la Seine; la prison Mazas et le Château-d'Eau étaient enlevés, la Bastille et la rotonde de la Villette menacées.

PLAN D'OPÉRATIONS DANS LA JOURNÉE DU 26 MAI.

26 MAI. — Les opérations de la journée doivent être dirigées de manière à repousser les insurgés entre les fortifications, le canal de l'Ourq, le canal Saint-Martin, le boulevard Richard-Lenoir, la place de la Bastille, la rue du Faubourg Saint-Antoine, la place du Trône et la rue de Vincennes, de façon à ce que, dans la journée du 27, les corps des ailes, c'est-à-dire ceux des généraux Ladmirault et Vinoy, puissent en longeant la ligne des fortifications, venir s'emparer des hauteurs qui, près des portes des Prés-Saint-Gervais, de Romainville et de Ménilmontant, dominent toutes les positions occupées par les insurgés, c'est-à-dire les Buttes-Chaumont, le cimetière du Père-Lachaise et les barricades, les boulevards extérieurs de Belleville, Ménilmontant et Charonne.

De ces hauteurs, les troupes de ces deux corps doivent descendre sur les positions des insurgés et s'en emparer successivement en les repoussant sur la ligne occupée par les corps du centre (Douay et Clinchant).

L'armée du général Vinoy doit s'emparer de la Bastille et de la place du Trône en exécutant un changement de front sur son aile gauche, pendant que les corps Douay et Clinchant s'établiront sur la ligne du canal Saint-Martin, et que le corps Ladmirault s'étendra par sa gauche le long des fortifications.

PRISE DE LA PLACE DE LA BASTILLE.

La place de la Bastille étant inabordable par les boulevards et les rues de l'ouest, doit être tournée par l'est. Le général Derroja est chargé de cette opération, qu'il doit exécuter en profitant du remblai du chemin de fer de Vincennes. A cet effet, la brigade Derroja se porte à deux heures du matin, par le quartier de Bercy, jusqu'à l'embarcadère de Bel-Air, enlève le poste-caserne du bastion n° 8, tourne à gauche, et, suivant la voie ferrée, où elle est assaillie par un feu violent sur son flanc droit, gagne la gare de Vincennes dont elle s'empare.

De son côté, la brigade La Mariouse, secondée par la brigade Langourian, enlève les barricades de l'avenue Lacuée et du boulevard Mazas, à l'ouest du chemin de fer, et atteint la rue du faubourg Saint-Antoine, par les rues barricadées entre les hospices Eugénie et des Quinze-Vingts. Pendant ce temps, la division Vergé, franchissant le boulevard Beaumarchais, enlève brillamment les barricades des rues de la Roquette, de Charenton et du faubourg Saint-Antoine. Toutes les défenses de la place de la Bastille se trouvent ainsi tournées, et les insurgés qui ne sont pas tués ou pris se réfugient vers la place du Trône.

Maître de la Bastille, le général Vinoy dirige, vers deux heures, ses colonnes d'attaque sur la place du Trône.

ATTAQUE DE LA PLACE DU TRONE.

La brigade La Mariouse, suivant la rue Erard et le boulevard Mazas, se trouve arrêtée par l'ennemi, solidement établi dans la caserne Reuilly et derrière une formidable barricade construite à l'intersection des rues de Reuilly et du Faubourg Saint-Antoine. Le 35e de ligne enlève avec vigueur la caserne, mais ne peut s'emparer de la barricade qu'après l'avoir contre-battue avec de l'artillerie.

La brigade Derroja, quittant la voie ferrée, se porte sur la place du Trône par le boulevard Mazas et la rue Picpus. La brigade Bernard de Seigneurens, suivant les quais de la Râpée, se dirige par les boulevards de Bercy, de Reuilly et de Picpus. Enfin la brigade Grémion occupe des postes des fortifications, depuis la Seine jusqu'à la porte de Vincennes. Vers huit heures du soir, les insurgés résolûment abordés par les brigades Derroja et Bernard de Seigneurens, sont délogés de la place du Trône, mais nos soldats, exposés au feu des batteries placées près de la mairie du 11e arrondissement, ne peuvent s'y maintenir et bivouaquent dans les rues voisines.

Le corps Douay, dont les troupes bordent les boulevards du Temple, des Filles-du-Calvaire et Beaumarchais, franchit vaillamment cette ligne sous une pluie de balles et se rend maître après une lutte acharnée, du grand triangle formé par la ligne des boulevards et le boulevard Richard-Lenoir.

C'est en dirigeant la tête d'attaque, que le général Leroy de Dais est frappé mortellement dans la rue Saint-Sébastien.

Le corps Clinchant s'empare, au point du jour, du théâtre du Prince-Impérial et du Cirque Napoléon, et, cheminant à travers les maisons, il s'établit le long du canal. Ses troupes supportent bravement toute la journée un feu violent venant des Buttes-Chaumont et du Père-Lachaise.

Le corps Ladmirault, à la gauche, achève de préparer son mouvement sur les Buttes-Chaumont : dans ce but, il s'empare des barricades des rues Riquet, de Flandre et de Kabylie, qui assurent la possession de la place de la Rotonde, dont les insurgés sont débusqués, après avoir toutefois incendié la raffinerie de sucre et les magasins de la Douane. La brigade Dumont, se prolongeant vers la gauche, conquiert la ligne du canal Saint-Denis, enlève les bastions 29, 28, 27 et 26, et atteint l'Abattoir général.

La ligne de bataille de l'armée forme dans la soirée une demi-circonférence, s'étendant de la porte de Vincennes à la porte du canal de l'Ourcq, et suivant la rue du Faubourg-Saint-Antoine, le boulevard Richard-Lenoir, le canal Saint-Martin et le bassin de la Villette.

ATTAQUE DES BUTTES CHAUMONT.

27 MAI. — Les insurgés, chassés de leurs positions de la place du Trône, de la Bastille, du Château d'Eau et de la rotonde de la Villette, se sont réfugiés sur les Buttes Chaumont et les hauteurs du Père-Lachaise.

Leurs batteries dirigent un feu violent sur notre ligne de bataille, mais depuis trois jours la batterie de Montmartre répond à leur feu, balaye les buttes de ses projectiles, et prépare ainsi l'attaque des dernières positions de l'insurrection.

Pendant que les corps Douay et Clinchant se tiendront sur la défensive sur le boulevard Richard-Lenoir et sur le canal, le corps Ladmirault et l'armée de réserve attaqueront les positions des insurgés en les enveloppant par l'est.

Les Buttes-Chaumont et les hauteurs du Père-Lachaise forment deux contre-forts qui ont leur origine à l'est, près des remparts, entre les portes de Romainville et de Ménilmontant. C'est vers ce point que domine les buttes et le sommet du Père-Lachaise de 25 à 30 mètres, que l'aile gauche du corps Ladmirault, et l'aile droite de l'armée de réserve (général Vinoy), devront se réunir pour se porter ensemble à l'ouest, sur les positions des insurgés.

A cet effet, le 1er corps (général Ladmirault) se dirigera vers les Buttes-Chaumont en formant des échelons, l'aile gauche en avant. La colonne formant l'échelon de gauche suivra la rue militaire le long des fortifications, les autres colonnes ne devront se mettre en mouvement que successivement, lorsque l'échelon qui les précède aura enlevé les hauteurs qui sont à leur gauche.

L'armée de réserve (général Vinoy) exécutera une opération semblable, l'aile droite en avant; l'échelon de droite suivra les boulevards Davoust et Mortier, le long des remparts, pour venir se joindre à l'échelon tête de colonne du corps Ladmirault sur les hauteurs indiquées entre les rues de Belleville et de Ménilmontant.

Les colonnes des ailes marchantes du corps Ladmirault et de l'armée de réserve (général Vinoy), étant réunies, tous les échelons exécuteront un mouvement de conversion vers l'ouest, de manière à envelopper les insurgés, et à les rejeter vers le canal Saint-Martin et le boulevard Richard-Lenoir.

La division Grenier, qui forme l'aile gauche du corps Ladmirault, se met en mouvement à six heures et demie; l'échelon de gauche franchit le canal de l'Ourcq, s'empare du poste-caserne du bastion 26, enlève la porte de Pantin, et se rend maître des bastions 24, 23 et 22.

Les échelons en arrière de cette division s'emparent des barricades de la rue de Flandre; la compagnie d'éclaireurs, lieutenant Muller, enlève vaillamment la mairie du 19e arrondissement et l'église Saint-Jacques.

Les troupes entretiennent alors une vive fusillade contre l'ennemi embusqué dans les jardins et les maisons de Belleville, pendant que des batteries établies dans les bastions 25 et 24, sur la voie ferrée, et en avant du marché aux bestiaux, canonnent les hauteurs de Belleville.

La division Montaudon, qui forme les échelons de droite, se met en mouvement à onze heures.

La brigade Dumont tourne le bassin de la Villette en franchissant la place de la Rotonde, enlève les barricades de la rue d'Allemagne, et s'établit au marché de la rue de Meaux.

La brigade Lefebvre, à l'aile droite, se concentre dans les rues de la Butte-Chaumont et du Terrage, franchit à son tour le canal sous une grêle de balles, enlève la grande barricade du rond-point et celle de la rue des Ecluses-Saint-Martin, et atteint le boulevard de la Villette par les rues Grange-aux-Belles, Vicq-d'Azir et de la Chopinette.

Il était six heures; à ce moment, les brigades Lefebvre, Dumont et Abbattuci sont rangées en demi-cercle au pied des Buttes-Chaumont; la brigade Pradier s'est élevée jusqu'au bastion 21, où l'artillerie a monté une mitrailleuse et une pièce de 12, prenant les buttes à revers. La charge est sonnée, nos troupes s'élancent à l'assaut et couronnent bientôt les hauteurs, s'emparant des carrières d'Amérique, des hauteurs de Belleville et du sommet de la butte Chaumont, où la tête de colonne du régiment étranger plante le drapeau tricolore.

La prise des Buttes-Chaumont fait tomber entre nos mains une artillerie nombreuse et une grande quantité de munitions.

OCCUPATION DU PÈRE-LACHAISE.

De son côté, l'armée de réserve se met en mouvement, mais n'avance qu'avec difficulté.

La brigade La Mariouse se porte en avant, le long des fortifications. La brigade Derroja reste en réserve sur le cours de Vincennes. La brigade Bernard de Seigneurens, formant des échelons en arrière, s'avance par la rue Puebla et enlève toutes les barricades. Un bataillon du 1er régiment d'infanterie de marine s'avance contre une barricade qui l'inquiète et se laisse entraîner jusqu'au Père Lachaise, où il rencontre une défense énergique ; mais il est soutenu par deux bataillons de sa brigade et par un régiment de la division Faron et parvient à se maintenir dans le cimetière et à s'en rendre maître. La brigade Langourian remonte jusqu'à la place du Trône où elle assure les derrières en procédent au désarmement des quartiers environnants.

L'armée de réserve rencontre de grandes difficultés. La place Voltaire est fortifiée d'une manière formidable, et l'artillerie des insurgés tire à mitraille sur la place du Trône. Le général Faron fait contre-battre ce réduit de l'insurrection par le feu de six pièces établies sur la place du Trône.

Le général La Mariouse, continuant ses mouvements par la route militaire, se rend maître de la porte Bagnolet et de la mairie du 20ᵉ arrondissement.

Les corps Douay et Clinchant se consolident pendant ce temps dans leurs positions le long du boulevard Richard-Lenoir et du canal Saint-Martin, et établissent des batteries pour enfiler les principaux débouchés par lesquels les insurgés pourraient franchir la ligne de bataille.

Le corps Douay dirige de la place de la Bastille un feu très-actif sur la mairie du 11ᵉ arrondissement et sur l'église Saint-Ambroise.

Ainsi dans la soirée du 27, l'armée est maîtresse des Buttes-Chaumont et du cimetière du Père-Lachaise. La ligne de bataille forme les trois quarts d'un cercle, l'aile gauche appuyée au bastion 21, et l'aile droite appuyée à la porte Bagnolet.

Le général de Cissey procède au désarmement de la population sur la rive gauche.

28 mai. — L'armée de réserve et le corps Ladmirault continuent leur marche enveloppante. Les colonnes qui longent les fortifications doivent se rejoindre et se rabattre vers l'ouest pour enlever de concert les positions que l'insurrection occupe encore.

Les corps Douay et Clinchant se tenant sur une vigoureuse offensive, ont pour mission de repousser les insurgés qui, refoulés des hauteurs, se porteraient vers l'intérieur de Paris.

Les troupes du général Vinoy se mettent en marche à quatre heures du matin. La brigade La Mariouse suit le boulevard Mortier le long des remparts, atteint la porte de Romainville, enlève une forte barricade dans la rue Haxo, et prend 2 000 insurgés ainsi qu'un matériel d'artillerie considérable.

La brigade Derroja se dirige par le boulevard de Charonne vers le cimetière du Père-Lachaise occupé par la brigade de Seigneurens, enlève vigoureusement les barricades des rues des Amandiers et de Tlemcen et des Cendriers, de Ménilmontant, et occupe, par sa droite, la place de Puebla.

PRISE DE LA ROQUETTE.

La brigade Langourian, traversant la place du Trône, suit l'avenue Philippe-Auguste, enveloppe la prison de la Roquette, à cinq heures du matin, et délivre les otages au nombre de 169. Les insurgés en avaient malheureusement fusillé 64, l'avant-veille.

La brigade Langourian descend alors la rue de la Roquette, s'empare de la mairie du 20ᵉ arrondissement, pousse ses têtes de colonne sur l'avenue du Prince-Eugène pour se rallier avec le corps Douay sur le boulevard Richard-Lenoir, et sauve de la destruction l'église Saint-Ambroise en coupant les fils qui doivent communiquer le feu aux poudres qu'elle renferme.

De son côté, le corps Langourian poursuit sa marche en avant. Le général Grenier se dispose à attaquer le bastion 19, lorsqu'il aperçoit à son sommet le drapeau tricolore que la division Faron vient d'y arborer. Les deux divisions font alors leur jonction et se rabattent vers l'ouest.

FIN DE LA LUTTE.

Dès lors les insurgés, acculés dans leurs derniers retranchements, entourés et attaqués de tous les côtés, sont forcés de se rendre ou de se faire tuer.

Les insurgés sont débusqués des rues des Bois et des Prés-Saint-Gervais. A dix heures, l'église de Belleville est enlevée, ainsi que la partie de la rue de Paris, et successivement toutes les fortes barricades de cette rue. Un grand nombre de prisonniers et un matériel considérable d'artillerie tombent entre nos mains. L'hôpital Saint-Louis est pris, et, peu après, la grande barricade du faubourg du Temple.

Il était trois heures de l'après-midi ; toute résistance avait cessé ; l'insurrection était vaincue.

Le fort de Vincennes restait seul au pouvoir

Un otage à La Roquette

des insurgés, qui, sommés de se rendre dans la matinée du 29, se constituent prisonniers à dix heures du matin.

L'armée de Versailles avait triomphé partout.

Le rapport du général Mac-Mahon ajoute que l'insurrection a subi des pertes énormes. Il lui avait été fait, en outre, 25 000 prisonniers; on lui avait pris 1500 pièces de canon et plus de 400 000 fusils, en y comprenant, bien entendu, les fusils de chasse et autres déposés volontairement ou trouvés lors des perquisitions chez les particuliers.

A ce propos ajoutons que les armes de luxe, fusils de chasse, révolvers, propriété personnelle des personnes qui les ont déposées entre les mains de l'autorité militaire, sont à peu près introuvables.

Les pertes de l'armée ont été sensibles, ainsi qu'il résulte du tableau officiel ci-contre :

	OFFICIERS.		TROUPES		
	Tués.	Blessés.	Tués.	Blessés.	Disparus.
Officiers généraux et d'état-major.	5	10	»	»	»
Infanterie.	63	353	698	5201	162
Infanterie de marine et fusiliers marins.	»	7	14	235	»
Equipages de la flottille et canonniers marins.	1	3	5	32	»
Cavalerie.	1	4	3	48	7
Artillerie.	6	35	41	318	8
Génie.	5	8	20	163	3
Intendance et troupes d'administration.	»	»	1	11	3
Prévôté et gendarmerie.	2	10	12	16	»
Totaux	83	430	794	6024	183

La lutte sanglante était terminée, l'insurrection vaincue; mais Paris était en feu, des otages, de hauts personnages, des hommes vertueux, des gendarmes, des sergents de ville avaient été fusillés.

Les soldats, surexcités par une lutte de six jours, fusillaient également à bout portant les fédérés désarmés; des cours martiales en permanence condamnaient à mort des malheureux qui trois mois plus tard auraient été acquités par les conseils de guerre.

Une dénonciation, moins encore, le hasard envoyait une créature de Dieu devant un peloton d'exécution.

La sinistre prédiction du *Temps* était accomplie: après la lutte à outrance, l'incendie et les massacres, avait-il dit.

Elle était plus qu'accomplie.... Qui aurait osé supposer le massacre aussi lâche qu'odieux du 24 mai, à la Roquette ?

« Le mercredi 24 mai, à sept heures et demie du soir, rapporte quelqu'un qui a vu et entendu, le directeur de la prison monta dans la prison à la tête de cinquante fédérés, parmi lesquels se trouvait un pompier, et occupa la galerie dans laquelle étaient enfermés les prisonniers principaux. Ces fédérés se rangèrent dans la galerie qui conduit au chemin de ronde du nord, et peu d'instants après, un brigadier de surveillants alla ouvrir la cellule de l'archevêque et l'appela à voix basse. Le prélat répondit : *Présent!*

Puis il passa à la cellule de M. le président Bonjean; puis ce fut le tour de M. l'abbé Allard, membre de la Société internationale de secours aux blessés, le P. Du Coudray, supérieur de l'école Sainte-Geneviève, et le P. Clerc, de la Compagnie de Jésus; enfin, le dernier appelé fut M. l'abbé Deguerry, le curé de l'église de la Madeleine. A peine leur nom était-il prononcé, que chacun des prisonniers était amené dans la galerie et descendait l'escalier conduisant au chemin de ronde ; sur les deux côtés, autant qu'il me fut permis de le juger, se tenaient les gardes fédérés, insultant les prisonniers et leur lançant des épithètes que je ne puis reproduire.

Mes infortunés compagnons furent ainsi accompagnés par les huées de ces misérables jusqu'à la cour qui précède l'infirmerie; là il y avait un peloton d'exécution; Mgr Darboy s'avança, et s'adressant à ses assassins, il leur adressa quelques paroles de pardon ; deux de ces hommes s'approchèrent du prélat, et devant leurs camarades s'a-

genouillèrent et implorèrent son pardon; les autres fédérés se précipitèrent vers eux et les repoussèrent en les insultant; puis se retournant vers les prisonniers, ils leur adressèrent de nouvelles injures. Le commandant du détachement en fut outré ; il fallait donc que ce fût bien exagéré. Il imposa silence à ces hommes, et après avoir lancé un épouvantable juron... — Vous êtes ici, dit-il, pour fusiller ces gens-là, et non pas pour les eng..... Les fédérés se turent, et sur le commandement de leur lieutenant ils chargèrent leurs armes.

Le P. Allard fut placé contre le mur et fut le premier frappé; puis Mgr Darboy tomba à son tour. Les six prisonniers furent ainsi fusillés, et montrèrent tous le plus grand calme et le plus grand courage. M. Deguerry seul eut un moment de faiblesse, passager il est vrai, et qu'il fallait attribuer à son état de santé plutôt qu'à la frayeur.

Après cette tragique exécution, faite sans qu'il fût procédé au procès-verbal, et en présence seulement de quelques bandits, les corps des malheureuses victimes furent placés tout habillés dans une voiture de la Compagnie de Lyon réquisitionnée à cet effet, et conduits au Père-Lachaise, où ils furent déposés dans la dernière tranchée de la fosse commune, à côté les uns des autres, sans même qu'on prît soin de les couvrir de terre. »

Qui, à la dernière heure, a ordonné le massacre ?

La Commune a-t-elle délibéré sur la proposition d'exécution des otages faite par Billioray et Urbain et formulé un vote conforme ?

Les débats devant le conseil de guerre n'ont apporté aucun éclaircissement précis à cet égard.

Ferré, seul, serait-il coupable ?

Sans aucun ordre, des misérables ont-ils accompli la sinistre sentence ?

Ou, plutôt, faut-il y voir la main hideuse de quelques membres du Comité central — pour la plupart gens capables de tout? — Les mêmes qui, dans cette fatale journée du 24, faisaient fusiller et jeter dans une fosse béante, au fond d'un jardin, rue de Haxo, 85, à Belleville, trente-neuf gendarmes et cinq prêtres, extraits aussi de la Roquette.

Aucune révélation n'a encore été faite et aucune preuve n'a été fournie devant la justice militaire.

Et les incendies ?

Qui a eu l'infernale pensée d'enduire de pétrole et de faire *flamber* les Tuileries, la Légion-d'Honneur, la Cour des Comptes, la Caisse des Consignations, le Palais-de-Justice, l'Hôtel-de-Ville, les maisons du carrefour de la Croix-Rouge, de la rue de Rivoli, les maisons Deffieux, et tant d'autres, le théâtre de la Porte Saint-Martin, le Ministère des Finances, le Palais-Royal ?

Est-ce la Commune? le Comité central? Les délégués à la guerre ? les chefs de légions? ou des chefs subalternes ?

Qui a organisé, enrégimenté le corps dit de *fuséens* ?

Est-ce en prévision des incendies ?

Qui a produit les Pétroleuses?

Qui a donné le pétrole, et payé les ouvriers de cette œuvre de démons?

Il y a évidemment eu des commandements donnés et des mesures prises à cet égard. Le feu n'a pas été mis spontanément, puisque les locataires des maisons incendiées ont été prévenus — officiellement — qu'à telle heure le feu accomplirait son œuvre.

Puisque ces actes criminels ne peuvent s'expliquer par aucune mesure stratégique de défense possible, à quel mobile ont obéi les incendiaires ?

Est-ce aberration mentale? Parti pris de destruction et de vandalisme? Ou — ce qui est davantage probable, — les misérables ont-ils été mus par cette infernale pensée que Paris brûlant, on s'occuperait d'éteindre les incendies et non de poursuivre les fuyards?

Oui, selon toute probabilité, les personnages de la Commune, du Comité central et les chefs des fédérés ont voulu mettre entre eux, leurs victimes et les Versaillais un océan de flammes.

Ils ont réussi; la plupart ont pu s'échapper.

Oui, ils se sont enfuis! abandonnant lâchement ceux qu'ils avaient enrôlés de force ou enivrés de promesses menteuses.

Leur fin a été digne de leur absolu pouvoir de deux mois : ineptes, vaniteux, sans principes, sans dignité, sans un seul sentiment patriotique et véritablement philanthropique ni démocratique au cœur, tous ont été couards. Tous! aussi bien ceux qui n'ont pu fuir, que ceux aujourd'hui en sûreté à Londres ou à Genève.

Nous ne voulons point franchir le seuil des séances des conseils de guerre; malgré notre respect inné et immuable pour la justice, peut-être serait-ce nous exposer à y être retenu… pour cause de réflexions malséantes à propos des sentences terribles contre Rochefort, Georges Cavalier et même Marotteau, et celles si bénignes, à l'encontre des membres de la Commune, Courbet et autres.

Nous ne le voulons pas non plus, pour n'avoir pas à constater à quelles arguties indignes ont eu recours les membres de la Commune et du Comité central. Tous, excepté Trinquet, ont renié leurs opinions politiques, leur foi sociale, ou du moins celles dont ils se targuaient avec tant d'emphase. Pour s'exonérer de quelques mois de prison, ils auraient été prêts — on le voyait — à se prosterner même devant celui qui s'est révélé tout entier dans une nuit de décembre pour finir à Sédan.

Eh bien! Il est convenable qu'il en ait été ainsi.

Le peuple, l'ouvrier, le prolétaire que ces tristes personnages ont si indignement trompé, sait maintenant qu'ils se cachent en France, tranquillement pérorent à Genève ou conspirent à Londres.

Eux et leurs pareils ne sont plus dangereux, ils s'agitent dans le vide…. le mépris les a tués moralement.

Dieu garde jamais l'historien! Dieu garde nos concitoyens de confondre la masse des « communeux » avec les chefs!

De plus ou moins bon gré, elle a lutté les armes à la main pour défendre les droits de Paris, — incontestables, — et la République qu'elle croyait menacée.

Elle a eu le tort, très-grand, d'obéir aveuglément et jusqu'à la fin à des forcenés et à des maniaques, mais qu'on prenne n'importe quelle ville au monde de plus de 500,000 âmes, — à Paris, il y en a 2,000,000 — Londres, Berlin, New-York, Vienne, Saint-Pétersbourg, Madrid, par exemple.

Après avoir laissé triompher une insurrection armée, le gouvernement quitte la ville, il oblige la police, l'armée, les employés à le suivre. — Il ne reste plus dans la cité abandonnée que l'insurrection triomphante, le peuple avec des fusils et des canons, un véritable arsenal. Un grand nombre de citoyens a fui lâchement, les autres ne savent quel parti prendre.

Dans toute autre ville que Paris, notre orgueil national peut le dire hardiment, le pillage, la dévastation eussent commencé dès le premier jour. A Paris ? Qu'a fait le populaire, qu'a fait le prolétaire, qu'une presse réactionnaire et anarchique par conséquent, conspue chaque jour, en appelant sur lui la sévérité des Conseils de guerre.

Qu'a fait la masse des « Communeux » ? a si bien dit M. Lockroy :

« Ces malheureux, qui avaient subi toutes les horreurs du siége ; qui, pour vivre, attendaient les trente sous de la garde nationale ; cette population d'affamés et de violents, qu'on avait impudemment provoquée après l'avoir armée, elle était maîtresse. Elle pouvait piller la Banque ; piller les maisons de banque : Rothschild, Péreire, le Comptoir d'escompte, les banques de crédit, etc., etc., elle pouvait piller les maisons des changeurs, dévaliser les magasins, « partager », enfin, la fortune publique. Qui l'en eût empêchée ? Qui se fût mis en travers ? Qui eût dit : Non ?

Parmi ces malheureux qui sont sur les pontons, à Satory, à Versailles, au fort Boyard, au bagne, ou ailleurs, combien ont monté la garde au coin des rues, arrêté les voleurs, et ont maintenu l'ordre et la sécurité personnelle, assuré le repos en sauvegardant la fortune de ceux qui les insultent, les poursuivent ou les condamnent aujourd'hui ! »

Si notre impuissante voix avait quelque autorité, nous nous écririons avec notre cœur et avec notre âme, et aussi avec notre grand amour de la justice : Nous vous abandonnons les chefs, ceux qui ont fait dévier la révolution de ses revendications légitimes. — Condamnez-les, rejetez-les du sol de la patrie qu'ils ont souillée de leur indignité ; mais au nom du ciel ! clémence et pardon pour ceux qu'ils ont égarés, pour ceux qui étaient forcés de prendre un fusil, ou de voler pour vivre ; pour ceux enfin qui voulaient défendre le gouvernement établi, la République.

Et Paris ?

Jusques à quand les mesquines rancunes d'une majorité ombrageuse essayeront-elles d'en faire un paria ?

La ville deux fois martyre n'a-t-elle pas assez souffert ?

Son commerce, son industrie, sa vie artistique, richesse et orgueil de la France entière, doivent-ils languir longtemps encore, de par quelques éternels trembleurs ?

Mais au fait, pourquoi tremblent-ils en expectative, puisqu'ils n'ignorent pas qu'un gouvernement sincèrement républicain aura toujours pour défenseur l'immense majorité de Paris ? Est-ce que, par hasard, ils prévoient un monarque quelconque ouvrant la session au Palais Bourbon ?

Quoi que fassent trois cents nullités agglomérées, une majorité douteuse n'effacera pas dix siècles d'histoire. Le talent, l'intelligence, le patriotisme sincère, ont toujours eu raison des médiocrités : tout proteste contre ce qui serait à la fois une honte et de l'ingratitude, et avant peu, nous en avons pour garant ces éloquentes paroles de M. Legouvé, l'antique Lutèce sera toujours *Paris-Capitale.*

Ainsi s'est exprimé le sympathique et élégant académicien [1] :

« . . . . . . Paris ; son premier siége restera dans notre histoire comme une date d'honneur. Cette population si ardente, si fiévreuse, devint tout à coup douce, patiente, résignée. Pendant cinq mois de privations et de dangers, pas une plainte ! Pendant cinq mois de demi-impunité, pas une attaque nocturne, pas un vol à main armée ! La cour d'assises n'a pas ouvert ses portes, et la police correctionnelle aurait presque pu fermer les siennes. Enfin, et c'est là le vrai titre de gloire du siége, pendant ces cinq mois il y eut une lutte incessante entre la misère et la pitié, où la pitié a toujours eu le dessus ! Et nous pouvons le dire avec un légitime orgueil.

Jusque-là, Paris avait montré souvent bien des qualités charmantes ; pendant le siége, il montra des vertus. C'est au nom de ces vertus que j'ose vous adresser un dernier mot. Dans le mois d'octobre 1870, quand l'artillerie prussienne menaçait nos monuments de ses obus, un cri d'indignation partit de cette enceinte, et l'Institut de France en appela à toutes les nations civilisées de la destruction des richesses artistiques de Paris.

Eh bien ! il y a quelque chose de plus précieux pour une grande cité que ses édifices, ses musées et ses bibliothèques : c'est son rang de capitale ;

---

1. Discours à l'académie pour la distribution des prix littéraires et des prix de vertu.

(Séance du 23 novembre 1871.)

les uns ne sont que sa parure, l'autre est son honneur.

Qu'il soit donc permis à l'Institut, qui a protesté contre le bombardement de Paris, de protester contre sa décapitalisation; qu'il fasse appel non plus aux académiciens de l'Europe, mais aux villes de France, nos sœurs! Qu'il leur dise qu'amoindrir Paris, c'est combattre dans les rangs de la Prusse, car c'est accomplir son œuvre de jalousie et de haine. Qu'il rappelle à nos provinces ce temps d'union, ce temps du siége, où leurs fils ont si généreusement mêlé leur sang au sang des enfants de Paris, et où Paris a offert une hospitalité si fraternelle à leurs fils! Qu'il leur répète bien haut que, dans nos horribles désastres, une seule chose peut nous sauver : la concorde! Et qu'il les adjure enfin d'oublier tous griefs, tous ressentiments, rivalités, pour ne penser qu'au relèvement de la patrie : car c'est d'elle qu'il s'agit, et la France ne redeviendra la France que quand Paris redeviendra Paris! »

Oui, comme le dit si éloquemment M. Legouvé, que la concorde règne parmi nous, que tous les cœurs battent à l'unisson aux noms sacrés de Liberté et de Patrie!

Que notre énergie, nos volontés, nos forces, soient ainsi quintuplées pour hâter l'heure propice, afin quand elle aura sonné, de vaillamment délivrer nos frères d'Alsace et de Lorraine, et fustiger d'importance les pillards, les voleurs et les incendiaires d'outre-Rhin, — véritables auteurs et premiers inspirateurs de la Commune.

Arrivant à la dernière ligne de cette page néfaste de notre histoire, et comme conclusion, qu'il nous soit permis de nous adresser à l'illustre homme d'État qui préside aux destinées de la République :

C'est la réaction, c'est la crainte de la République menacée qui ont été les auxiliaires inattendus, mais les plus puissants du Pouvoir communal. La République fondée, affermie, l'ère des révolutions est à jamais close en France. Ne soyez plus seulement son ami platonique, monsieur le Président de la République, aimez-la résolûment, fondez-la. L'immense majorité du pays a confiance en vous, elle s'inspirera de votre expérience et des lumières de votre grande intelligence; dites une seule fois : Vive la République! et la République existera, acclamée par la France entière, et jamais ne prévaudra contre elle, pas plus la réaction que la démagogie, et Paris, capitale de la République française, ne redeviendra jamais *Paris-Com-*

FIN.

TABLE DES MATIÈRES

FIN DE LA TABLE DES MATIÈRES.

www.ingramcontent.com/pod-product-compliance
Lightning Source LLC
Chambersburg PA
CBHW050018100426
42739CB00011B/2695